学校民族团结进步教育评价指标体系研究

西北师范大学教育科学学院博士学位论文丛书

万明钢 王兆璟 总主编

王婕 著

甘肃人民出版社
甘肃·兰州

图书在版编目（CIP）数据

学校民族团结进步教育评价指标体系研究 / 万明钢，王兆璟总主编；王婕著. -- 兰州：甘肃人民出版社，2024. 12. -- ISBN 978-7-226-06109-1

Ⅰ. D633

中国国家版本馆CIP数据核字第2024KR7208号

责任编辑：魏清露
封面设计：李万军

学校民族团结进步教育评价指标体系研究
XUEXIAO MINZU TUANJIE JINBU JIAOYU PINGJIA ZHIBIAO TIXI YANJIU
万明钢　王兆璟　总主编
王　婕　著
甘肃人民出版社出版发行
（730030　兰州市读者大道568号）
兰州新华印刷厂印刷
开本 787毫米×1092毫米　1/16　印张 20　插页 3　字数 310 千
2024 年 12 月第 1 版　　2024 年 12 月第 1 次印刷
印数：1~1 000
ISBN 978-7-226-06109-1　　定价：68.00 元

目 录

摘 要	001
Abstract	004

第一章 引言 001

第一节 选题缘由 001
一、构建学校民族团结进步教育评价指标体系是落实党和国家政策的应然之举 003
二、构建学校民族团结进步教育评价指标体系是对学校现实需求的积极回应 005
三、构建学校民族团结进步教育评价指标体系具有重要的双重价值 008

第二节 核心概念界定 010
一、民族团结 010
二、民族团结进步教育 011
三、教育评价标准与指标 012
四、教育评价与教育评估 013

第三节 研究问题、研究目的与意义 015
一、研究问题 015

二、研究目的 …………………………………………………… 016
　　三、研究意义 …………………………………………………… 018
　第四节　研究思路与研究方法 ……………………………………… 019
　　一、研究思路 …………………………………………………… 020
　　二、研究方法 …………………………………………………… 022

第二章　文献综述与理论基础 ………………………………………… 027
　第一节　我国学校民族团结教育政策史梳理 ……………………… 028
　　一、我国民族团结教育政策探索期 …………………………… 032
　　二、我国民族团结进步教育政策发展期 ……………………… 033
　　三、我国民族团结进步教育政策完善期 ……………………… 035
　第二节　我国学校民族团结进步教育理论研究与实践探索 ……… 041
　　一、学校民族团结进步教育研究的历史脉络 ………………… 042
　　二、新时代学校民族团结进步教育的理论研究 ……………… 043
　　三、学校民族团结进步教育的实践探索 ……………………… 049
　第三节　国外相关研究综述 ………………………………………… 055
　　一、国家认同、民族认同教育研究 …………………………… 055
　　二、多元文化教育与国际理解教育研究 ……………………… 057
　　三、新加坡品格与公民教育 …………………………………… 058
　　四、日本、韩国爱国主义教育 ………………………………… 059
　　五、国外相关研究的讨论 ……………………………………… 061
　第四节　理论基础 …………………………………………………… 062
　　一、习近平总书记关于加强和改进民族工作的重要思想 …… 062
　　二、第四代评估理论 …………………………………………… 063
　　三、评价指标体系的构建 ……………………………………… 066

第三章　学校民族团结进步教育评价指标来源 …………………… 071
　第一节　政策文本的共词网络分析 ………………………………… 072

一、研究设计 …………………………………………… 072
　　二、研究过程 …………………………………………… 075
　　三、研究结果与讨论 …………………………………… 081
　第二节　学术文献资料分析 ………………………………… 087
　　一、研究设计 …………………………………………… 087
　　二、研究过程 …………………………………………… 090
　　三、研究结果与讨论 …………………………………… 093
　第三节　专家访谈记录资料分析 …………………………… 101
　　一、研究设计 …………………………………………… 101
　　二、研究过程 …………………………………………… 105
　　三、研究结果 …………………………………………… 107
　第四节　学校学管理者、教师访谈资料分析 ……………… 118
　　一、研究设计 …………………………………………… 119
　　二、研究过程 …………………………………………… 123
　　三、研究结果 …………………………………………… 127

第四章　学校民族团结进步教育评价指标体系构建 …… 134
　第一节　扎根理论编码 ……………………………………… 135
　　一、研究设计 …………………………………………… 135
　　二、研究过程 …………………………………………… 137
　　三、研究结果与讨论 …………………………………… 156
　第二节　德尔菲法评价指标修订 …………………………… 172
　　一、研究方法与工具 …………………………………… 172
　　二、专家选择 …………………………………………… 173
　　三、研究过程 …………………………………………… 177
　　四、研究结果与讨论 …………………………………… 184
　第三节　学校民族团结进步教育评价模型验证 …………… 190
　　一、研究设计 …………………………………………… 190

二、研究过程 …… 192

三、研究结果与讨论 …… 207

第五章　学校民族团结进步教育评价指标体系的实证研究 …… 211

第一节　研究设计 …… 212

一、样本选择 …… 212

二、研究方法与工具 …… 216

第二节　研究过程 …… 218

一、层次分析法 …… 218

二、模糊综合评价法 …… 225

第三节　研究结果与讨论 …… 231

一、学校民族团结进步教育总体评价结果 …… 231

二、评价方法反思 …… 235

三、学校自评的局限性与评价建议 …… 236

第六章　新时代学校民族团结进步教育长效机制构建 …… 240

第一节　学校民族团结进步教育是一项系统工程 …… 241

第二节　构建学校民族团结进步教育长效机制基本环节 …… 243

一、学校民族团结进步教育目标与定位 …… 244

二、丰富实施途径、保障实施条件 …… 245

三、运用科学规范的评价标准进行监测 …… 248

四、持续改进学校民族团结进步教育 …… 250

第七章　研究结论、建议与反思 …… 253

第一节　研究结论 …… 253

一、构建学校民族团结进步教育评价理论 …… 256

二、完善、验证学校民族团结进步教育评价指标体系 …… 257

三、确定指标体系的权重并进行试用 …… 258

四、学校民族团结进步教育评价与长效机制构建 …………… 259
第二节　实施学校民族团结进步教育评价的建议 ………………… 261
　　一、加强教育督导评估 ……………………………………… 261
　　二、鼓励学校自我评价 ……………………………………… 262
　　三、合理引入第三方评估 …………………………………… 263
第三节　研究反思 …………………………………………………… 264

参考文献 ………………………………………………………………… 266

致　　谢 ………………………………………………………………… 283

附　　录 ………………………………………………………………… 285
　　附录一　学校民族团结进步教育评价专家访谈提纲 …………… 285
　　附录二　学校民族团结进步教育评价教师访谈提纲 …………… 290
　　附录三　学校民族团结进步教育评价指标专家咨询问卷 ……… 292
　　附录四　学校民族团结进步教育评价问卷 ……………………… 296
　　附录五　学校民族团结进步教育评价指标专家打分问卷 ……… 300
　　附录六　学校民族团结进步教育教师自评问卷 ………………… 304

摘　要

中国特色社会主义进入新时代，习近平总书记在重要会议讲话和国家颁布的政策文件中，全面分析总结了我国民族工作面临的新形势，进一步全面深刻阐释了新时代学校民族团结进步教育的时代特征、方针政策与实施路径，提出以铸牢中华民族共同体意识为主线，全面深入持久地开展学校民族团结进步教育。论文期望通过学校民族团结进步教育评价指标体系的构建，完善长效机制、为评价小学学段民族团结进步教育实施提供评价标准和依据，切实提高学校民族团结进步教育实施的实际成效。

为了完成研究目标，论文结合理论研究与实证研究。主要通过五个部分的研究完成了评价指标的收集、学校民族团结进步教育评价指标体系的构建、验证与应用，并论证了学校民族团结进步教育评价与构建长效机制的内在联系。

第一，论文系统梳理了民族团结进步教育政策史演进、学术研究发展进程、实践领域的积极探索以及国外相关研究经验。论文以习近平总书记关于加强和改进民族工作的重要思想为指导，以第四代评估理论为学理基础，参考国内外教育评价理论，构建评价指标体系的基本路径与模式，运用教育评价学对指标来源依据的基本研究思路，对学校民族团结进步教育评价指标体系进行系统建构，通过研究论证了构建学校民族团结进步教育评价与长效机制的关系。

第二，学校民族团结进步教育评价指标体系研究的指标来自四部分资料，即政策文本、学术文献、专家访谈资料和学校管理者与教师访谈资料。论文首先对四部分资料分别进行了关键词提取、共词分析、系统聚类分析，揭示了各部分资料呈现的核心内容。其次研究运用扎根理论对各部分资料进行三级编码，对四部分指标来源进行了自下而上的归纳和类属分析，进一步确定了指标的基本框架和评价的基本内容，构建了包括办学理念、课程教学、工作机制、队伍建设、校园文化、学生发展的评价理论模型。评价指标体系的特征为：突出学校民族团结进步教育办学的方向性、明确课程教学的基础性、强调工作机制的规范性、保障队伍建设的持续性、重视校园文化氛围的感染性、关注育人效果的实效性。

第三，研究构建了系统的学校民族团结进步教育评价指标体系，编制了《学校民族团结进步教育专家咨询表》与《学校民族团结进步教育专家咨询问卷（德尔菲法）》，邀请了17位民族教育领域、民族政策与理论领域、教育评价与测量领域的专家运用德尔菲法对初拟的学校民族团结进步教育评价指标体系进行筛选、修改、优化与归并。研究根据归并后的评价指标编制了测量工具《学校民族团结进步教育评价问卷（教师）》，对334份问卷结果通过项目分析、探索性因子分析和验证性因子分析等方法对其信效度、区分度等进行检验，删除不符合相关性检验判别标准的题项，验证结果表明评价指标体系问卷具有良好的信度、效度和区分度。

第四，本文进行了学校民族团结进步教育评价指标体系的实证研究，以个案学校教师自评的方式，对学校开展民族团结进步教育的整体情况进行打分。具体研究方法以层次分析法与模糊综合评价法相结合，构建评价的指标集与评语集，以此计算出学校自我评价的结果。通过对评价结果与田野调查资料的对比分析，讨论学校自评的优势与局限性。

最后，研究最终结果构建了完整的包括1项一级指标、6项二级指标、36项三级指标的学校民族团结进步教育评价指标体系，并赋予相应权重。通过个案学校自评的方式验证了评价指标体系的可操作性，对未来相关延展研究和更高学段评价指标体系研究提供了建议和参考。研究论证了学校民族团结进步教育评价指标体系的建立有助于为我国学校民族团结进步教育评价和监测提供依据，评价体系的构建坚持科学性、客观性和可操作性。通过构建学校民族团结进步教育评价指标体系，完成了学校民族团结进步教育长效机制建立的关键环节，使学校民族团结进步教育形成"目标—实施—评价—反馈"的闭环运行系统。

关键词：民族团结；学校民族团结进步教育；教育评价；评价指标；长效机制

Abstract

Comprehensively, deeply and persistently carry out the education of national unity and progress in schools. Through the construction of the evaluation index system of school national unity and progress education, this paper hopes to improve the long-term mechanism, provide evaluation standards and basis for evaluating the implementation of national unity and progress education in primary school, and effectively improve the actual effect of the implementation of school national unity and progress education.

In order to achieve the research goal, this paper combines theoretical research and empirical research. Mainly through the research of five parts, this paper completes the collection of evaluation indicators, the construction, verification and application of school national unity and progress education evaluation index system, and demonstrates the internal relationship between school national unity and progress education evaluation and the construction of long-term mechanism.

Firstly, the paper systematically combs the historical evolution of national unity and progress education policy, the development process of academic research, the active exploration in the field of practice and the relevant research experience abroad. Through research, this paper demonstrates the relationship between the construction of school national unity and progress education evaluation and long-term mechanism.

Second, the indicators of the research on the evaluation index system of school national unity and progress education come from four parts: policy text, academic literature, expert interview data, and interview data between school managers and teachers. Firstly, the paper carries out keyword extraction, CO word analysis and systematic cluster analysis on the four parts of the data, and reveals the core content of each part of the data. Secondly, it studies the three-level coding of each part of the data by using the grounded theory. This paper makes a bottom-up induction and generic analysis of the four parts of the source of indicators, further determines the basic framework of indicators and the basic content of evaluation, and constructs an evaluation theoretical model including school running concept, curriculum teaching, working mechanism, team construction, campus culture and student development. The characteristics of the evaluation index system are: highlighting the orientation of national unity and progress education, clarifying the foundation of curriculum teaching, emphasizing the standardization of working mechanism, ensuring the sustainability of team construction, paying attention to the infectivity of campus cultural atmosphere andpaying attention to the effectiveness of educational effect.

Thirdly, it studies and constructs a systematic evaluation index system of school national unity and progress education. The consultation form of school national unity and progress education experts and the consultation questionnaire of school national unity and progress education experts (Delphi method) were compiled. Using the Delphi method, 17 experts in the field of national education, national policy and theory, and educational evaluation and measurement were invited to screen, modify, optimize and merge the preliminary evaluation index system of school national unity and progress education. According to the merged evaluation indicators, the research compiled the measurement tool "school national unity and progress education evaluation questionnaire (teachers)". The reliability, validity and discrimination of 334 questionnaire results were tested by means of item analysis, exploratory factor analysis and confirmatory factor analysis, and the items that do not meet the criteria of correlation test were deleted. The verification results show that the questionnaire of the evaluation index system has good reliability Validity and discrimination.

Fourth, this paper makes an empirical study on the evaluation index system of school national unity and progress education. This paper scores the overall situation of school national unity and progress education in the way of case school teachers' self-evaluation. The specific research method is the combination of analytic hierarchy process and fuzzy comprehensive evaluation method to construct the evaluation index set and comment set, so as to calculate the results of school self-evaluation. Through the comparative analysis of the evaluation results and field survey data, this paper discusses the advantages and limitations of school self-evaluation.

Finally, the final result of the study constructs a complete evaluation index system of school national unity and progress education, including one primary index, six secondary indexes and 36 tertiary indexes, and gives corresponding weights. Through the case school self-evaluation, the operability of the evaluation index system is verified, which provides suggestions and references for the future related extension research and higher school evaluation index system research. The research demonstrates that the establishment of the evaluation index system of school national unity and progress education helps to provide the basis for the evaluation and monitoring of school national unity and progress education in China. The construction of the evaluation system adheres to scientificity, objectivity and operability. By constructing the evaluation index system of school national unity and progress education, the key link of establishing the long-term mechanism of school national unity and progress education has been completed, and the school national unity and progress education has formed a closed-loop operation system of "goal-implementation-evaluation-feedback".

Keywords: National unity; National unity and progress education in schools; Educational evaluation; Evaluation index; Long-term mechanism.

第一章 引 言

第一节 选题缘由

中国特色社会主义进入新时代,习近平总书记在重要讲话、国家颁发的政策文件中对我国民族工作面临的国内外新形势进行了系统分析和总结,全面深刻地阐释了当前和今后新的发展阶段面临的时代特征、方针政策与实施路径,旗帜鲜明地提出以铸牢中华民族共同体意识为主线,全面深入持久地开展学校民族团结进步教育。纵深推进民族团结进步教育工作不但能与时代以及社会发展需求保持同步,也是树立中华民族共同体意识的固本之基,是使我国民族问题得到有力解决的长久之策。为了妥善处理民族问题,提升国家对民族事务的治理效率,党和国家创设了中央民族工作会议的工作机制。自1992年以来,党和国家以适时召开中央民族工作会议的形式发出国家最高声音,明确当前阶段及未来民族工作发展的指导目标、战略规划、核心政策,发挥了积极的引导作用。每一次会议的成功召开,特别是在中国特色社会主义建设和民族团结进步事业发展的关键时期,对于明确工作的重难点,消除理论争议、纠正公众的认识偏差,使全国人民形成一股合力推动我国民族团结进步事业的进一步发展,带来了至关重要的影响。2021年第五次中央民族工作会议中习近平总书记发表重要讲话,指出"以铸牢中华民族共同体意识为新时代党的民族工作的主线,推动各民族坚定对伟大祖国、中华民族、中华文化、中国共产党、中国特色社会主义的高度认同，不断推进中华民族共同体建设。"①全社会深入开展民族团结进步创建活动，构建常态化的宣传教育机制，在干部教育、党员教育、国民教育、社会宣传教育中多层次全方位地开展教育活动。

为贯彻落实习近平总书记关于教育工作、民族工作重要论述，以及党中央关于新时代爱国主义教育和牢固树立中华民族共同体意识的规划部署，将各级各类学校的民族团结进步教育工作落实到位，加大各民族教师、学生的中华民族共同体意识教育力度，教育部、中央宣传部、中央统战部、国家民委共同制定颁发了《深化新时代学校民族团结进步教育指导纲要》（以下简称《纲要》），提出以习近平新时代中国特色社会主义思想为根本遵循，落实教育立德树人根本任务，以铸牢中华民族共同体意识为主线，将铸魂育人落到实处。通过课程教学、活动开展、社会实践等促进各民族师生广泛交往、深度交流、深入交融，在各阶段教育中全面加强民族团结进步教育，将其开展实施情况纳入督导评估工作，不断完善学校民族团结进步教育长效机制，为实现中华民族伟大复兴的中国梦提供不竭精神动力。

这一系列重要论述反映了党和国家对民族团结进步教育工作的高度重视。这项教育工作是我国民族团结进步事业的重要组成部分，其教育对象为各个学段的青少年学生，肩负着培养祖国的"两个接班人"的历史重任，学校民族团结进步教育作为国家民族团结进步事业的"主阵地"，更凸显其基础性和重要性。综上，应持久地开展这项教育工作，建立常态化的工作机制，并将其纳入督导评估内容，以此为条件保障，切实提升教育成效，引导各族师生铸牢中华民族共同体意识。

---

① 习近平.以铸牢中华民族共同体意识为主线推动新时代党的民族工作高质量发展[N].人民日报,2021,08(29):001.

一、构建学校民族团结进步教育评价指标体系是落实党和国家政策的应然之举

党的十八大以来,"民族团结教育"深化为"民族团结进步教育",习近平总书记站在党和国家事业长远发展的战略高度,对加强民族团结进步教育、铸牢中华民族共同体意识发表了一系列重要论述,对民族团结进步教育工作的重要性进行了进一步阐释,为我国进一步开展民族团结进步教育工作提供了根本遵循。2014年习近平总书记在第四次中央民族工作会议中做出重要论断,即"民族团结是各族人民的生命线",对中国历史和当下正反两面经验的总结说明了在统一的多民族国家中做好民族团结工作的重大意义。民族团结进步事业关系国家长治久安、社会稳定、人民幸福安康,民族团结进步教育是国家民族团结进步事业的核心内容。为了保障学校民族团结进步教育的实效性,2015年第六次中央民族教育工作会议就已经特别指出,应将民族团结教育纳入教育行政部门的督导评价工作中。①这意味着学校民族团结进步教育评价机制是构建学校民族团结进步教育长效机制的重要环节,是保证学校民族团结进步教育长期正常运行并发挥预期功能的制度体系。教育行政部门的决策修改、督导部门对学校进行监督与问责、以及学校自身对教育教学效果存在问题的反思与改进都依赖于评价的反馈。在2019年9月27日全国民族团结进步表彰大会上明确表示:"实现中华民族伟大复兴的中国梦,就要以铸牢中华民族共同体意识为主线,把民族团结进步事业作为基础性事业抓紧抓好。"②应引导各族群众树立正确的国家观、历史观、民族观、文化观、宗教观。应注重加大学校思政教育力度,将培养爱国主义精神作为学校一以贯之的教育内容,使爱国主义思想根植于青少年心中。③

---

① 韦兰明.构建民族团结教育常态化机制的新探讨——全国学校民族团结教育工作研讨会综述[J].民族教育研究,2018,29(02):2-145.
② 习近平.在全国民族团结进步表彰大会上的讲话[N].光明日报,2019,09(28):001.
③ 本报评论员.铸牢中华民族共同体意识[N].人民日报,2020,09(01):002.

2020年10月，中共中央、国务院印发《深化新时代教育评价改革总体方案》，指出应将改善德育评价贯穿于学校的整个教育阶段。方案提出须结合学生身心发展规律，对德育目标进行合理设计，将红色基因发扬光大，立志深入群众、报效祖国。提出对师生等参加评价的有效方式进行积极探索，将学生的行为表现如实记录下来，特别是社会主义核心价值观的落实情况，将这项内容作为评估学生综合素养的侧重点。[1]学校民族团结进步教育是学校德育的一部分，发挥着重要的思想教育作用，在新时期教育发展中，深入开展德育评价的核心内容在于构建相应的评价体系，对学校民族团结进步教育的开展情况进行合理评价。

2021年4月，国家四部委联合颁发《深化新时代学校民族团结进步教育指导纲要》，《纲要》中明文规定各级教育监督指导部门要将民族团结进步教育开展情况纳入教育督导内容，定期开展督导，强化督导结果运用，推动民族团结进步教育工作落地见效。将学校民族团结进步教育开展情况"纳入教育督导内容"，表明要求评价制度要"规范化"，"定期开展督导"，表明评价主体工作要"常态化"，强化督导结果运用，表明评价主客体要积极利用评价结果反馈的情况、凸显的问题，持续改进这项教育工作，建立学校民族团结进步教育的长效机制。另外，《纲要》中还规定，各地教育部门应从课程开设与建设的层面对这项教育工作的开展情况进行考核，并以此为标准对学校领导干部进行绩效考核，作为核心的考核内容。评估监测是新时期我国教育活动的一项重要内容。把评价和监督融入教学督导系统中，不仅可以增强对教育教学工作的重视，还可以促进督导工作的专业性和开放性。[2]同时提出，在中考考查中纳入民族团结进步教育内容。进一步明确民族团结进步教育课程开设的重要性，该课程的设置与教学情况是进行评价的核心指标。《纲要》是当前我国针对学校开展民族团结进步教育工作发布的专门文件，对学校开展这项教育工作的总体目标、各学段的教育内容、教育系统的组织保障、条

---

① 中共中央国务院印发深化新时代教育评价改革总体方案[N].人民日报,2020,10(14):001.
② 李勉.基础教育评估监测:教育督导体系建设的新领域和新挑战[J].中国考试,2021(05):48-55.

件保障、具体措施、督导考核都做出了明确的要求和规定。由此可见,构建学校民族团结进步教育评价指标体系是落实国家有关政策的应然之举。

二、构建学校民族团结进步教育评价指标体系是对学校现实需求的积极回应

在民族团结评价实践中,2008年北京市教育委员会、北京市民委颁布了《北京市民族团结教育示范学校评选办法（试行）》（京教基〔2007〕40号）[①],对北京民族团结教育的经验进行全面总结和推广,同时发布了北京市民族团结教育示范学校评估标体系,对在这项工作上取得优异表现的示范学校进行评估;2018年红河州哈尼族彝族自治州人民政府印发了《创建民族团结进步示范学校工作方案》,其中包括民族团结进步创建活动示范小学达标标准[②];2019年辽宁省民宗委印发了关于民族团结教育示范性学校评选办法;2020年天津印发《2020年民族团结进步示范单位创建工作方案》[③];国家民委于2020年对示范州的测评指标进行了修订,从而进一步推进民族团结进步示范创建工作制度化;一些机构院校也制定了相应的评价体系,对民族团结进步工作进行评估。例如云南民族大学课题组编写了"民族团结进步'五位一体'指标体系"和"云南民族团结进步示范区建设目标体系",该体系中包含了工作实践等6个一级指标,包含了从学前教育到大学的考核评价,其中的子系统包括对学校民族团结进步创建活动评进行评估。[④]一些市、州、学校也制定

---

① 北京市教育委员会.2007北京市民族团结教育示范学校评选办法(试行)[EB/OL].[2008-04-11][2021-11-07].http://jw.beijing.gov.cn/xxgk/zfxxgkml/zfgkzcwj/zwgkxzgfxwj/202001/t20200107_1562814.html.
② 红河州哈尼族彝族自治州人民政府.关于印发《创建民族团结进步示范学校工作方案》的通知.[EB/OL].(2018-01-11)[2021-10-07].http://www.hh.gov.cn/zfxxgk/fdzdgknr/zdlyxxgk_1/gxxxgk/xxgk1/201801/t20180111_168187.html.
③ 天津市民族和宗教事务委员会.市委关于印发天津市2018年开展民族团结进步示范学校创建工作方案的通知[EB/OL].(2018-02-27)[2021-11-07].http://mzzj.Tj.gov.cn/ZWGK6066/ZCFG5540/minzweizcwj/202011/t20201111_4052102.html.
④ 陈鲁雁.民族团结进步创建活动评价指标体系构建研究[J].云南民族大学学报(哲学社会科学版),2018(1):5-11.

了评估民族团结进步活动开展的实施方案，如宁夏回族自治区民委和各市县（区）引入从 2017 年开始建立第三方检测评价专家组，参与当地建立的先进人物评比等工作，通过采用新的评价机制来为当前民族团结创建工作的开展提供改进方向。第三方评价机制，具体方式由宁夏社会主义学院通过邀约专家建立检测评价的专家组开展相关工作。[①]这些评估对研究相关测评指标起到了良好的借鉴作用。

通过对以上评估经验进行分析，目前现有的民族团结进步教育评估体系依托民族团结进步教育创建工作展开，评价目的旨在"挂牌"示范学校，起到榜样效应、示范辐射效应，缺乏学校民族团结进步教育的针对性评价指标体系，部分地区的学校评估缺乏教育评价学的基本理论支撑，导致评价内容并不完整，比如对教育过程的评价要素缺失、同时缺少对教育效果的评价，无法更好的监测学校民族团结进步教育的实际成效。民族团结进步创建工作的评价指标体系、民族团结示范校评价指标对于学校民族团结进步教育评价在指标体系的构建方法上有重要参考价值，但是从评价主体、评价目的、评价内容、评价过程、评价方法、评价结果的运用等重要评价要素来考量，其评价体系也并不能完全适用于普通学校民族团结进步教育的评价。目前国内对学校民族团结进步教育评价的研究存在不足，虽然一些学者意识到了民族团结进步教育评价的重要性，也提出了一些评价的建议，但是对于如何构建学校民族团结进步教育评价体系尚未进行深入讨论，缺少对学校民族团结进步教育的评价指标体系构建路径与方法研究，则不能对学校民族团结进步教育的效果进行及时的监测与反馈，不利于学校民族团结进步教育的改进与创新。

从评价主体分析，当前我国尚未将学校民族团结进步教育纳入教育监督指导评价体系中，现有的评价主要嵌入各市州民族团结进步创建工作，主要以当地的统战部、民族宗教委员会等部门作为评价主体。从评价的内容来看，

---

① 杨文笔.宁夏民族团结进步创建第三方测评实效性调查研究[J].回族研究,2020,30(04)：76-82.

现有的学校民族团结进步教育评价指标体系，比如北京市民族团结进步教育示范学校评估指标体系、宁夏回族自治区、红河哈尼族彝族自治州民族团结进步创建活动示范小学达标标准等，主要评价内容关注学校的党建工作、组织机构、条件保障，以此为依据考察学校是否具备"挂牌"资格，缺少对教育效果，即学生发展的评价。对学校教育最根本最核心的评价是学生发展，也是体现学校民族团结进步教育工作的实效性所在。钟志勇老师结合北京市等 7 个省级行政区的政策文件，对其民族团结教育示范学校评估指标进行了系统分析[①]，运用扎根理论对各级指标进行编码，比较不同地区示范校评价指标的异同、优势与不足，得出的研究结论之一即是对学生发展的评价关注不足，缺乏相关指标的设置，应将各级各类学校的教育实施效果纳入指标体系的考察范畴。同时从评估内容方面分析，7 个省级行政单位的民族团结进步教育示范学校评估指标体系中的内容多为对教育活动、校园文化及组织方式等过程性的评估和对运行机制、队伍建设等条件的评估为主要指标。

从评价类型来看，现有的民族团结进步创建工作评估体系、民族团结进步教育示范学校评价指标体系主要依赖外部评价，学校作为被评估、审视、检查的对象，评价过程仅体现了行政部门的意志，缺少学校自我诊断的评价，从学校民族团结进步教育要构建常态化的机制考虑，同样需要关注的是学校教育内部的评价，采取"督导问责"与"自我改进"并重的方式。从评价的目的分析，现有的民族团结进步教育评价侧重"择优"，侧重"创建示范学校"，而民族团结进步教育课程是根据国家统一要求列入地方课程实施的重要专项教育，是学校教育的组成部分，缺乏相应的课程评价、教师评价、学生评价显然在评价指标内容上不够完整，不能够完全发挥评价目的的导向与反馈功能。完整的学校教育评价应该包括对条件、过程和结果的评价。对条件和过程的评价固然重要，但如果缺少了对教育效果的评价，则很有可能会导致教育过程的形式化和表面化。针对该领域的相关研究应进一步形成系统而

---

① 钟志勇,徐用祺.民族团结进步教育示范学校评估指标体系研究——基于 Nvivo12.0Plus 的政策文本分析[J].民族教育研究,2021,32(02):65-71.

有成效的评价指标体系，使学校民族团结进步教育评价有适切的、可操作性的依据，逐渐走上系统化、科学化、规范化的轨道。

基于此，构建适用于各级各类学校的民族团结进步教育评价指标体系是对现实需求的积极回应。

三、构建学校民族团结进步教育评价指标体系具有重要的双重价值

学校民族团结进步教育评价指标体系是对学校民族团结进步教育工作开展进行评价和监测的参考依据，即通过一系列指标判断学校民族团结进步教育开展的总体情况。构建学校民族团结进步教育评价指标体系将学校民族团结进步教育政策文件、学术研究、教育实践相结合，具有理论研究与实践应用的双重价值。学校民族团结评价指标体系的构建，其理论价值在于能够丰富我国学校民族团结进步教育评价理论，为学校民族团结进步教育实施提供评价的理论依据，为我国学校民族团结进步教育评价与构建长效机制的理论研究做出积极有益的探索。①构建学校民族团结进步教育评价指标体系与相应的测量工具，能够实现三方面的应用：其一，构建学校民族团结进步教育评价指标体系以国家政策法律指导和规定、学术文献严谨提炼的学理依据、教育实践的田野调查为现实基础，为教育督导部门评估学校提供科学、准确的评价依据，为教育督导部门评估学校工作开展提供合理的建议；其二，构建学校民族团结进步教育评价指标体系不仅限于评估价值，更是为了促进学校、教师、学生的不断发展，为提供教育督导部门评估提供依据的同时，能够为各学校进行自我诊断、自我检视、自我改进提供评价标准，由外部评价的"督导问责"与内部评价的"促进发展"相结合，激发学校自我改进的内生动力，体现评价促进发展的价值；其三，《深化新时代学校民族团结进步教育指导纲要》提出，要强化督导结果运用，推动民族团结进步教育工作落地见

---

① 王婕,万明钢.学校民族团结进步教育的长效机制与评价体系构建[J].民族教育研究,2021,32(03):40-47.

效。评估或评价之后如何运用评价结果是评价的重要价值所在。一方面，教育督导部门能够依据评价结果进行工作问责和领导班子考核，另一方面学校能够根据评价结果的反馈进行自我反思与改进，还能够根据评价结果为教育行政部门决策提供咨政建议，发挥学术研究的社会价值，使学校民族团结进步教育形成良性循环的系统，形成常态化、长效化的工作机制。

由此可见，通过建立科学的评估指标体系，能促进教育监督指导部门对这项教育工作的开展情况与效果进行更加精准的评价，并为学校后续发展进行前瞻性的规划与部署；学校可以对照评价指标，检视自身在民族团结进步教育开展中的优势与不足，通过自我诊断，有针对性地进行改进和调整。学校民族团结进步教育评价指标体系的构建能进一步衡量民族团结进步教育经过组织、实施与预期的目标之间的符合程度，并参照评价结果对下一步工作开展进行科学的预判，基于预判探索有效的改善方案，为我国各级各类学校在日常教育活动中更好地开展这项教育工作起到良好的促进作用，起到评价导向、激励、监测、反馈的重要作用，进而持续促进学校民族团结进步教育的实际成效。

基于以上思考，本研究以"学校民族团结进步教育评价指标体系研究"为研究选题，以习近平总书记关于加强和改进民族工作的重要思想为根本遵循、以第四代评估理论与教育评价理论为学理基础，完成了学校民族团结进步教育的评价指标体系的构建并研制出相应的测量工具。从民族团结进步教育的政策发展、学术领域的理论与实践研究出发，明确国家对学校开展民族团结进步教育的基本要求和主要考察内容。以新时代以来党和国家对学校民族团结进步教育的国家政策文本、学术文献研究与实践探索，结合民族教育领域专家、学校管理者、小学教师的访谈为评价内容的基本来源，进行深入的田野调查，对开展教育活动的评价指标进行广泛收集。运用扎根理论的质性研究范式自下而上地构建学校民族团结进步教育评价指标，运用德尔菲法优化和修正指标、以此为基础编制测量工具。运用教育测量与统计方法验证测量工具的科学性，并运用构建的评价指标体系与测量工具选取个案学校进行试测。不仅为教育行政部门对学校督导评估提供考评依据，也为学校内部进行自我诊断评价提供监测与改进的参照,以此持续推进民族团结进步教育的实效性提升,使民族团结进步教育的评价不只指向于评优挂牌,更重要的是利用评价结果的反馈以促进学生发展、教师发展、学校发展,使这项教育工作"常态化""长效化",在开展教育工作的过程中建立良性循环。最后提出研究结论与相应建议,以期为教育行政部门和学校系统评价民族团结进步教育工作开展提供具有可操作性的评价指标和具体测量工具,根据研究结论提出可行的评价建议、并为未来相关研究延展提供合理思路,为构建中国特色学校民族团结进步事业的评价指标体系做出积极有益的探索。

第二节 核心概念界定

一、民族团结

民族团结是中华人民共和国基本的民族政策之一。[①]民族团结意指在统一的中华民族大团结以及各民族人民之间的紧密团结关系,民族团结和民族平等是党和国家一贯坚持处理民族问题的基本原则,实现民族团结必须建立在民族平等的基础之上;民族平等的实现又将进一步加强和促进民族团结。《中华人民共和国宪法》规定:"中华人民共和国各民族一律平等。国家保障各少数民族的合法的权利和利益,维护和发展各民族的平等团结互助和谐关系。禁止对任何民族的歧视和压迫,禁止破坏民族团结和制造民族分裂的行为。"[②]党和国家通过根本法保障少数民族的平等地位和自治权利,坚决抵制对任何一个民族进行歧视、压迫,禁止任何破坏各民族团结的行为,坚决反对"两个主义"。通过对文献的梳理,对民族团结概念的理解可以归纳为以下几点:民族团结是中国共产党和新中国民族政策的总政策和总原则之一;民

---

① 江平.关于民族问题和民族政策——在全国少数民族文字图书出版工作座谈会和国家民委民族问题五种丛书工作会议上的讲话[J].中国出版,1981(01):3-14.
② 中华人民共和国宪法[N].人民日报,2018,03(22):001.

族团结侧重指民族关系,在我国社会制度下,我国民族关系的核心特点表现为民族团结,它是民族歧视、隔阂与民族分裂的对立面;民族团结是以不同民族成员之间的个体团结为基础,是多民族国家保障统一的前提,是多民族国家综合国力的重要组成部分,是社会主义制度在中国取得胜利的一项根本保证。综上,民族团结在中国语境下是一个具有明显政治意义的概念,根据对国内已有文献的分析,对民族团结概念的界定有多种形式,本文所述民族团结取其核心内涵之义,即主要指以国家统一发展为根本、以平等、尊重、和谐、互助为主要表现形式的中华民族广泛的大团结,包括五十六个民族之间的团结以及各民族内部的团结。

二、民族团结进步教育

民族团结进步教育是党和国家主导的社会内聚工程。通过这项工作的开展,可提升整个社会层面的凝聚力,使各族人民和睦共处、建立互信关系、互相融合、友善包容、通力合作、团结互助,牢固树立命运与共的共同体理念。通过活动渲染、榜样示范、行为规范灌输等渠道激励不同民族成员形成民族团结的态度、情感和能力。其核心要素是促进民族团结、反对民族分裂,维护祖国统一。"民族团结(进步)教育是一个政策话语。"[1]十八大以来,"民族团结教育"深化为"民族团结进步教育",专家学者从"团结"与"进步"两个层面论证这项教育政策所蕴含的深刻内涵,基于原有的民族团结教育进行了进一步延伸和发展。在新的社会发展阶段,分别将全体社会公民、"交往交流交融""五个认同"、铸牢中华民族共同体意识作为这项教育工作的教育对象、根本途径、思想基础和根本方向。[2]

中共中央、国务院多次强调,应面向我国所有学校开展民族团结进步教育工作,在课堂、教材中融入党的民族理论与政策的相关内容,使这些内容

---

[1] 张学敏,常永才,崔撒础拉.民族教育研究[M].福建教育出版社,2020:14.
[2] 张琳.深化民族团结进步教育须着力把握的三个维度[J].贵州民族研究,2019,40(12):1-6.

内化为学生的思想,为所有教师、学生铸牢马克思主义"五观",夯实中华民族大团结的基础,增强作为我国国家公民的自豪感和凝聚力。"无论在价值取向方面,还是在政治理论方面,学校教育都可以对学生带来重要影响",并"能使国民形成更加强烈的民族或国家认同感。"①在我国开展民族团结进步教育工作的过程中,面向各级各类学校的教育工作是核心路径,是促进我国伟大民族团结进步事业进一步发展的核心内容与坚实基础。对民族团结进步教育课程进行定性分析,学者们普遍认可以下观点:该课程旨在面向学生群体进行思想道德教育,应被划入德育的范畴。本质上,该课程是爱国主义教育的核心内容,因此,应在德育的系统化框架下,在德育目标与整体内容中融入这项教育工作的目标与具体内容,以免出现将德育与爱国主义教育割裂开来的情况。②学校民族团结进步教育课程是国家明确规定的学校课程,是学校思政课的核心内容,是我国课程的新形态。③从课程层次进行分析,该课程属性具有国家、地方、校本的三重属性。根据文献梳理,本文研究的学校民族团结进步教育是面向各民族学生的、国家明确规定开设的课程和包括多种教学形态的活动,其教育目的是培养各族学生铸牢中华民族共同体意识,成长为坚定社会主义道路、具有统一的多民族国家意识的公民。

三、教育评价标准与指标

应对教育质量进行客观评估,其核心在于建立一套科学合理的评估指标体系,并以此为基础制定明确的评估标准。④所谓评估标准是指按照严谨的统计方法,采用评分等多样化的形式对各种评价指标所应达到的程度做出了明

---

① 青觉,吴鹏.使命、困境与超越:中小学民族团结进步教育研究——基于中华民族共同体意识视域的理论分析[J].黑龙江民族丛刊,2019(05):1-7.
② 严庆,梅丽.认知与作为:如何在新时代深化学校民族团结进步教育[J].民族教育研究,2021,32(03):32-39.
③ 万明钢,王婕.铸牢中华民族共同体意识与学校民族团结进步教育课程建设[J].西北师大学报(社会科学版),2021,58(03):26-34.
④ 黄彩娥,邬罗萍等.简论继续教育质量评估与保障体系[J].中国成人教育,2007,(03):97-98.

确规定。刘五驹认为评价目标是对未来事物发展状态的预期结果。它一般是一种概括的、包含多种因素的意向的表达。评价指标是评价目标的具体化内容、表现为外显的（可观察或可测量的）标识性因素。[①]同一个目标，对不同的评价主体和评价对象，实际预期可能会有较大幅度的差异，在包含的内容和程度上都是如此，这种目标表达状态无法进行科学、精准、统一的评价。因此必须对目标加以分解，将目标细化为系列的具体化、外显的指标，以表现目标的核心内容与实际达到程度。黄越岭、朱德全认为指标体系将各种评估标准的定量指标有机结合起来，评估的有效性与质量是由指标体系设计的合理性决定的。[②]根据教育评价学的基本观点，本文所构建的指标是一种具体的、可测量的、行为化的评价准则，是根据可测或可观察的要求而确定的评价内容。

四、教育评价与教育评估

西方教育评价基本理念、模式与评价方法对我国教育评价领域影响深远，比如著名的泰勒模式、CIPP模式、目标游离模式等。斯塔克的应答模式上承行为目标模式、CIPP模式，下启共同建构模式。新中国真正开展评价工作是20世纪80年代。通过引进、吸收、消化国外的先进成果，在评价理论与实践中取得了显著的成绩。我国学者金娣等在《教育评价与测量》中作出了这样的总结：教育评估方式不再变得僵化单调，我国渐渐按照多样化的评估目标与对象、结合多个地区的实际发展情况建立了相应的教育评估模式，并使之不断完善。[③]近20年来，我国理论界对教育评价的研究领域，已经涉及校内校外几乎所有与教育有关的现象，并在国内外文献中被广泛引用。学者们"在师生评价、教学评价等多个领域应用了教育评价的方法理论，取得了良好

---

① 刘五驹.实用教育评价理论与实践[M].江苏：苏州大学出版社，2008：55-56.
② 黄越岭，朱德全.论网络学习情境性评价：理念与评价指标[J].电化教育研究，2015,36(09)：36-41.
③ 金娣，王钢编著.教育评价与测量[M].北京：教育科学出版社，2007：24-31.

成效。"①

　　由于个体对教育评价这一概念的观察角度存在一定差异，对教育评价的认知是一个循序渐进的过程，人们对这一概念的诠释也存在一定差异，较为典型的观点可以分为以下类型：1. 有学者指出教育评价的核心内容是考试，其含义与教育测验相同。2. 有部分学者指出教育评价是一种以评估对象的经验以及整体素质为核心的专业判断。3. 也有学者指出教育评价是指将人们所表现出来的行为结果与预期目标或状态进行对比的过程。4. 也有部分学者指出教育评价是指按照一定的目标对资料进行全面收集，以便做出合理决策的过程。②对于教育评价，刘本固做出以下界定：依照特定的评估准则，对教育现象进行判断。它从价值的角度对教育现象进行评判，教育评价是结合一定的目标以及价值取向对评价对象的变化、教育计划的执行效果进行评判，它是与教育目标、价值取向相关的概念。在评价过程中，主要将需要实现的教育目标作为评估准则进行评判。③在我国现行的教育评估工作中，较为常见的提法可以分成"评价""评估"两种类型。其中，前者是对资料进行全面收集，对评估客体进行预估性判断，从而帮助决策人员通过多样化的决策方案中选择一种合理的方案并采取行动的过程。教育评估的广义含义是指以教育的全部领域为对象，运用定性与定量相结合的方式，对教育的内容、制度、方针、政策以及培养目标、过程手段和措施等方面的评估。其重要目的是为教育决策提供重要依据，国家教育管理部门根据教育评估的结果，及时调整教育的决策。教育评估的结果对国家、对学校都是一份咨询材料，而不是行动纲领。④刘本固指出将教育目标应有的效用得以最大化发挥是教育评估的终极目标。⑤评价不仅是结果，更重要的是根据教育目标判断学生的发展变化及教育计划的实施成果和价值的过程。评估和评价在学术研究与实践应用中存

---

① 吴钢.我国教育评价学研究的回顾与展望[J].教育测量与评价(理论版),2010(03):19-22.
② 齐宇歆.当代教育评价理论及其历史演进过程中的知识观分析[J].远程教育杂志,2011,29(05):76-82.
③ 刘本固.教育评价的理论与实践[M].浙江:浙江教育出版社,2000:21-22.
④ 许茂祖,张桂花.高等教育评估理论与方法[M].北京:中国铁道出版社,1997:216-217.
⑤ 刘本固.教育评价的理论与实践[M].浙江:浙江教育出版社,2000:21-22.

在混用的情况。有学者认为两者在概念上没有什么不同。不过从现实应用来看两者又存在一些细微区别。首先，在使用习惯上，两词各有相对固定的群体。政府和社会团体习惯使用教育评估，而学校内部和一些研究者则更倾向于使用教育评价。其次，在现实活动中，对两个词的取舍不同，在侧重于客观事实的测定时，往往使用评估一词，而在强调评价的主观价值判断时，更多使用评价一词。然而这种细微区别也仅仅是现实中的一种习惯差异，并无一定严格界限。①综上，在本研究中，涉及政策文本明确表述、教育行政部门、督导部门对学校的评定以及文献本身的叙述，均尊重原文、原义使用评估或评价。在本研究开展评价指标体系构建的论述过程中，均使用评价一词。

第三节 研究问题、研究目的与意义

一、研究问题

本文核心研究内容是构建我国学校民族团结进步教育评价指标体系与测量工具。具体研究对象包括构建评价的理论模型、构建相应的评价指标体系、研发评价的测量工具，探索较为科学合理的具体评价方法。

本文中的"学校"特指义务教育阶段的小学学段，研究学段初步设定在小学学段的原因有以下三点：第一，小学是学校教育的起始学段，也是学校民族团结进步教育的基础学段，在面向我国各级各类学校开展民族团结进步教育工作的过程中，以小学阶段为起点，对其进行评价是使这项教育工作进一步常态化、长效化的重要环节，也是使这项工作逐步规范化的标志；第二，相较于其他学段，小学阶段开设的课程与活动较多，且形式丰富。国家针对小学、初中学段编写了统一的教材与教参，不同地区相继展开了关于民族团结进步教育教师的培训，学校评价的要素相对完整；第三，要构建一个适用

---

① 刘五驹.实用教育评价理论与实践[M].江苏:苏州大学出版社,2008:5.

于各级各类学校的评价指标体系和方法工程巨大，计划待小学学段指标体系构建完成后，再逐步向初中、高中学段延伸，为更高学段的评价指标设计提供有效的借鉴与参考。

基于"学校民族团结教育评价指标体系研究"这一选题的政策背景、学术理论、研究方法的梳理和总结，参考教育评价的一般程序、评价指标体系的设计以及确定指标权重的方法，本文主要从以下几方面开展相应研究：

第一，构建科学合理的评价指标体系首先要收集广泛的指标，第一个研究问题是判断哪些资料能够作为评价指标的来源与基本依据。

第二，研究最核心的问题在于构建一套适用于小学的民族团结进步教育评价指标体系，因此研究第二个问题是通过哪些途径选取哪些指标，如何去归并指标。

第三，研究第三个问题是如何保证选取的指标具有内容效度，如何修订指标。

第四，研究第四个问题是怎样为建立的评估指标体系的符合要求提供有力保障，即对评估工具的构建效度进行检验。

第五，研究第五个问题是根据本研究构建的评价指标体系是否能投入应用、运用何种评价方法，效果如何。

第六，研究第六个问题需要明确学校民族团结进步教育评价指标体系与长效机制有哪些关系，评价在构建长效机制的系统中的环节中处于何种地位。

二、研究目的

本研究聚焦于学校民族团结进步教育在实施中缺乏系统、有效评价的问题，探寻学校民族团结进步教育评价有效评价实施的路径与策略，为学校民族团结进步教育评价和学校民族团结进步教育长效机制的构建提供有益的探索与借鉴。构建科学的民族团结进步教育长效机制，是切实提高学校民族团结进步教育质量的保证。从当前整体开展评价的情况分析，存在缺乏科学规范的评价工具，也没有建立起科学的评价指标体系的问题。以往对学校民族团结教育实施的评价的形式停留在教育行政管理部门对学校的检查，具有较大的临时性、阶段性和偶然性，一些学校同时实施领导班子自查的形式，其评价内容缺乏系统性、存在评价要素缺失的问题。教育行政管理部门检查、主要集中在学校管理、校园文化建设情况、主题活动开展情况。学校领导班子自查主要集中在思想建设，学习领会国家文件精神与国家领导人讲话等方面。教师评价与学生评价则相对更加缺乏。已有的学校民族团结进步教育示范校评价指标，普遍缺少对教师实际教学情况和学生接受过民族团结进步教育后的实际效果的评价与监测，不利于实际教学情况与学习结果的反馈与调控。而仅仅对"民族团结进步教育示范校"的评估，其目的更加侧重树立民族团结创建工作的示范单位示范和评优。现有的部分地区自设的民族团结进步教育评价指标过于简单，评价指标的设计缺乏教育评价学的理论基础，缺少必要的评价内容。从评价标准来看，以评价主体展开校领导与教师座谈会、查阅资料档案、主观评语或者打分为普遍做法。从评价开展的时间段来看，教育行政部门的检查集中在"民族团结进步月"等特定的时间段，具有较大的偶然性和随意性，没有形成常态化的工作机制。迄今为止我国尚没有建立一套专门针对学校民族团结进步教育的评价指标体系及相应的测量工具。在有关政策文本中，我国对这项教育工作的评价和督导作出了明确要求和表述，要求教育行政部门、教育督导部门将学校民族团结进步教育纳入督导评估体系。从学校民族团结进步教育的长远发展来看，同时也需要通过学校自我检视以激发学校民族团结进步教育的内生动力。

基于此，本研究尝试构建普遍适用于小学学段的学校民族团结进步教育评价指标体系，各级评价指标力求能涵盖小学开展民族团结进步教育涉及的主要要素，研究为小学学段进行教育评估提供相应的测量工具。第一，通过构建学校民族团结进步教育评价的理论与评价指标体系、研制学校民族团结进步教育的评价方法与工具，为教育行政管理部门、督导机构评价民族团结进步教育在学校落实和开展的实际情况提供较为科学的依据，亦可为学校进行自身检验提供相对规范的标准，使评价更具全面性、科学性、规范性和系统性。评价的规范对学校进行民族团结进步教育的开展提供导向作用，教育行政管理部门能够更有效地监测学校民族团结进步教育工作的开展情况与实际到达度，为学校改进民族团结进步教育质量提供真实有效的反馈。第二，指标体系与评价工具能够帮助教育行政部门检视和学校自我诊断在民族团结进步教育中存在的问题，及时调整策略、加强学校管理、课程建设、教师培训、促进学生发展，改进教育内容和教学方法等。通过评价指标体系的逐步建立逐渐完善学校民族团结进步教育长效机制，形成常态化的工作机制。第三，通过研究提出实施学校民族团结进步教育评价的相应策略与评价指标构建的反思，为今后更高的义务教育学段、高中学段民族团结进步教育评价体系建构积累经验。

三、研究意义

本课题研究的理论意义在于将我国学校民族团结进步教育的政策与学术研究相结合，将学校民族团结进步教育的理论与实践相结合，通过评价指标体系的构建，丰富我国学校民族团结进步教育评价理论，为学校民族团结进步教育实施提供评价的理论依据，进一步推动学校民族团结进步教育理论与实践的完善与发展。通过对学术文献的梳理，当前对于学校民族团结进步教育的研究在内涵与意义、教育内容、实施路径与策略等方面著述丰富，但是对学校民族团结进步教育评价的研究还十分不足。学者们主要对民族团结进步活动创建的评价体系进行了研究，其评价对象更加广泛，并未将研究视角聚焦于学校教育、学生发展、教师发展、学校发展，亦没有将民族团结进步教育作为一个学校专项教育评价的研究。有一部分文献对民族团结进步教育评价研究的必要性进行了论述，但没有展开深入的实证研究。学校民族团结进步教育评价指标体系的构建，是在教育评价学相关的理论基础之上，通过理论思辨与实证研究，从评价理念、评价目标等各种核心因素进行研究与探讨，通过对指标的广泛收集、系统归纳、类属分析，建构学校民族团结进步教育评价的理论模型。

本课题独到的应用价值是能为我国提供一套评价学校民族团结进步教育

的指标体系和相应的测量工具，通过评价体系的完善，进一步推进学校民族团结进步教育长效机制的构建。我国教育行政部门和学术研究领域都还没有颁布或发表适用于全国各级各类学校民族团结进步教育评价指标体系及对应的测量工具。科学规范的评价是学校民族团结进步教育的质量保障，制定标准的评价工具可以有效地监测教育过程、检验教育效果。缺少对学校民族团结进步教育的评价体系与方法的研究，导致不能对民族团结进步教育的效果进行及时的监测与反馈，不利于学校民族团结进步教育的改进与创新，导致教育活动形式化表面化，不利于建立学校民族团结进步教育常态机制。建立学校民族团结进步教育评价指标体系，为教育行政部门决策修改提供咨政建议，为教育督导部门评估学校开展民族团结进步教育的质量提供依据，改变当前学校民族团结进步教育的评价仅在"民族团结进步教育示范校"开展的现状。以"发展"为导向，为学校管理者、教师自我检测与改进提供有效反馈，检视学校民族团结进步教育开展的实际成效，帮助学校检测自身开展民族团结进步教育中存在的问题，对各级学校改进民族团结进步教育的方法提供策略与建议。推进学校民族团结进步教育评价的有效实施，全面提高学校民族团结进步教育的实效性。

第四节 研究思路与研究方法

从学校民族团结进步教育概念入手，对学校民族团结进步教育评价进行概念界定、内涵解读，并对学校民族团结进步教育评价的必要性进行分析，以澄清对学校民族团结进步教育评价的模糊认识。构建评价指标体系包括发散和收敛两个必要阶段，首先在评价指标体系的发散阶段，应全面收集与评价目标相关的要素。本研究借助于对相关学术文献、政策文本的分析、结合问卷调查、实地观察、专家学者、校长教师访谈所获取的数据信息，明确目前评价工作的开展现状、存在的问题及其成因，尽可能不遗漏地对评价指标所涉及的要素进行广泛收集。其次在指标的收敛阶段运用扎根理论对文本、文献、咨询和访谈材料进行三级编码，厘清各层级指标外显或内隐的类属关系，采用多种研究方法优化和增删指标、对指标体系的理论构想进行验证，进一步提出学校民族团结进步教育评价体系的优化策略。并邀请权威专家对各级评价指标赋值权重，使之科学、客观、适用。最后将评价指标投入应用，检视其在实际运用中的可操作性。

　　本研究运用混合研究的范式，在研究方法选择上遵循质化、量化研究相结合的原则。运用文献法、访谈法、问卷调查法等多种方法收集研究资料，运用社会网络分析、聚类分析探究各部分资料凝练的主题，采用扎根理论建构学校民族团结进步教育评价指标体系的理论模型，运用德尔菲法对各层级指标进行重要性程度的判断，以达到优化指标的目的。运用教育统计与测量方法验证评价工具的建构效度。在评价指标体系构建完成后进行小范围的试测，对试测结果采用模糊综合评价法评估小学民族团结进步教育评价指标体系的应用效果，从而保证指标体系构建在方法和技术方面的科学性。

一、研究思路

　　本研究的基本思路主要分为以下几个部分：

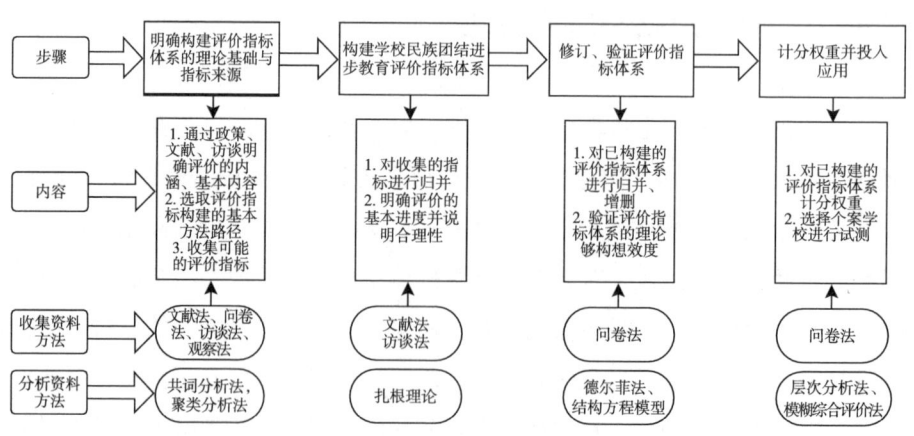

图1.1　研究思路图

第一,对民族团结进步教育政策、现有学术研究成果进行系统梳理,以学校民族团结进步教育的概念界定、发展变化为切入点,基于对教育现状、问题及影响因素的分析,吸取学校民族团结进步教育实施的实践探索经验,通过理论分析,明确建立相应评价指标体系的理论依据。

第二,通过对教育政策、学术研究、国外相关研究、国内外教育评价研究的文献梳理,对学校民族团结进步教育评价的必要性进行分析,以澄清对学校民族团结进步教育评价的模糊认识,并参考和借鉴可运用的评价指标构建模式、评价方法。

第三,指标发散阶段,尽量对指标进行全面搜集。综合使用访谈法、实地调查法、问卷调查法等方面,结合对相关研究成果、政策文件的深入剖析,了解学校开展这项评估工作的现状、面临的问题;通过访谈法,对专家、教师的意见进行全面收集。该阶段抛弃人为主观经验的限制,从不同的价值立场、不同的观察视角、各种可能的层面,允许概念范围的交叉或重复,尽可能多地搜集相关因素。依据第四代评估理论和教育评价基本理论,明确构建评价指标的基本理念与依据。根据四部分指标来源,运用共词分析法,提炼出政策文本、学术文献、访谈资料的核心关键词并进行系统聚类分析,探索每部分资料所体现的核心观点与文本主题,以明确评价指标的关键内容。

第四,在指标的收敛阶段,构建学校民族团结进步教育的理论体系,主要运用扎根理论的方法,对政策文本与学术文献、访谈记录进行类属分析和逐步归纳,提炼出基本评估要素,明确评估的关键内容,对收集到的评价指标、概念范畴进行筛选和归并,明确评估的基本维度。基于评估维度的明确,建立评价指标体系的相应理论模型,初步建立评价指标体系。

第五,运用德尔菲法对评价指标的重要性程度进行判断,完善和修订评价指标体系,提出优化改进策略。对初拟的学校民族团结进步教育评价体系各级指标进行修正,优化和删减不必要指标。根据修正的评价指标体系研制相应的测量工具,运用问卷法收集数据,运用项目分析、探索性因子分析和验证性因子分析对测量工具的信度、结构效度、区分度等进行量化检验。

第六,运用层次分析法确定指标权重,构建出完整的学校民族团结进步教育评价指标体系。对样本学校以自评的方式进行小范围试测，运用教师评价建立评价的评语集，模糊综合评价法计算评价的指标集，对测量结果进行等级评价，并对评价结果进行讨论。

第七，以学校民族团结进步教育工作能长效、常态化地开展并取得预期效果为出发点，应建立科学的评价指标体系。这项教育工作的长效机制是一个有序的整体，基于系统论的观点，对构建学校民族团结进步教育长效机制提出理论构想。

最后，对本文构建的学校民族团结进步教育指标体系的研究方法、研究过程和研究结果进行总结和反思，并对未来学校民族团结进步教育的开展、评价、相关研究的延展提出建议，提出实际评价工作的有效路径与策略，以及对未来各学段延伸研究的建议与思考。

二、研究方法

（一）收集资料的方法

1. 文献研究法

通过系统的文献梳理，构建学校民族团结进步教育理论体系，使民族团结进步教育的评价指标确定有据可依。主要文献包括：一是党的十八大以来我国颁布的民族团结（进步）教育相关的或者嵌套的政策文本；二是近年来党和国家提出的关于民族团结的重要理论，比如铸牢中华民族共同体意识理论、促进"三交"理论、加强"五个认同"教育理论、"四个自信"、积极培育和践行社会主义核心价值观等思想理论；三是我国学术界关于学校民族团结进步教育的研究成果；四是国外相关研究概述；五是有关教育评价理论以及评价指标体系构建的理论与方法。

2. 问卷法

问卷法是研究中收集数据和资料的基本方法之一。本研究中多次运用问卷调查进行研究，在指标收集阶段，问卷调查法主要用于调查学校民族团结进步教育实施的情况，研究工具为自编半开放式问卷进行调查。在指标体评价指标体系理论模型确定后，运用德尔菲法结合问卷调查对指标体系进行优化归并，完成学校民族团结进步教育的评价指标的设计。在验证指标体系构建效度阶段，进一步设计每个指标的具体测量指标，选择若干所不同地区和不同类型的学校采用问卷调查法收集评价数据，结合教育统计学理论与方法，验证指标体系理论构想效度。在权重赋值阶段，运用问卷法结合层次分析法请专家为指标体系赋值权重，建立评价的指标集。在评价指标的应用阶段，运用问卷法邀请教师打分，建立评价指标的评语集，对选取的样本学校进行模糊综合评价。

3. 访谈法

本研究对不同对象进行了多轮访谈。在指标收集阶段，经过文献梳理初步确定评价指标，根据指标内容设计访谈提纲，广泛开展专家访谈，进一步收集、修改、增删评价指标，访谈对象主要包括国内知名民族教育领域专家、小学的管理者、一线教师。访谈法的优势在于直面访谈对象，直观感受其情绪反应，对其在相关研究与实践中的经历进行追问、了解行为所隐含的真实意义。同时也可与其他研究方法，比如问卷法、观察法互相印证、检验结果。

4. 观察法

采用观察法中的非参与观察、时间取样和事件取样观察。非参与观察较为客观，时间取样观察指对一定时间间隔中所出现的各种行为、表现做全面的观察和记录，在本研究中观察法主要用于在实地调研中观察学校校园文化建设、学校板报等反映民族团结进步教育内容的作品，学校管理者、教师与学生的语言和行为。事件取样主要收集学校活动开展的资料，在观察时间范围内与民族团结有关的活动、仪式、课堂教学等。

（二）分析资料的方法

1. 共词分析法、系统聚类法

共词分析法是指对同一篇文献中一组主题词出现的频次进行统计分析，在此基础上对这些主题词进行聚类分析，从而建立一个共词网络，该网络由这些主题词共同构成，可通过网络内不同节点的距离来反映主题词之间的相似性，从而对这些主题词所反映的学科门类、主题的演变进行分析。这种分析方法从属于内容分析方法。①系统聚类法是一门多元统计分类法。系统聚类的步骤一般是首先根据一批数据找出能度量这些数据或指标之间相似程度的统计量；然后以统计量作为划分类型的依据，把一些相似程度大的变量首先聚合为一类，而把另一些相似程度较小的变量聚合为另一类，最后根据各类之间的亲疏关系，逐步画成一张完整的分类系统图，又称谱系图。其相似程度由距离或者相似系数定义。进行类别合并的准则是使得类间差异最大，而类内差异最小。在本研究当中主要用于文本关键词的分析。

2. 扎根理论

Glaser 和 Strauss 于 1967 年提出扎根理论定性研究的方法，意指结合初始资料、客观事实，对特定现象者总结分析进而建立理论，并通过对比分析，对理论进行不断改善的方法，其宗旨在于基于个人主观经验、现有学者的研究成果来揭示社会现象的概念，总结出理论所蕴含的核心命题。扎根理论历经演变分为不同流派，本研究沿用经典扎根理论进行自下而上的归纳式质性研究，主要包含了开放式、主轴、选择性编码三个步骤，通过使用半结构化访谈方法来获取本文研究所需的一手信息来源，在此基础上通过对访谈进行录音、将录音资料转化为文字等方法来初步建立研究资料，随后使用扎根理论的编码步骤来处理资料。本文主要以文献以及访谈资料、实际观察为切入点，通过对原始研究资料进行总结分析，运用 Nvivo12 质性资料分析软件对原始资料进行三级编码，对应初步的指标体系。

3. 德尔菲法

德尔菲专家咨询法是指采用不记名咨询的方式，向专业领域的专家进行咨询的方法。通过对所有专家提出的意见进行整合、梳理、分析，采用信函的方式向所有专家做出反馈，专家之间不进行交互探讨，而是相互独立地给

---

① 冯璐,冷伏海.共词分析方法理论进展[J].中国图书馆学报,2006(02):88–92.

出咨询意见。①通常情况下，为了确保访谈对象能够更好地参与研究，对诸多建议进行修正完善，最终达成一致的意见，通常要求在运用德尔菲法进行专家意见征询时，其征询轮次不得少于三轮。②本文对学校民族团结进步教育评价指标进行编码之后，运用德尔菲法设计专家咨询表和调查问卷，发放给民族教育领域的专家，对初拟指标进行优化、筛选、归并。

4. 结构方程模型

结构方程模型是基于变量的协方差矩阵来分析变量之间关系的一种统计方法，是多元数据分析的重要工具。本研究运用结构方程模型中的项目分析、探索性因子分析、验证性因子分析、信度、结构效度、区分度等量化检验。其中验证性因子分析是对调查数据进行的一种统计分析，这种方法用于检验某一个因子与对应的观测变量之间的关系是不是符合研究者预先设定的理论关系，从而验证评价工具的理论构想效度。

5. 层次分析法、模糊综合评价法

层次分析法的核心思想是将与决策相关各要素细分成多个层次，在完成分解以后综合使用定量研究方法、定性研究方法做出决策的方法，该方法被简称为AHP。具体而言，AHP是指将一个错综复杂的、需要兼顾多个目标的问题作为一个有机整体，将目标细分成多个准则，从而分解为不同层次的多项指标，采用一定的算法对各层次指标的单排序以及总排序进行计算，计算各层次的所有元素对上一层次特定元素的优先权重，将权重最大的方案作为最为合理的方案的过程。

模糊综合评价方法是1965年由美国著名专家Azadel创立的，隶属于模糊数学的一个分支。它以模糊数学为基础，将一些难以定量分析、边界模糊的因素进行定量分析、综合评估的方法。③其中的"模糊"是指事物之间边界

---

① Wiersma,W.& Jurs,S.G.Research methods in education[M].An introduction.Boston:Pearson.2005:55.
② 王碧梅,胡卫平.科学教师教学能力结构模型建构——基于德尔菲专家咨询法的调查分析[J].教师教育研究,2016,28(06):65-74.
③ 王薇.应用模糊数学方法构建学校教育质量评价模型的研究[J].教育科学研究,2011(02):42-46.

较为含糊不清,导致事物难以被清晰界定。在社会生活中,存在大量模糊的现象,这就需要对这些"模糊"的现象进行研究,使之变得明确、易于进行定量分析,以便获取有价值的信息。具体而言,这种方法蕴含有以下思路:在对由多种因素决定的特定事物进行评估时,按照评估标准以及权重,对各因素进行独立评估,建立矩阵并通过复合运算,对各因素进行整体评估,最终明确评估对象的等级。

本研究在评价指标体系的权重赋值与应用阶段,将层次分析法与模糊综合评价法相结合,选取个案学校进行试测,以判断个案所处的评价等级。

第二章 文献综述与理论基础

中华人民共和国成立至今,党和国家在不同时期颁布了适应国家发展阶段的民族团结教育政策。进入中国特色社会主义新时代,党和国家根据国内民族团结发展的新形势面临的新问题提出了关于民族团结教育的新思想、新思维,比如"两个反对"重要理念、促进"三交"理论、"四个自信"理论、"五个认同"理论、"五观"教育、建设中华民族共同体、铸牢中华民族共同体意识等思想理论。我国学术界关于民族团结进步教育研究的发展趋势与国家相关政策的颁布密切相关,研究者从不同的理论视角、运用多种研究方法进行了思辨研究与实证研究,对民族团结进步教育实践提供了重要了智力支持。各地区根据自身的地域优势与特色积极开发地方课程、校本课程、校本教材与乡土教材、利用当地丰厚的历史文化资源打造青少年爱国主义教育、民族团结进步教育实践基地,积累了丰富的学校民族团结进步教育实践探索经验。

国外研究关于民族团结教育的话语不常见,与此相关的研究包括国家认同教育、民族认同教育、国际理解教育、爱国心教育、公民道德教育等等。本研究对国内外有关教育评价指标体系构建的理论与方法也进行了梳理与借鉴。通过对各部分文献进行分析和研究,阐明其教育政策的发展历程、现有学术研究的内容、方法与成果,各地区实践探索积累的丰富经验以及国外相关研究的基本经验与启示、国内外教育评价指标体系构建的基本思路,以此明确学校民族团结进步教育开展的现状与面临的问题、实施评价的相关内容、可借鉴的评价模式与方法、评价指标的来源与依据、选取指标的方法与途径等。

第一节 我国学校民族团结教育政策史梳理

自中国共产党成立至今，在不同的历史时期颁布了一系列促进民族团结、开展民族团结教育的政策与指导意见，将民族团结放在极其重要的位置，为实践工作提供了坚实的理论基础与有力的制度保障。到目前为止，我国已建立了针对民族团结教育相对完善的工作机制，其实践形式也较为丰富和多样化。从党和国家对民族团结、民族团结进步教育的顶层设计来看，从新中国成立初期到步入新时代，国家政策体系经历了初步探索、逐步发展、逐渐完善的演进历程。

表 2-1 近四十年学校民族团结进步教育政策文件列表

颁发时间	发文主体	文件全称	主要内容
1987	原国家教委	《国家教委关于在各级学校注意进行党的民族政策和加强民族团结教育的通知》	文件要求全国各地区开展党的民族政策宣教活动和民族团结教育，对各地区的不同类型学校提出了差异化要求，同时提出需关注教育的实效性问题。面向各族群众、领导干部开展宣教工作，促进了各民族平等、团结、进步，加快了少数民族和民族地区的经济和社会发展，巩固和发展了社会主义新型民族关系。
1991	国务院	《国务院关于进一步贯彻实施〈中华人民共和国民族区域自治法〉若干问题的通知》	贯彻我国民族区域自治法，坚持社会主义办学方向，加强民族团结教育、爱国主义教育的重要内容。

续表

颁发时间	发文主体	文件全称	主要内容
1992	国家教委、国家民委	《国家教委、国家民委关于加强民族教育工作若干问题的意见》	《意见》进一步提出加强民族教育需结合学生身心发展规律、学校教学工作开展的具体情况，采用多样化的教学手段，丰富党和国家的民族理论与政策的教育内容，加大教育力度，使各族人民齐心协力、互帮互助、平等享有的各种权利、互相尊重。
1993	国家教委	《关于颁发〈小学德育纲要〉的通知》	在教育的引导作用下，使小学生意识到我国由多个民族共同构成，所有国民，无论来自哪个民族，都应平等尊重，团结友爱，共同为祖国统一伟业的实现而努力奋斗。
1994	中共中央	《爱国主义教育实施纲要》	特别提出要加强民族团结教育、爱国主义教育，通过教育的引导作用，深根爱国思想和团结理念，使各族人民团结互助，积极维护祖国统一和发展，自觉抵制任何制造民族分裂、破坏祖国统一的言行。
	中共中央	《中共中央关于进一步加强和改进学校德育工作的若干意见》	提出爱国主义教育中应将坚增强民族团结，维护祖国统一作为重要的教育内容。
	原国家教委	《中学德育大纲》	提出初高学段的德育重点内容应包括尊重各兄弟民族、加强团结互助、反对民族分裂的教育。
1995	全国人大常委会	《中华人民共和国教育法》	提出我国在各学段教育内容中应对教育对象实施爱国主义、集体主义、社会主义教育。特别列出了国防教育和民族团结教育，民族团结教育因此具有深刻的法理依据。

续表

颁发时间	发文主体	文件全称	主要内容
1999	教育部办公厅国家民委办公厅	《关于在全国中小学开展民族团结教育活动的通知》	明确了在九年义务教育阶段开展民族团结教育的核心意义、目标以及具体要求、组织开展其他相关工作。
2002	国务院	《关于深化改革加快发展民族教育的决定》	决定提出改革民族教育之一即要面向学校有重点、分层次、有针对性地加强民族团结教育。
2004	教育部和国家民委	《关于在中学校进一步大力推进民族团结教育工作的通知》	着重指出了在九年义务教育阶段开展团结教育工作的重要性。要求设置地方课程，小学低年级开设"中华大家庭"、高年级开设"民族常识"、初中开设"民族政策常识"，按规定的课时组织教学。
2005	中共中央、国务院	《关于进一步加强民族工作加快少数民族和民族地区经济社会发展的决定》	决定提出在我国精神文明建设进程中与普及国家公民道德教育中应贯穿民族团结教育的内容。
2008	教育部办公厅和国家民委办公厅	《关于在中小学切实抓好民族团结教育工作的通知》	在中小学阶段的教育工作中，主次分明、目标明确地加大民族团结教育力度，将这项工作划入公民德育、素质教育、爱国主义教育的核心内容。
		《学校民族团结教育指导纲要(试行)》	作为重要纲领性文件，为各级各类学校开展民族团结教育工作指明了方向。对学校开展这项教育工作的目标原则、主要任务、核心内容、实施路径、师资培养等进行了全面的制度安排。

续表

颁发时间	发文主体	文件全称	主要内容
2009	中共中央办公厅和国务院办公厅	《关于深入开展民族团结宣传教育活动的意见》	《意见》明确指出各级学校是对学生、青少年群体进行民族团结教育的主要阵地和渠道，应在课堂内外加强民族团结教育、作为重要内容融入思想政治教育全过程，引导、帮助各族青少年学生形塑正确的民族和国家观念和公民意识。
	教育部和国家民委	《全国中小学民族团结教育工作部署视频会议纪要》	工作部署包括在九年义务教育学段、普通高中、中等职业技术学校都应依照不同学习阶段开设的与民族团结教育相关的专门课程，依照规定的课时进行教学规划。
	中宣部、教育部和国家民委	《关于在学校开展民族团结教育活动的通知》	各学段、各类学校应全面利用暑期，对与"民族团结教育"相关的课程教学内容进行仔细研究，制定相应的活动方案，精心筹备与规划，并在秋季开学后开展相应的主题活动。
		《新疆维吾尔自治区民族团结教育条例》	是中华人民共和国第一部关于加强民族团结教育的地方性政策法规条例。
2010	中共中央、国务院	《国家中长期教育改革和发展规划纲要（2010—2020年）》	"在各级各类学校广泛开展民族团结教育，推动党的民族理论和民族政策、国家法律法规进教材、进课堂、进头脑，引导广大师生牢固树立马克思主义国家观、民族观、宗教观，不断夯实各民族大团结的基础，增强中华民族自豪感和凝聚力。"
2015	国务院	《国务院关于加快发展民族教育的决定》	《决定》提出加快民族教育发展的主要任务包括在全国各地区积极培育和践行社会主义核心价值观、着重提出建立民族团结教育常态化机制的理论和思路、牢固各民族教师学生中华民族共同体思想基础等重要目标和任务。

续表

颁发时间	发文主体	文件全称	主要内容
2019	中共中央、国务院	《新时代爱国主义教育实施纲要》	"坚持以维护祖国统一和民族团结为着力点,强化祖国统一和民族团结进步教育。"
2021	教育部、国家民委、国家宣传部、国家统战部	《深化新时代学校民族团结进步教育指导纲要》	新时代纲要以习近平新时代关于民族工作的重要思想和论述为根本遵循,对新时代民族团结进步教育工作实施进行了系统规划,明确了新时代民族团结进步教育的指导思想、目标原则、主要任务、实施路径、具体方法、保障措施、督导评估等;特别强调"各级教育督导部门要将民族团结进步教育开展情况纳入教育督导内容,定期开展督导,强化督导结果运用,推动民族团结进步教育工作落地见效。"《纲要》是民族团结进步教育评价构建的重要政策依据。

一、我国民族团结教育政策探索期

  1949年新中国成立之初,党和国家确立了民族政策和工作方针,1949年9月召开的中国人民政治协商会议通过了《共同纲领》,其中明确指出:"在少数民族聚居区实行区域自治,中华人民共和国境内各民族一律平等,实行团结互助,反对大汉族主义和狭隘民族主义,禁止民族间歧视、压迫和分裂民族团结的行为。"1954年9月,第一届全国人民代表大会第一次会议通过《中华人民共和国宪法》,其中明确指出:"我国各民族已经团结成为一个自由平等的民族大家庭。在发扬各民族间的友爱互助、反对帝国主义、反对各民族内部的人民公敌、反对大汉族主义和地方民族主义的基础上,我国的民族团结将继续加强。"[1]自1982年以后,我国《宪法》中做出以下规定:"在

---

① 张学敏,常永才,崔撒础拉.民族教育研究[M].福建:福建教育出版社,2020:15.

维护民族团结的斗争中，要反对大民族主义，主要是大汉族主义，也要反对地方民族主义。"①我国民族区域自治法中也做出了相同规定。在我国民族团结教育的探索期，无论是早期的共同纲领还是宪法根本法、区域自治法，从法律条例的表述中可以看出民族平等、民族团结是党和国家一以贯之的基本国家政策，明确表明在与任何制造民族分裂、破坏领土完整的行为进行坚决斗争的过程中，应捍卫民族团结、祖国统一，任何民族不得产生比其他民族优越的思想，凌驾于其他民族。

二、我国民族团结进步教育政策发展期

1987年原国家教委发布了《关于在各级学校注意进行党的民族政策和加强民族团结教育的通知》②，文件提出应在全国各地区针对干部群众开展民族团结宣讲教育，应面向各级学校的学生积极开展党的政策教育、民族团结教育，使学生意识到民族团结的重要性，此项文件是我国首次提出要求在学校加强民族团结教育的政策文件。1991年国务院发布《关于进一步贯彻实施中华人民共和国民族区域自治法若干问题的通知》③，对我国民族区域自治法的执行问题做出了相关规定，提出国家职能部门与各级政府应加强民族团结和爱国主义的教育，并在学校开设专门课程、对民族团结工作积极开展的单位进行相应的表彰活动。1992年国家教委、国家民委印发《关于加强民族教育工作若干问题的意见》④，意见提出要根据受教育者的年龄特征，结合学校实际情况，采用多样化的教育形式，丰富中国特色马克思主义民族理论和党的民族政策教学内容，加强各民族平等团结、友爱互助、反对民族歧视的思想教育。1993年国家教委印发《小学德育纲要（试行）》，其中规定在小学思想

---

① 国家民族事务委员会.中央民族工作会议精神学习辅导读本[M].北京:民族出版社,2015:67.
② 白亮,苏光正.民族团结教育研究三十年:经验、问题与展望[J].民族教育研究,2016,27(05):19-23.
③ 裴长安,窦全能.改革开放以来我国学校民族团结教育政策的文本分析[J].喀什大学学报,2020,41(02):96-100.
④ 王颖颖,陈立鹏.民族团结教育20年[J].中国民族教育,2014(03):15-18.

道德教育中要引导学生了解我国是一个由五十六个民族组成的统一的多民族国家，各族人民之间要互相尊重、平等相待。1994年中共中央印发了《爱国主义教育实施纲要》①，提出要在各族人民中牢固树立"三个离不开"的思想，把增强民族团结、维护祖国统一，列为学校爱国主义教育的重要内容，自觉抵制任何制造民族分裂、破坏领土完整的行为。1995年出台的《中学德育大纲》②中指出在初中、高中、中等职业教育中引导学生认识到民族团结的重要意义，学会与兄弟民族互相尊重，加强民族团结、自觉维护祖国统一。同年，《中华人民共和国教育法》以国家法律条例保障民族团结教育实施的合法性与合理性，帮助少数民族促进和发展教育事业。条例指出"在国家的主导作用下开展爱国主义等思想意识形态方面的教育活动，加大民族团结的教育力度，使公民具备良好的道德素养、严格遵守法律规定、树立崇高的理想"。③1999年教育部办公厅和国家民委办公厅印发《关于在全国中小学开展民族团结教育活动的通知》④，明确了在九年义务教育阶段开展民族团结教育的核心意义、目标以及具体要求、组织开展其他相关工作。2002年国务院印发《关于深化改革加快发展民族教育的决定》⑤，决定明确提出根据各级各类学校学情，区分层次重点且有针对性地加强和促进民族团结教育。2004年教育部办公厅、国家民委办公厅发布《关于在中小学进一步大力推进民族团结教育工作的通知》⑥，要求各级政府和教育行政部门要充分认识民族团结教育工作的核心价值，着重指出了在九年义务教育阶段开展这项教育工作的重大意义。在教育工作实践中，根据教育对象的年级层次，将"中华大家庭""民族常识""民族政策常识"等纳入地方民族团结教育课程之中，依据规划开展

---

① 张学敏,常永才,崔萨础拉.民族教育研究[M].福建教育出版社,2020:23.
② 中学德育大纲[J].课程.教材.教法,1995(07):1-6.
③ 小学德育纲要[J].人民教育,1993(09):27-30.
④ 教育部办公厅国家民委办公厅关于在全国中小学开展民族团结教育活动的通知[J].教育部政报,1999(03):142-144.
⑤ 教育部、国家民委关于学习贯彻《国务院关于深化改革加快发展民族教育的决定》和第五次全国民族教育工作会议精神的通知[J].教育部政报,2002(12):558-559.
⑥ 教育部办公厅国家民委办公厅关于在中小学进一步大力推进民族团结教育工作的通知[J].中华人民共和国教育部公报,2004(Z2):72-74.

教学活动，积极响应国家的政策要求。2005 年中共中央、国务院颁发《关于进一步加强民族工作加快少数民族和民族地区经济社会发展的决定》①，提出在我国精神文明建设进程中与普及国家公民道德教育中应贯穿民族团结教育的内容。

在民族团结教育政策的发展期，近四十年中党和国家颁布了多项政策文件、法律法规保障民族团结教育的实施，不断强调加强民族团结教育对统一的多民族国家的重大意义，在不同的历史时期适时地深化和拓展教育内容，通过多项具体的规划和方案，逐步确立了民族团结教育的课程形态，各地方根据指导文件积极开展了民族团结教育的试点工作，取得了丰硕的实践成果。

三、我国民族团结进步教育政策完善期

2008 年后，民族团结教育工作步入发展完善期，这主要体现在 2008 年《学校民族团结教育指导纲要（试行）》的颁布。《纲要》指出应在九年义务教育阶段开设民族团结教育课程。②2010 年颁布《国家中长期教育改革和发展规划纲要（2010—2020 年）》③，要求我国各级各类学校广泛开展民族团结教育，提出"三进"，即让民族团结教育内容、党和国家民族政策内容融入课堂、纳入教材、深入头脑，引导学生树立正确的祖国、民族、宗教观念，坚持巩固各族人民团结一心的思想基础，加强广大师生对祖国和中华民族的认同感和自豪感，增强民族凝聚力，深化对学校民族团结进步教育的认识。

党的十八大以来，我国各项事业发展迎来了新局面，民族团结教育的政策环境发生了根本变化。2014 年，习近平总书记在中央民族工作会议上发表

---

① 教育部关于贯彻落实《中共中央国务院关于进一步加强民族工作加快少数民族和民族地区经济社会发展的决定》做好民族教育工作的通知[J].中华人民共和国教育部公报,2005(12):40-42.
② 教育部办公厅国家民委办公厅关于印发《学校民族团结教育指导纲要(试行)》的通知[J].小学德育,2009(01):4-7.
③ 国家中长期教育改革和发展规划纲要(2010—2020 年)[J].中国民族教育,2010(Z1):7-21.

的重要讲话全面分析了我国民族工作面临的国内外形势，深刻阐述了当前和今后民族工作的大政方针，对加强和改进民族团结工作提出了一系列重大举措。这次会议对各族人民交往交流交融即"三交"理念进行了系统阐释，指出"三交"是必然发展趋势，有助于使各族人民齐心协力，团结互助；使各族人民进一步互相交流融合，正确处理差异性与共同性，互相理解包容、求同存异；通过进一步交流融合，建立各族人民共同学习、共同生活、共同工作的社会环境。此次重要讲话着重指出，"加强中华民族大团结，长远和根本的是增强文化认同，文化认同是最深层次的认同"。[①]习近平总书记在讲话中对中华民族共同体的思想进行了深刻阐述，中华民族共同体是一个由各族人民共同构成的、密不可分的有机整体，中华民族共同体是核心发展方向，各族人民是构成要素与驱动力量，二者互相依存，存在辩证统一的关系。

此次讲话为民族团结进步教育澄清了理论认识，为学校民族团结进步教育奠定了坚实的理论基础、明确了根本的价值取向。同年，国家民委下发《国家民委关于推动民族团结进步创建活动进机关企业社区乡镇学校寺庙的实施意见》（民委发〔2014〕94号）[②]，标志着新时代民族团结进步创建模式以"六进"（进机关、企业、社区、乡镇、学校、寺庙）为载体，迈入的社会全覆盖、工作精细化和单位分类创建的全新阶段。2015年，国务院印发《关于加快发展民族教育的决定》，明确要求建立健全民族团结教育常态化机制。[③]《决定》提出全社会要积极持久地推进民族团结进步教育工作，引导各族学生不断增强对伟大祖国、中华民族、中华文化、中国共产党、中国特色社会主义的认同。深入推进民族团结教育进学校、进课堂、进头脑，要求在全国小学高年级、初中开设民族团结教育专题课。以增进深层次文化认同为出发点了解中华民族历史文化发展、弘扬民族自信，树立青少年正确的思想观念、明辨大是大非，抵制错误民族观的侵蚀。这项《决定》是具有标志性意义的

---

① 国家民族事务委员会.中央民族工作会议精神学习辅导读本[M].北京:民族出版社,2015:134.
② 杨文笔.宁夏民族团结进步创建第三方测评实效性调查研究[J].回族研究,2020,30(04):76-82.
③ 国务院关于加快发展民族教育的决定[N].中国民族报,2015-08-18(003).

文件，各项条例包括我国开展民族团结进步教育工作的教育目标、教育内容、课程开设、教材编写、师资培养、保障条件等具体内容，特别提出建立常态化的工作机制、持续培养民族团结师资力量、将民族团结进步教育工作纳入督导评估等。

习近平总书记在党的十九大的重要讲话中做出重要论述：经过我国各族人民坚持不懈的努力，中国进入社会主义全新历史发展阶段。①会议强调党的民族政策是我国开展民族工作的根基和依据，特别指出在国家伟大复兴的历史阶段，民族团结进步教育从形式到内容需要进一步深化和改进，紧紧铸牢中华民族共同体意识，以各民族交往交流交融为根本途径，从政治话语中提出形象的"石榴籽"民族团结意象，意指五十六个民族共同团结奋斗、共享繁荣发展。新时代民族团结工作的深化是时代诉求，也是社会发展所需，学校民族团结进步教育是铸牢中华民族共同体意识的固本之基与重要路径，也是以中国特色解决我国民族问题、坚守意识形态阵地的长久之策。党的十八大报告和十九大报告中也强调了深入开展民族团结进步教育工作，建设中华民族共有精神家园和铸牢中华民族共同体意识的基础性、重要性与严峻性、紧迫性等。

新中国成立70周年前夕，习近平总书记在全国民族团结进步表彰大会上发表了重要讲话。②对新中国成立以来，特别是党的十八大召开以后我国民族工作中取得的瞩目成绩、辉煌成就与积累的宝贵经验进行了全面总结，对我国发展民族团结进步事业面临的新的国内外形势进行了深刻分析，指出了在新时期下开展这项工作的整体要求与重心。要求坚持党的领导，以铸牢中华民族共同体意识为主线做好各项工作，加强民族理论与政策学习，不断强调民族团结进步教育广泛开展的必要性，加强各族人民对于伟大祖国、党的领导、民族文化以及我国社会主义路线的高度认同。此次讲话为我国在新时期更好地开展这项工作明确了方向。中办、国办于同年印发了《关于全面深入

---

① 习近平.决胜全面建成小康社会夺取新时代中国特色社会主义伟大胜利[N].人民日报,2017,10(28):001.
② 习近平.在全国民族团结进步表彰大会上的讲话[N].光明日报,2019,09(28):001.

持久开展民族团结进步创建工作铸牢中华民族共同体意识的意见》（以下简称《意见》）①，其中明确表示进一步开展民族团结进步教育，健全常态化工作机制，将其纳入全体国民教育、领导干部教育、社会民众教育全过程，在学校场域全方位构建以校内课堂教学、课外社会实践、结合主题教育多种形态的立体教育平台。

2019年中共中央、国务院颁布《新时代爱国主义教育实施纲要》②，进一步规定我国在新的发展阶段实施民族团结进步教育、爱国主义教育的核心内容。持续深化"五个认同"的思想，同时表明爱国主义与民族团结密不可分，共同培育受教育者热爱祖国、维护统一、反对分裂、各民族荣辱与共的思想和意识。

2020年1月19日，习近平总书记在云南腾冲考察时，战略性地提出了青少年要成为"党和国家事业的接班人、民族团结进步事业的接班人"的重要思想。③培养"两个接班人"的重要思想，回答了在统一的多民族国家"培养什么样的人"这个根本的教育目的问题，是马克思主义中国化的最新理论成果，为各级各类学校制定培养目标、培育优秀人才奠定了理论根基。

2020年10月，中共中央、国务院印发《深化新时代教育评价改革总体方案》，其中指出应将德育评价贯穿于各个教学阶段。结合学生的生理、心理发展规律，对各种德育目标进行合理设计，为学生形成良好的行为习惯、心理素养起到良好的引导作用，将红色基因发扬光大。④

为将党中央的工作部署落到实处，切实做好各级各类学校的民族团结进步教育工作，加强各族师生共同体意识教育，我国多个部门于2021年印发了《深化新时代学校民族团结进步教育指导纲要》（以下简称《纲要》），在明确教育目标的基础上提出了学校民族团结进步教育的主要任务、各个学段的主

---

① 中办国办印发《关于全面深入持久开展民族团结进步创建工作铸牢中华民族共同体意识的意见》[N].人民日报,2019,10(24):001.
② 新时代爱国主义教育实施纲要[N].人民日报,2019,11(13):006.
③ 田联刚,杨慕云.培养和造就"两个接班人"：新时代民族教育的根本遵循[J].民族教育研究,2020,31(03):5-9.
④ 中共中央国务院印发深化新时代教育评价改革总体方案[N].人民日报,2020,10(14):001.

要教育内容、实施途径以及保障措施。《纲要》提出以开设专题教育、多学科融入教育内容等形式发挥课堂教学主要路径作用,注重从学生身心发展和思想实际出发,把握民族团结进步教育规律,运用学生喜闻乐见的教学方式,建设一批具有示范引领作用的民族团结进步教育精品课程。目前小学阶段的《中华民族大家庭》和初中阶段的《中华民族大团结》教材,依据《纲要》的要求编写,已在部分学校投入使用。

在2021年8月27日至28日召开的中央民族工作会议上,习近平总书记发表了"以铸牢中华民族共同体意识为主线、推动新时代党的民族工作高质量发展"为主题的重要讲话①,讲话总结了自党的十八大以来,党和国家不断强调中华民族大家庭、中华民族共同体、铸牢中华民族共同体意识等理论理念,传承和发展了党的民族理论与政策,我国对于民族问题、民族工作积累了丰富而宝贵的经验。讲话强调了在当前和今后的工作中以铸牢中华民族共同体意识为"纲",与时俱进地积极做好新时代民族工作,在增进共同性的基础上处理好共同性与差异性的辩证统一关系,应对好可能发生的挑战与风险,通过多种途径全面持续推进各族人民对中华民族的深层认同。

通过对我国民族团结进步教育政策史的梳理,笔者认为对本研究的启示有如下几个方面:

第一,回顾我国民族团结教育政策史的演进与发展,大致历经了初步探索期、快速发展期和逐渐完善期。党和国家将民族团结和民族平等以纳入政策和法律的形式确定为我国的基本国策。七十几年发展历程中党和国家在不同历史时期颁布了多项政策文件、法律法规保障民族团结教育的实施,不断强调加强民族团结教育对统一的多民族国家的重大意义,在不同的历史时期适时地深化和拓展教育内容,为实践工作的开展明确了根本方向。在新的发展时期,"民族团结教育"深化为"民族团结进步教育",并颁布了诸多相关政策文件指导和保障民族团结教育工作的开展。党和国家关于民族工作、教

---

① 以铸牢中华民族共同体意识为主线推动新时代党的民族工作高质量发展[N].人民日报,2021,08(29):001.

育工作政策的颁布对各级各类学校和教育行政部门、学校管理者与一线教师指明了工作的方向。当前民族团结进步教育从目标设定到效果测评都进行了重新定位，指导学校民族团结进步教育课程开设、社会实践、社团活动、组织管理、师资培训以及学校文化建设等各个方面，需要进行改革与重建。

第二，各个历史阶段党和国家颁布的政策文本、国家领导人的重要讲话，诠释了党的根本政治立场和价值取向，深刻体现了党和国家关于民族团结进步教育理论是一脉相承、不断深化的。在以往的政策文本中强调民族团结教育的重要意义和核心内容，进入改革和深化阶段以后，特别是2021年中央民族工作会议召开，党和国家进一步提出了加强和改进民族工作相关部署，提出了增进共同性，合理处理共同性与差异性辩证关系的重要思想，表明新时代党和国家对民族团结进步教育工作有了更高的要求，强调一切工作向"铸牢中华民族共同体意识"聚焦。改革和深化民族团结进步教育在当前和今后的民族工作中具有基础性、必要性和紧迫性，国家颁发的意见和相关工作的决定提出了要对民族团结进步教育工作进行督导评估，建立常态化的工作机制，是对开展这项工作的制度性保障，也是开展评价工作、构建评价指标体系的政策依据。

第三，表明党和国家一贯高度重视在学校、在广大青少年中进行爱国主义和民族团结进步教育。特别是进入新时代以来，习近平总书记多次讲话强调，青少年时期是正确的"五观"形成的关键期，须避免受到错误民族观、宗教观的侵害。党和国家通过多项具体的规划和方案，逐步确立了民族团结教育的课程形态，各地方根据指导文件根据自身地域特色积极开展了民族团结教育的试点工作，取得了丰硕的实践成果。学校作为开展民族团结进步教育的主要阵地，肩负着为党和国家培养"两个接班人"的历史重任。引导学生树立正确观念、使青少年学生意识到民族团结的重要性、增进对我国多民族国情的认知、牢固树立各族人民命运共同体的思想意识，践行维护祖国统一，是民族团结进步教育工作的重点。过去的工作经验表明，各级各类学校在办学理念、工作机制、校园建设、活动开展、师资培训、课程开设、教学方法都需要与时俱进，切实提高教育的实际成效。当然，学校教育并非孤立存在，需要嵌入社会大环境中，与整个社会的民族团结进步事业同向同行，互相支持、多方联动，构建多位一体的民族团结进步教育。教育行政部门与督导部门应发挥职能作用、落实国家政策、建立常态化的评估机制和工作机制，发挥评价的激励性与导向性功能。

第二节 我国学校民族团结进步教育理论研究与实践探索

本文以中国知网 CNKI 数据库为数据来源，检索式为"主题 = 民族团结教育并包含学校"，设定不限定时间范围；文献检索类型为期刊论文，不限定期刊级别。检索后得到有效数据 704 条。（截至 2021 年 11 月 11 日中国知网收录数据）

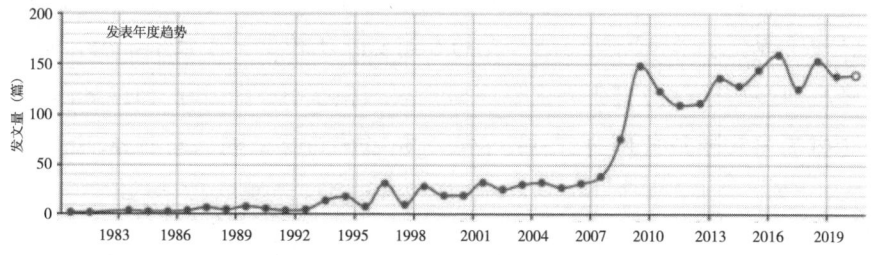

图 2.1 CNKI 核心期刊库中学校民族团结进步教育的发文趋势统计图

根据中国知网（CNKI）"核心期刊库"中检索民族团结教育的期刊论文的发表数量的变化情况进行汇总分析，通过对相关主题的文献发表数量进行汇总分析，得出如上图所示的折线图。由此表明，早在 1964 年，我国学者就对这一领域进行了相关研究，学者彭大雍在文章中提出，在历史教学中强调各族人民交往交流交融的史实，以更好地进行民族团结教育。[①]

学术界对学校民族团结进步教育的研究趋势与民族教育政策发展的三个阶段是对应的，即 2008 年以前，发表的学术论文数量较少且保持稳定，在 2008 年我国出台了试行指导纲要以后，学校民族团结（进步）教育研究成为热点问题。

---

① 彭大雍.关于中国历史教学中的民族团结教育问题[J].历史教学,1964(Z1):42-49.

一、学校民族团结进步教育研究的历史脉络

(一) 初步探索阶段 (1964—2007 年)

该阶段发文量共 93 篇,占比 13.2%。在此发展阶段,国家通过法律法规和政策文件提出贯彻我国民族区域自治法,坚持社会主义办学方向,加强民族团结教育、爱国主义教育的重要内容。相应这一时期较为常见的研究主题包括民族团结研究、爱国主义研究、民族平等、党的民族理论与政策与马克思主义民族观研究研究。学者们的研究角度普遍集中于民族平等、民族政策等方面。从这一时期以民族团结为主要研究内容的文献来看,学者们关注各个学段的民族团结教育开展,研究对象集中在民族地区、民族院校。总体来看,该阶段关于学校民族团结教育的专门文献还较少,尚未集中展开研究,对学校的民族团结教育研究多见于对民汉双语人才的培养、把民族团结教育理解为民族团结宣传教育,没有得到足够的重视,对这一领域研究还不够深入。

(二) 拓展深入阶段 (2008—2012 年)

民族团结在我国语境下是一个具有明显政治意义的词语,因此与其相关的研究与时政发展结合非常紧密。2008 年《学校民族团结教育指导纲要(试行)》颁发,对学术界研究民族团结教育产生了重大影响,从图 2-1 可以看出 2008 年我国民族团结教育研究的发文数量出现了一个陡增的形态。这一时期学校民族团结教育研究发展十分迅速,发文量达 179 篇,占比 25.4%。该阶段不仅研究文献数量急剧增加,而且从文献内容分析,研究视角逐渐多元化,理论更加丰富。学者们重新审视民族团结教育的重大意义、探索民族教育的路径与策略、讨论民族团结教育的特殊性、实施双语教育的有效策略、民族团结教育的主要内容、方法、影响因素及实施路径等。总体而言,研究视角更加开阔、研究方法更加多元,研究层次更加深入。

(三) 快速发展阶段 (2013—2021 年)

党的十八大以来，我国步入新的历史发展阶段。重要会议讲话和国家颁发的政策文本指出，要引导各族人民进一步加强对党的领导地位、我国民族文化、社会主义路线、中华民族、伟大祖国的认同，将各族人民守望相助、荣辱与共的精神发扬光大。对民族团结进步教育工作的效果评估、目标设置、文化建设等进行了重新定位。提出各级各类学校在新时期下开展工作，应将学校民族团结进步教育作为重要工作内容，创新教育工作的载体、路径、丰富教育资源，推进党的民族理论和民族政策、国家法律法规进教材、进课堂、进头脑的"三进"要求。这一时期的与民族团结教育相关的研究发文数量逐年增长，共 443 篇，占总发文量的 62.9%。"民族团结教育"深化为"民族团结进步教育"，强调各民族要"共同团结奋斗""共同繁荣发展"。强调铸牢中华民族共同体意识是新时代党的民族工作的"纲"，所有工作向此聚焦。[①]学术界围绕新时代以来党和国家对民族教育、铸牢中华民族共同体意识教育、民族团结进步教育、爱国主义教育的核心理论进行了大量理论与实证研究，不但提升了这一领域的研究深度，并且也扩大了这一领域的研究范围，积累了丰厚的理论基础。

二、新时代学校民族团结进步教育的理论研究

在深刻学习和理解习近平总书记关于铸牢中华民族共同体意识理论、加强和改进民族工作的重要论述、持续有效地推进学校民族团结进步教育发展的要求之后，学者们通过理论思辨与实证研究等方法探寻民族团结进步教育的内涵与重大意义、创新学校民族团结进步教育课程体系、活动载体与教学模式，在民族团结进步教育的教学方法、课程建设、教育资源、实施路径等方面进行了卓有成效的探索。

---

① 把铸牢中华民族共同体意识贯穿党的民族工作全过程各方面论学习贯彻习近平总书记中央民族工作会议重要讲话[J].中国民族,2021(08):15-16.

（一）对学校民族团结进步教育内涵和重要意义的研究

研究者从政策研究、民族理论、教育理论出发，探讨在学校场域开展民族团结进步教育的重要意义与深刻内涵。学者刘瑜提出，民族团结进步教育本质上是教育活动，是学校根据一定的教育目的、教学计划、有系统组织地引导公民正确合理的民族团结行为的教育活动。①严庆教授指出，民族团结具有多维度含义。他认为民族团结在意识层面本质上具有主观性和能动性，是一种认知、情感和态度；在行为层面是一种交往互动，代表着族际间的友好和友善；在社会关系层面是一种和睦友好的状态。②韦兰明教授指出民族团结进步教育是学校德育的组成部分和重要内容。③学者麦然认为开展民族团结进步教育具有长期性、复杂性和重要性，

这是由我国统一的多民族国家的国情、复杂的国际形势也是受教育者身心成长发展规律所决定的，民族团结进步教育工作对于增进民族团结、维护祖国统一、保持国家的长治久安具有极为重要的现实意义和历史意义。④吕洋认为学校民族团结教育是党和国家基于战略高度从国内外形势以及我国社会转型期的实际国情出发，为增强各民族团结一致、命运与共的信念、维护祖国统一和领土完整、复兴中华民族伟大中国梦的作出的重大决策。⑤

（二）关于学校民族团结进步教育内容的研究

基于不同的理论基础与研究视角，专家学者充分论证了民族团结进步教育涵盖的丰富内容，体现出政治性、政策性、理论性的显著特征。麻国庆教授提出，中华民族共同体意识、中华民族多元一体格局、五个认同等共同构

---

① 刘瑜.我国民族高校民族团结教育的基本任务和特点[J].黑龙江民族丛刊,2015(02):155-159.
② 严庆,梅丽,李志刚.深化民族团结进步教育的"共情"视角[J].民族教育研究,2020,31(01):5-12.
③ 韦兰明.民族团结教育逻辑论纲[J].民族教育研究,2019,30(03):37-45.
④ 麦然.浅谈中小学民族团结教育[J].民族论坛,2005(08):61-62.
⑤ 吕洋,金浩.民族团结教育是我国学校教育的重要内容[J].黑龙江民族丛刊,2014(02):167-170.

成教育内容。①

李琴等学者认为民族观、平等观、宗教观、价值观、发展观等应涵盖于教育内容之中②；吴春宝以文化自信为研究视角提出个体的社会成员在深刻了解本民族与中华民族历史文化发展源流的基础上，实现两者的文化整合与认同，从而积极融入中华民族共同体之中。由此得出社会主义核心价值观、铸牢中华民族共同体意识应列为核心教育内容。③学者冯建军通过对价值多元背景下的德育思考中提出，在教育中培养学生的主体道德人格、实施普遍价值教育、培养学生公共理性，在教育内容中要承认与包容差异性的存在，同时注重不同民族文化中蕴含的共同价值与共生理念，处理好共同与差异的辩证关系。④王瑜、马小婷通过对交往交流交融的内涵辨析和理论阐释，提出围绕铸牢中华民族共同体意识为核心，以互相理解尊重为基础，构建一个平等交往、交流互鉴、生活交融的教育体系。⑤

（三）关于学校民族团结进步教育实施路径与策略的研究

针对新时代学校民族团结进步教育实施，学者李芳在理论研究中探讨了教育目标、教育对象、主要任务、实施途径与构建常态化机制等主要问题。⑥青觉教授认为在认真探究教育内容的基础上，应结合实际，对内容进行提炼与整合，激发教育对象的兴趣，满足学习需求。提出利用互联网、新媒体，促进学生的交往交流交融。⑦艾政文认为开展丰富多彩的课外实践活动以及社

---

① 麻国庆.民族研究的新时代与铸牢中华民族共同体意识[J].中央民族大学学报（哲学社会科学版），2017,44(06):21-27.
② 李琴,何雄杰.新时期高校民族团结教育论纲[J].广西民族大学学报（哲学社会科学版），2012,34(06):87-92.
③ 吴春宝.文化自信视域下的民族团结进步教育：意义、内容及路径选择[J].黑龙江民族丛刊，2019(02):13-18.
④ 冯建军：价值多元共生时代道德教育的新使命[J].小学德育，2010(04):4.
⑤ 王瑜,马小婷.论加强各民族交往交流交融的内涵辨析、理论释析与教育路径探析[J].广西民族研究，2020(05):32-39.
⑥ 李芳.新时代中小学民族团结进步教育政策的创新与发展[J].民族教育研究，2019,30(03):54-61.
⑦ 青觉,左岫仙.新媒体时代民族团结教育创新研究[J].民族教育研究，2016,27(06):5-11.

会、学校文化活动，能够激发学生的民族自豪感、自信心和民族情感。①蒋文静、祖力亚提基于心理学认知、情感和行为关系的理论视角提出了义务教育学段到高等教育学段一体化认知情感与行为培养的具体内容和实施路径。②刘文倩对一线教师实际教学中存在的困境提出了相应策略，认为应保证课堂教学的相应学时，同时多利用社会实践活动的深入影响作用，进一步增强民族团结入脑入心；加强教师培训，弘扬正能量。教学中不要刻意去回避敏感问题，正视突发事件的性质，及时纠正错误观念，强化公民和法治意识，增强学生对事实的判断能力③。韦克平、谢俏静从课程建设的角度论证了民族团结进步教育课程建设应实现三级课程层次的融通与结合，提出将中华优秀传统文化、地域特色文化、各民族文化融入教学。实施路径层面主张开发地方课程与校本课程，将常态化的专题教育、学科教学与动态化的活动月活动周相结合，以多种途径增进民族团结与认同。④还有一些学者认为民族团结进步教育应当在中学、小学时开展相应的课程，主要借助团体活动、班级会议和学校讲座等方式，开展爱国主义、民族团结的活动和讲座。除此之外，创建不同民族交往交流平台，开展主题教育学习活动和校外活动，逐渐朝着围绕课堂内和课堂外、理论和实践双发展的方向前进。学者焦敏认为民族团结进步教育的影响因素不局限于显性课程和教学，从潜在课程的角度来看，学校的规章制度、校园文化、意向符号、价值观念潜移默化地影响着学生的态度、观念和行为。⑤他也较早地提出了应建立民族团结进步教育评估与考核机制。⑥黄慧英通过实证研究调查了边境地区学校民族团结进步教育课程开展

---

① 艾政文.对新形势下高校民族团结教育的若干思考[J].黑龙江教育(高教研究与评估),2010(01):45-47.
② 蒋文静,祖力亚提·司马义.学校铸牢中华民族共同体意识的逻辑层次及实践路径[J].民族教育研究,2020,31(01):13-21.
③ 刘文倩.民族团结教育在初中教育阶段的困境与对策[A].教育部基础教育课程改革研究中心.2019年"教育教学创新研究"高峰论坛论文集[C].教育部基础教育课程改革研究中心,2019:2.
④ 韦克平,谢俏静.民族团结教育场域下青少年民族文化认同实证研究[J].民族教育研究,2019,30(03):69-78.
⑤ 焦敏."中国梦"视域下高校民族团结教育的路径选择[J].中南民族大学学报(人文社会科学版),2014,34(05):176-180.
⑥ 焦敏,黄德林.高校开展民族团结教育的保障机制研究[J].学校党建与思想教育,2013(25):90-91.

情况。调查结果表明学生参与度、对课程的评价、课程开设情况随年级学段的升高呈下降趋势。论文中指出部分学校管理者、教师对这项课程的重要性与开设的必要性认识不足。①严庆教授在探究我国民族团结教育在中学和小学发展情况的过程中发现，学生更加愿意接受有较强实践性和体验感的学习模式。②

(四) 对学术文献研究的总结

经过分析学校民族团结进步教育的相关理论研究，可以得出如下结论：

第一，通过对学校民族团结进步教育研究的文献梳理，总体来说，学术界民族团结进步教育的研究对国家政策作出了积极的回应，进行了卓有成效的探索，取得了较大的研究成果。民族团结进步教育、铸牢中华民族共同体意识研究可谓当前民族教育领域研究的"红海"，学者们基于不同的学术理论、研究方法、研究视角，对民族团结进步教育内涵、意义、内容、实施路径等展开了广泛、丰富、深层次的研究。民族教育领域学者和一些中小学管理者、一线教师也对学校民族团结进步教育课程建设、教材编写、教学方法创新、教学资源开发进行了积极研究与探索，取得了丰硕成果，为研究积累了深厚的学理基础，从而推进教育实践起到了科研智库的重要作用。

第二，通过学术文献研究也发现当前民族团结进步教育中存在部分局限性：现阶段此项教育的分布、开展情况主要是在民族地区和民族院校，针对非民族地区和普通学校、院校的民族团结进步教育较为欠缺甚至存在空白，学校民族团结进步教育不应该仅仅是针对少数民族、民族地区、民族学校的教育。民族团结教育的对象存在认识偏差③；课程设置与内容单

---

① 黄慧英.边境地区学校民族团结教育调查研究及建议——基于云南省L县学生调查问卷的分析[J].黑龙江民族丛刊,2016(05):55-61.
② 严庆,王锋,姜术容.关于我国中小学开展民族团结教育状况的调查分析——以对十五所高校本科一年级学生的抽样调查为例[J].黑龙江民族丛刊,2015(06):157-163.
③ 高长生.民族团结教育在中小学教育阶段的重要性[J].学校党建与思想教育,2009(33):41-42.

一①，缺乏科学性、系统性；②教育教学方法陈旧，缺乏专业的师资队伍③；这些因素最终导致教育流于形式，教育成效不显著。④当前各地区、各学段民族团结进步教育开展不均衡，表现在学段上以义务教育学段开展较普遍，在地区上集中于民族地区、西部地区广泛开展，东部沿海地区较为薄弱；部分地区、学校尚未落实国家对此项教育的开设要求。⑤民族团结进步教育从目标设定到效果测评都进行了重新定位。学校民族团结进步教育课程、活动、社团、组织管理，以及学校文化建设等各个方面，都需要进行改革与重建。⑥

第三，科学地评价民族团结进步教育，不断发现存在的问题，才能有效推进学校民族团结进步教育长效机制建设，多方面提升该教育的水平。该教育作为我国学校教育的组成部分，需遵循一般的教育教学规律，但民族团结进步教育又有其独特性方面，不能通过简单的政策宣讲、单向灌输方法进行，要研究民族团结进步教育的特殊问题，从教育的载体、内容、活动、方法、路径各方面创新，融入学校教育的各个环节。

第四，从学术文献所使用的研究方法来看，政策话语解读与理论思辨研究占较大比例，创新性实证研究比例较小。关于学校民族团结进步教育内涵、意义、内容、实施路径与策略的研究著述丰富，但是相关学术研究目前还比较分散，还未形成系统性的理论成果，更多的是对国家民族团结进步教育政策和国家领导人讲话精神的解读以及梳理学校民族团结进步教育存在的问题等方面，相关实证研究有待进一步加强。一些学者也意识到了这个研究现状，提出研究者应进行更多的理论创新与实证研究，从简单地对学校民族团结进步教育重要性和实施途径的探讨深化为对教育整体发

---

① 周瑾.多元文化视域下对我国中小学民族团结教育的思考[J].教学与管理,2014(12):68-70.
② 万明钢.建立科学的民族团结教育常态化机制[J].中国民族教育,2015(10):13.
③ 欧阳常青,苏德.学校教育视阈中的国家认同教育[J].民族教育研究,2012,23(05):10-14.
④ 严庆,青觉.我国中小学民族团结教育工作回顾及展望[J].民族教育研究,2007(01):50-56.
⑤ 严庆,王锋,姜术容.关于我国中小学开展民族团结教育状况的调查分析——以对十五所高校本科一年级学生的抽样调查为例[J].黑龙江民族丛刊,2015(06):157-163.
⑥ 万明钢.中华民族多元一体格局与民族团结教育[J].中国民族教育,2019(07):20-21.

展的反思。①

第五，已有对学校民族团结进步教育的评价研究嵌套在民族团结进步活动创建的评价体系中，鲜见从学生发展、学校教育的视角，将民族团结进步教育作为一个学校专项教育评价的研究，有一部分文献提出了民族团结进步教育评价的必要性，但是没有展开深入的实证研究。在民族学研究领域，部分研究者探讨了民族关系评价指标体系：马戎教授结合社会关系提出评估民族关系的要素，包括宗教信仰、生活习惯、语言、地域环境、人口迁移、通婚、交往等。②郑杭生提出了包括文化、空间分布、社会参与、日常交往、通婚等评估民族关系的主要因素。③阎耀军从民族关系的政治、经济、文化等十个领域中建立了我国民族关系的评估要素。④白贝迩以生命周期理论三阶段为研究视角构建出民族地区教育政策评估指标体系。⑤这些研究为国内民族关系的实证研究作出了贡献。民族关系的评价指标体系构建方式、指标维度的划分、指标的收集与归并，对于学校民族团结进步教育评价指标体系的构建有重要的参考价值，但是无论在评价的内容、还是评价的层次和范围、评价的主体和评价的对象来看，并不适用于学校评价。

三、学校民族团结进步教育的实践探索

在民族团结进步教育的实践探索中，各省、市州、学校根据自身地域特色进行了卓有成效的创新。

---

① 张学敏,常永才,崔萨础拉.民族教育研究[M].福建:福建教育出版社,2020:23.
② 马戎.民族社会学:社会学的族群关系研究[M].北京:北京大学出版社,2004:12.
③ 郑杭生.民生为重、造福于民的体制创新探索——从社会学视角解读"大民政"的本质和重大意义[J].新视野,2011(06):22-25.
④ 阎耀军,陈乐齐,朴永日.建立我国民族关系评估指标体系的总体构想[J].中南民族大学学报（人文社会科学版）,2009,29(03):24-27.
⑤ 白贝迩.民族地区教育政策评估指标体系的建构——基于政策生命周期理论与教育政策评估标准双维度[J].青海民族研究,2021,32(01):47-52.

（一）广西民族团结进步教育案例

2017年4月在广西壮族自治区，习近平总书记在调研时指出，该地区是我国少数民族人口最多的自治区，长期以来不同民族都在此亲如一家，相处和睦，是我国少数民族团结发展的典范。总书记对此提出了殷切期望，提出应更好地总结、运用、发展成功经验，持续创建相应的实践活动，延续民族团结的优良传统。

以广西河池市金城江第五小学为例，该校着力于校本课程研究，开发校本课程和活动课程，编写了多种校本教材，使民族团结进步教育教学活动蓬勃开展；其次开展主题教育，运用活动课程的方式，使学生在实践活动的直观感受中内化和升华民族团结意识。探索民族团结进步教育课程体系的构建，以开发校本课程为途径，融入该教育的内容，创建该教育的活动。广西一城市小学地处中越边界，利用此地域条件，该校建立十多年以来，以国界界碑为教育实践基地经常开展体验教育的课程，主题为保护边界界碑的内容，通过实践活动爱国主义教育效果成效显著。还有部分学校开展特色教育，建立独特的课程体系。如广西一民族学校围绕唱民歌、讲民间故事、练习民族体育技能、体验民族手工艺、跳民族舞蹈教育开展的特色活动，在传承民族文化的同时增进民族团结的情感，收到了良好的教育效果。广西在编写地方教材的过程中将民族团结教育的内容概括其中，分布于该地区的汉族、壮族、苗族、瑶族等多个世居民族的相关内容，让学生以了解家乡为基础，使学生更加愿意建设广西壮族自治区，为其贡献一份力量。除此之外，还有学校自主编写民族团结教育的校本教材、乡土教材，展开丰富的教学内容和实践活动。①民族团结教育的广西实践经验成功获得了国家领导人的肯定，对全国创建民族团结进步教育具有示范引领作用。

---

① 韦兰明.民族地区学校民族团结教育实效性的提升[J].西北民族大学学报(哲学社会科学版)，2015(03):160-165.

（二）吉林省民族团结进步教育案例

吉林省延边州延吉市东山小学从开设课程、实践活动和文化建设等途径入手，推进学校民族团结进步教育深入开展[①]。具体实施的策略有包括积极开发校本课程、自编教材与教学资料。具体资料包括：悠久的华夏历史、辽阔的九州大地、伟大的中国精神、灿烂的中华文化。教材编写体现出了主题教学的模式，从历史发展、文化传承、疆域开拓、精神赓续等多个层面引导学生增进共同性，从文化与史实出发积极培育共同体意识。除此之外，学校开展民族团结教育的相关活动，将此思想融入各个学科当中，比如在一年级教学案例中，教师引导学生发现人民币上的五种文字，从而让学生了解到我国是一个统一的多民族国家。发挥教师的能动作用，在具体教学实践中引导学生树立正确的价值观。在增进共同性的基础上了解和尊重民族间的差异性，尊重各族文化与信仰、和睦友好相处。

（三）辽宁省学校民族团结进步教育案例

辽宁省2019年创新开展"手牵手·共成长"行动，将其作为民族团结进步创建活动和中小学民族团结进步教育工作的重要载体。在开展活动中，联合教育、体育、文联等部门协同合作共同开展，发挥各自职能作用，打破"圈层壁垒""孤岛效应"。依托文化、体育强省的资源优势，组织名家名师充实师资力量。邀请名家名师面对面辅导教学。同时，积极利用网络资源，开展线上教学，开设直播课程，巩固文体辅导成果，受到各民族师生的广泛欢迎。辽宁的活动探索突出当地的地域文化特色，比如满绣、剪纸、毽球等。沈阳市民宗局组织内地民族班学生"看沈阳"活动，了解当地的本土的文化符号，比如参观华晨宝马铁西工厂、稻梦空间、锡伯族博物馆等，感受第二故乡发展变化；鞍山市民宗局与市巨星篮球学校合作，邀请辽篮明星球员赵继伟担任篮球课程教练员，携手辽篮其他队友辅导授课；辽阳市民宗局充分

---

① 李英花.深化民族团结进步教育的"三个途径"[J].中国民族教育,2021(05):42-44.

带动学校师资力量,开展藏汉班共跳"锅庄舞"、跆拳道、戏剧大串联等活动,增强内地民族班学生对第二故乡的归属感。①

(四) 甘肃省民族团结进步教育案例

甘肃省民委开展了丰富的民族团结进步宣传教育活动。根据本地区的丰富历史文化资源建立了一批教育基地。②比如红军会宁会师旧址将少数民族群众支援红军的感人故事融进讲解内容,创编红色文艺节目。"凉州会谈"旧址管理处编写出版《凉州会谈》连环画,以通俗易懂的形式让广大群众特别是青少年了解凉州会谈事件。哈达铺红军长征纪念馆引导参观者感悟红军长征艰苦奋战历史,聆听少数民族群众参与革命斗争故事。甘肃法官学院地处甘南藏族自治州,开设藏汉双语培训和民族团结进步专题讲座,培训民族地区政法人才,出版培训教材,积极开展"法治宣传下乡"服务活动,向偏远牧区干部群众发放双语法律教材等读物。舟曲特大山洪泥石流抢险救援纪念馆与党政机关共同打造爱国主义教育示范点,形成"馆乡、馆校、馆警"长效共建模式,拓宽宣传教育渠道。③

将教育基地作为中小学生参加民族团结进步教育实践的重要场所、为青少年学生建立"第二课堂",构建多位一体教育平台。临夏州青少年学生校外活动中心成立民族舞蹈兴趣班,编排丰富多彩的民族特色文艺节目,推进中华优秀传统文化传承发展工程;将民族团结进步教育与研学旅行活动结合,设计精品研学线路,组织研学旅行活动;开展中华武术、中国书画、经典民乐进校园活动,弘扬中华优秀传统文化。红军会宁会师旧址组织中小学生免费观看红色主题电影、体验红军长征路、开展红色诗词朗诵比赛等,通过多种实践活动对青少年学生进行爱国主义教育、革命传统教育和民族团结进步教育。

---

① 辽宁省民族和宗教事务委员会.辽宁省民族和宗教委推动民族团结进步教育铸牢中小学中华民族共同体意识.[EB/OL].(2020-05-14)[2021-11-07].http://mzw.ln.gov.cn/mzgz/zxgz/202005/t20200514_3852598.html.
② 中华人民共和国国家民族事务委员会.甘肃省加强民族团结进步教育基地建设.[EB/OL].(2020-12-30)[2021-11-07].https://www.neac.gov.cn/seac/mztj/202012/1143946.shtml.
③ 中华人民共和国国家民族事务委员会.甘肃省加强民族团结进步教育基地建设.[EB/OL].(2020-12-30)[2021-11-07].https://www.neac.gov.cn/seac/mztj/202012/1143946.shtml.

(五) 新疆维吾尔自治区民族团结进步教育案例

2013年新疆维吾尔自治区教育厅组织研究人员、高校教师和中学教研人员共同编写，《中华民族大团结》（试用）作为普通高中课程标准地方教材。内容包括四个部分，即中华民族、爱国统一、团结发展和制度保障。当前新疆民族团结教育课程教材囊括各个学段，体系逐步完善。教材每个单元分为认知、讨论、思考、实践的教学模块，教材内容密切结合新疆实际，从历史、现实、哲理、法制等多个层面阐明中华民族大团结的重要要义，旨在增强学生的团结意识和责任感，引导学生在思想认识上、实际行动上自觉维护民族团结和国家统一，坚决反对民族分裂。教材内容包含新疆历史发展、民族文化，地域特色，如左宗棠收复新疆、新疆维吾尔传统艺术《十二木卡姆》、新疆出土的木简和文书等。[①]教材编写根据教育对象的年级层次体现出逐步深入的特征，初中教材和生活联系得更为紧密，高中教材体现更强的理论性，教材把加强公民意识和国家意识放在教材的核心地位，弥补了旧版教材的不足。

(六) 对教育实践经验的反思与讨论

从五个地区民族团结进步教育的典型案例中可以看到民族团结进步教育开展的丰富形式。各地区不仅开设了具有地域文化特色、颇具趣味性的地方课程、校本课程，也编写了浓郁地方文化的校本教材、乡土教材，这些都是民族团结进步教育的有效载体。在教学方式上多学科融入民族团结进步教育的内容，探索激发学生兴趣的教学手段，运用"互联网＋民族团结"的新媒体形式，拓宽学习途径，获取丰富的学习资源。积极拓展和搭建各族学生交往交流交融的途径和平台，激发各族学生民族团结的积极情感。在建设校园文化、校本课程之外，将民族团结进步教育延展到整个社会生活中，积极利用地方历史文化资源，建立爱国主义教育基地，组织研学活动，以生动的学习体验获得丰厚的历史知识，增强学生的民族团结意识、树立文化自信、民

---

① 孙延宾.新疆中学民族团结教育课程研究[J].新疆教育学院学报,2016,32(03):32-41.

族自豪感。五省案例并非能概括全国民族团结进步教育的所有教育教学形式，全国各省、市州、各级各类学校根据地域特色、办学条件，开展了丰富的民族团结进步教育实践，积累了宝贵的实践经验。

在看到各地区积极探索民族团结进步教育实践经验取得丰硕成果的同时，专家学者通过大规模田野调查表明当前各地民族团结进步教育的开展情况普遍存在着不均衡和较大的差异性。总体表现为民族地区、西部地区开展较多，内地以及东部沿海地区开展较少；仍有部分地区、学校尚未落实开展民族团结进步教育的要求，或者流于表面化、走形式，缺乏规范性和系统性。正如徐柏才教授在研究中指出，实施民族团结进步教育教学过程中出现了两种不良倾向，一种是将理论条框生硬地灌输给学生，学生只能被动接受；另一种教师只根据自身优势拣选教学内容。前者缺乏有效的教学手段、没有落实教育内容的重点与层次，反而造成学生们的压力，使得学生不愿意学习和接受。后者则无法满足学生的实际学习需求，达到预期的教育效果。[①]两种倾向都是缺乏规范课程与教学的表现，与教育活动的最终目标相悖。

另外，在教材使用方面，虽然各地区根据自身所处地域的地缘特点、文化特色，利用丰富的乡土资源开发了校本教材、乡土教材，补充了教育资源的缺失与不足，但是基于一地一校的师资力量编写的教材，其内容的合理性、价值的导向型以及应用的普遍性都存在不足之处。《深化新时代学校民族团结进步教育指导纲要》文件中明确规定：民族团结进步教育教材、教参需统一编写、统一审定、统一使用，不得使用未经审定的教材。本文认为统编教材的编写汇集了全国民族教育领域的专家共同编写、审定，教材内容选择更加合理、全面，突出铸牢中华民族共同体意识的主题，充分发挥教材的价值引领作用，紧扣新时代学校民族团结进步教育目标，统筹规划教材内容和呈现形式，遵循了中小学生学习特点和规律，科学地设计和编排了教材内容。每一课的编写都体现出层次递进、从感知到理解的学生认知心理发展规律，

---

① 徐柏才,崔龙燕.新形势下加强大学生民族团结教育的若干思考[J].民族教育研究,2015,26(05):5-11.

具有很高的权威性。再者，民族团结进步教育教材事关国家事权，未经审定的教材具有较大的使用风险，应该加快全国统一教材、教参的审定与推广普及使用。

第三节 国外相关研究综述

国内外对"民族"概念的阐释因语言、历史、文化等存在着不同理解和话语表达。国外研究的文献中不常见民族团结的表达，与其密切相关的教育研究有国家认同、民族认同、民族融合、多元文化教育和爱国心教育、国际理解教育、公民道德教育等。每个国家根据自身的政治立场开设公民道德教育类、国家认同教育类课程，旨在增进国家公民意识、强化身份认同、增进多民族、族群融合、国民凝聚力，维护国家、社会的统一与稳定是其核心命题。

一、国家认同、民族认同教育研究

我国著名民族学学者宁骚提出，当代世界许多国家、地区的政治关系和社会关系受民族因素影响十分显著[1]，特别在多民族国家或地区，民族关系的缓和与紧张甚至决定着经济社会的发展和进步。在此国际政治形势发展的大背景下，国家认同与民族认同受到世界学者的广泛关注，广义上的民族认同包括某一国家公民对其所属主权国家的认同，其内在含义与层次与国族认同、国家认同基本一致；狭义的民族认同主要是指某一国家或地区的各个民族对本民族文化的认同，其涵义与层次相当于族群认同。[2] "国家认同"或者"民族认同"都离不开"共同体"的建构。德国学者斐迪南·滕尼斯（Ferdinand Tönnies）在《共同体与社会》一书中提出"共同体"这一概念。在当代世界

---

[1] 宁骚.民族与国家:民族关系与民族政策的国际比较[M].北京:北京大学出版社,1995:4.
[2] 庄锡昌.多维视野中的文化理论[M].杭州:浙江人民出版社,1987:45-48.

的政治话语和学术话语中,"共同体"一词的概念和外延显然已经随着社会发展与人类认知的丰富,早已超出滕尼斯的"小共同体"范畴,从人类社会早期的依靠血缘关系与地缘关系维系的共同体,延伸至现代民族国家建构的民族共同体、政治共同体,随着人类社会联系的紧密发展甚至扩展至人类命运共同体、全球共同体。英国学者安东尼·吉登斯在著作《民族—国家与暴力》中提出,民族国家是以民族和国家共同构成为实体,它以民族共同体为联结前提,深层本质是政治共同体。①现代民族国家认同始终是社会治理共同体建构的核心命题。②

英国学者安迪·格林(Andy Green)的观点是:"国家形成"能够从源头上推动国民教育体系的进步,教育能够给国家提供合格的管理人员、工程师、技术人员和军事人员,宣传优秀民族文化,强化国民的民族观念,进而推动新兴民族国家建立政治文化共同体,进一步稳定统治阶级的意识形态统治。③Phinney(1992)认为,民族认同是一种自我概念的建构,具有动态性和多维性的特征,它包括民族自我认同、民族共同行为与实践、内群体肯定和群体归属感以及民族认同的实现。④Ashmore(2004)及同事认为,民族认同包括自我归类、承诺和依恋、归属感、探索、民族行为、价值观和信仰、内群体态度、重要性和突出性、民族和国家的关系等。⑤Constan&Zimmermann(2008)的观点认为民族认同应该包括语言、文化、社会交往、民族自我认同及移民历史这五个要素。⑥贝萨尼·穆林比对非洲国家博茨瓦纳的主流民族和少数民族背景的学生如何理解民族认同,包括他们的种族群体进行了民族志

---

① [英]安东尼·吉登斯.民族、国家与暴力[M].上海:三联书店,1998:146.
② 张志泽.中华民族共同体语境中社会治理共同体建构的认同要素研究[J/OL].黑龙江民族丛刊,2021(02)8-16.
③ [英]安迪·格林.教育与国家形成:英、法、美教育体系起源之比较[M].王春华译.北京:教育科学出版社,2004:337.
④ Jean,S.Phinney.The Multigroup Ethnic Identity Measure:A New Scale for Use with Diverse Groups[J].Journal of Adolescent Research,1992.2(07).156-176.
⑤ Ashmore RD,DeauxK,Mclaughlin-VolpeT.Anorganizing framework for collect iveidentity:articulation and significance of multidimensionality.[J].Psychological Bulletin,2004,130(1):80-114.
⑥ Constant AF,Zimmermann KF.Measuring Ethnic Identityandits Impacton Economic Behavior[J].Social Science Electronic Publishing,2008,6(2-3):424-433.

研究。研究阐明在后殖民时代，少数族群对同化政策和课程的态度，认为民族认同的价值在于它作为一条通往更高教育和就业水平的道路的定位。①凯尔曼阐释了个体对价值观教育的三个态度变化的过程，即顺从、认同和内化。此处"内化"是指教育过程和内化过程最后得出的，也就是某个人已经将部分价值观、态度、兴趣等纳入自己的体系，而且就算是各种任何人（包括教师、校长或者另外的人）对其进行打压或者鼓动，这个人都会将他自己的价值观、态度以及兴趣的引导下进行。个人之所以这样做，是因为这件事实本身会使他满意。②我国学者严宇、吴敏的观点是国内外民族认同结构主要涵盖了以下四个层面：情感、认知、行为与评价。③

二、多元文化教育与国际理解教育研究

"世界学习""全球教育""和平教育"是不同时期的英国国际理解教育名称。英国国际理解教育优势在于在最大限度范围内实现学科渗透。早在2002年英格兰本土和威尔士公国中等学校开设公民教育课程，是11至16岁学生中学阶段法定必修课程之一，其教育目的是使学生理解"文化、民族或种族的多样性"以及"不同的价值观和风俗习惯"。④20世纪70至80年代至21世纪初，日本的国际理解教育从适应日本国际化发展需要逐渐转向承认差异文化、与世界人民共生共存教育"⑤。澳大利亚的国际理解教育在21世纪后飞速进步，它主张身处21世纪的每一位澳大利亚公民与全世界的政治、经济和文化有密切关系，是全球社区范围内的重要成员，强调人类社会相互依存与团结的关系，着重培养青少年学术自我意识发展与对多元文化理解和欣

---

① Mulimbi B,Dryden-PetersonS.Experiences of (Dis)Unity:Students'Negotiation of Ethnic and National Identitiesin Botswana Schools[J].Anthropology&Education Quarterly,2019,50(4):404-423.
② B.S.布卢姆等编,施良方,张云高.教育目标分类学第二分册情感领域[M]// 教育目标分类学,第二分册,情感领域.华东师范大学出版社.1989.31-32.
③ 严宇,吴敏.国外民族认同实证研究述略[J].民族论坛,2016(06):42-45.
④ 郑彩华,吕杰昕.我国中小学国际理解教育实践研究概述[J].上海教育科研,2010(08):51-52.
⑤ Mcnicol C.Making our mark-teaching with a global perspective[J].ethos,2013,21(01):14-17.

赏的态度与能力，提倡人权理念与社会正义，努力共建和平与可持续发展的未来生活。①辛志勇等通过对澳大利亚的价值观教育实效性评价实践研究，表明澳大利亚价值观教育从三个层面构建指标体系，即学校氛围与学校环境层面、学生层面、教师层面，各个部分下设主要的评价指标。②在受教育者方面，评估主要是为了检查青少年学生在某些方面出现本质变化，例如在公民意识方面、在人格品质方面、在价值行为方面和伦理判断方面等，在此基础上判断青少年学生是否具备内在潜力成长为适应全球化发展的合格公民。教师和学校是实施价值观教育的主体，对他们的评估主要是为了审查教师知识和技能的变化，学校风气与学习氛围等环境因素的变化，还有上述变化对学生造成的影响。

三、新加坡品格与公民教育

新加坡品格与公民教育课程开设的目的主要是为了培养有正确价值观和良好品德、能够为国家积极贡献及推动社会进步发展的国家公民。③20 世纪 50 至 60 年代开始，新加坡教育部先后提出了多项措施，旨在达到使受教育者树立核心价值观念、学习相关技能、养成良好习惯的目标。新加坡品格与公民教育对核心价值观、公民意识、环球意识与跨文化沟通技能及其内在联系十分重视。公民道德的教育目标是为了让学生能够履行应尽的社会责任，对国家具有归属感、心系祖国。核心价值观旨在引导学生认识和理解自身在社会上所扮演的角色。其中公民意识、环球意识和跨文化交流能力均对优秀公民必须具备的意识和能力提出了要求。上述意识和能力核心在于提升学生对新加坡的认同感与归属感、培育爱国心、努力推动国家进步，其内在要求

---

① 靳文卿.澳大利亚中小学国际理解教育发展历程、特点及启示[J].教育与教学研究,2017(02)：42-49.
② 辛志勇,杜晓鹏,许晓晖.澳大利亚学校价值观教育实效性评价实践[J].比较教育研究,2016,38(09)：7-13.
③ 夏惠贤,陈鹏.以核心价值观塑造好公民品格——新加坡品格与公民教育 2014 课程标准述评[J].外国中小学教育,2017(5)：9.

是一致的。

新加坡的品格与公民教育的课程标准明确其价值导向，充分强调公民意识、环球意识、跨文化沟通技能。立足广阔的全球视野，培养要求从意识、情感到技能具有清晰的层次性。意识培养以积极参与区生活为起点，增强社会意识，逐步拓展为国家意识、环球意识。情感培养对他人他文化的共情能力，包容和尊重别人，积极融入社会，对国家的理想文化持积极态度，提升凝聚力。技能培养使学术能够用恰当的语言和行为与他人、他文化及国际社会文化团体良性沟通。

从课程设置和师资来看，品格与公民教育在新加坡分为三种课程形态，品格与公民教育课、校本课程、周会与课堂教学，对教师资格做了规定和要求，授课教师必须是品德与公民教育的专任教师，教师的言行举止必须传递正确的价值观。

新加坡品格与公民教育的德育方法也为国际社会广泛借鉴于学习，比如设身处地考虑法、道德认知发展法、体验式学习等适用于小学学段德育的有效模式以及小组活动、讨论圈（Circle Processes）等有效教学策略值得在德育认知启蒙与情感态度培养中积极借鉴。

四、日本、韩国爱国主义教育

日本政府于2006年修订了旧版的《教育基本法》，加入"爱国心"教育，在2015年中小学指导纲要修订版中同时增加了热爱国家的相关内容，各学段教材编写中纳入历史伟人事迹、世界各个领域的名人轶事为教学内容，强化全体国民的爱国意识，体现鲜明的政治价值取向。同样，韩国中小学道德教育中亦十分重视培养受教育者的热爱国家的情感与本民族自豪感。受政治因素影响，在2015年最新修订的教育课程标准中，韩国提出"和平、统一教育"[1]，这一点在2018年发行的九版初中学段《道德》教材中体现出显著的

---

① 周晓霞.日韩德育聚焦爱国主义教育[N].中国教育报,2021,04(08):009.

共同特征,其教育目的在于强化青少年学生对国家的统一意识与态度。

从课程与教学的开展来看,日本在德育教育不局限于每周规定的课时,并拓展了相当丰富的教学途径,表现在教学以多学科密切配合融入、举行课外活动、参加修学旅行和积极参加志愿者实践活动等,在活动中学生的道德实践力得以极大提升,以创新思考与交流讨论弥补传统讲授的不足。韩国以课程单元主题不同采用多种教学方法,较常见的德育模式包括伦理困境学习、叙述道德故事、进行角色扮演、项目化学习、参加志愿者活动等。从两国的课程教学开展方式的横向对比发现,两国中小学德育共同的特点是注重开发活动课程、强化德育实践、创新教学手段、提升德育效果。

在学生评价方面,日本主要采取记录的评价方法,类似于轶事记录法、档案袋法,在评价过程中对教师的要求是保证评价客观性,避免主观评价,不允许做学生之间对比的相对评价。韩国则倾向于"到达度评价",主要采用打分制或记录式的方法,类似于"学力评价"的评价思路,确立目标—构建指标—确定基准—设置等级。

在教材内容编写方面,日本将传统优秀文化与地域特色文化纳入基础教育教材,各年级教材中显著增加了强调热爱祖国、家乡、传统文化的篇目和内容,可见日本的"爱国心"教育与传统文化教育紧密相连。小学第一学年教材中《日本的修行》课文介绍了赏花、端午节等四季代表性的文化及传统活动。《加油吧》是以长冈市山古志地区的传统活动"撞牛角"为题材的篇目,《日本的宝藏富士山》体现日本"尊重传统和文化,热爱国家和乡土的态度"都是比较典型的爱国主义教育内容。在卷末的资料"附上礼节·礼仪"篇目中,强调对国旗、国歌的礼仪、礼节。在五年级教材中,通过介绍日本大鼓、大米等教育主题,引导学生去了解传统和地域文化,培养乡土意识,激发爱国爱家乡的热情和民族自豪感。①

---

① 古川雄嗣.关于小学道德教科书中"爱国心"的处理:以教育出版和光文书院为事例[J].北海道教育大学纪要.教育科学编.2018,2,68(2).47-57.

五、国外相关研究的讨论

通过对国外与民族团结类教育相关研究文献梳理和分析后发现，无论是西方国家还是亚洲国家都热切关注公民对国家、民族、文化的认同意识，教育内容中深刻蕴含着现代民族国家的政治理念，各国基于其社会意识形态本质、社会发展需要、多元文化国情等制定相应的教育政策，开发相关课程、编制适用教材。从整体上看，教育内容在强调输出国家核心价值观、促进国家统一与民族融合的同时，也放眼于国际社会的变化与发展，努力培养人才的跨文化交际能力与素养。

我国民族团结理论和民族团结进步教育是马克思主义民族理论中国化的成果，符合中国国情的民族理论与实践，其与西方国家的多元文化教育、民族融合教育虽在形式上有相似，但本质不同。不过在德育模式上，西方国家着重系统构建家校、社区的紧密合作与联系教育格局，积极融合可利用的社会资源。[①]整合社会资源、共创全方位的育人体系是我国开展学校民族团结进步教育值得借鉴的方式，特别突破校园内的课堂教育与校内活动，借助社区力量，统筹资源，开设社会实践类课程，提升受教育者道德教育实践的行动力，构建与社会密切联系的多位一体化教育系统。

从课程与教材分析，特别是从亚洲三个国家的公民教育、爱国主义教育来看，日本军国主义滥用德育教育的历史受到国际社会学者和本国教育家的强烈批判，致使现行的道德教育科目依然饱受诟病。但其中仍有值得我国参考的内容，比如爱国心教育将国家的文化符号纳入德育教材，强化受教育者对国家形象的感知。从三个国家基础教育德育工作的标准中可以看到，三个国家都把培养公民意识、国家意识、民族自信心作为学校德育的主要目标和重要任务。这几点在每个国家国民教育中都占有重要的位置，其中三个国家丰富的德育内容、多元化的德育教学方式、以学生为中心的德育评价值得学

---

① 褚远辉.民族地区学校民族团结进步教育资源研究[J].中国教育科学,2020,3(05):62-76.

习。新加坡、韩国德育教材设计的新颖、教学方式的多样化、角色扮演、合作讨论、项目化学习等能够激发学生参与的积极性和学习兴趣，特别是运用多样化的德育教学模式、教学手段对一些现实道德问题困境提出深入思考和探索解决方案，对我国中小学德育教学的讲授过多的现状具有一定的启示和借鉴意义。

第四节　理论基础

教育评价学基本理论认为评价指标制定的基本依据应该来源于五个方面：国家相关法律法规、我国的教育体系与其他体系之间的相互关系、相关知识理论、在长期工作中所形成的经验和其他具体的情况等。本文学校民族团结进步教育进步教育评价体系的构建，首先以国家政策文本、法律法规、指导纲要等作为学校民族团结进步教育进行督导和评价的政策依据与法理依据；其次以第四代评估理论为理论基础与学理依据建立基本的评价理念；最后以教育评价指标体系构建的基本思路与方法为指导，确定学校民族团结进步教育评价指标体系构建的基本路径。

一、习近平总书记关于加强和改进民族工作的重要思想

通过政策文本的综述，回顾我国改革开放以来民族团结进步教育政策的演进及发展，国家出台的相关文件和习近平总书记的系列讲话，构成了一整套具有新时代中国特色的、全面系统的、有机统一的民族理论和政策体系，诠释了党的根本政治立场和价值取向，深刻体现了党和国家关于民族团结进步教育理论是一脉相承、不断深化的过程。在第七次中央民族会议重要讲话中，习近平总书记系统总结多年来党和国家开展民族工作积累的丰富经验，再次强调要准确理解和把握并且全面贯彻我们党和国家关于加强和改进民族工作的重要思想和精神，讲话还特别提出新时代民族工作以铸牢中华民族共同体意识为核心、主线、纲领，所有工作均向此聚焦。为贯彻落实习近平总

书记关于民族工作和教育工作的重要思想论述以及党中央关于新时代民族团结工作相关问题的有关部署，切实做好新时代各级各类学校民族团结进步教育工作，四部委联合颁布了《深化新时代学校民族团结进步教育指导纲要》，加强各族师生铸牢中华民族共同体意识教育。《纲要》对民族团结进步教育的落实提出了明确要求、制定了总体目标、提出了根本任务、具体实施路径和保障条件，将学校开展民族团结进步教育工作纳入教育督导部门评估的内容之中。

通过对党和国家政策的深刻领会、对国家领导人重要讲话的系统学习，本研究工作开展以习近平新时代中国特色社会主义思想为根本遵循，以国家对民族团结进步教育工作的总体目标和立德树人的任务为出发点，将新时代纲要提出的具体要求作为评价指标的来源重要依据，构建出新时代学校民族团结进步教育评价指标体系，以此检视和促进教育成效，引导各族师生坚守意识形态领域的阵地，夯实建设中华民族共同体的基础。

二、第四代评估理论

教育理论研究、教育发展研究和教育评价并称为当今世界教育领域的三大主要研究课题。①从 20 世纪 80 年代开始，在教育评价理论发展中诞生了第四代评估理论，该理论修正和补充了以往评估理论中过重的管理主义倾向和忽视价值多元性等不足之处。第四代评估理论的代表人物是古贝（Egong Guba）和林肯（Yvonna Session Lincoln），他们于 1989 年发表了《第四代教育评价》专著（我国的也有译为《第四代教育评估》②）。在他们的研究中将教育评估发展史划分为三个时代，第一代是以桑代克等心理学家为主要主导的测量时代，第二代评估是以代表人物泰勒"八年研究"为标志的描述时代，第三代则被称为判断时代。两位学者认为以往的三代教育评价都把评价者的价值观作为唯一的标准，没有考虑评价中其他相关人员的观点，而教育评价应

---

① 刘五驹.实用教育评价理论与实践[M].苏州：苏州大学出版社，2008：13.
② 埃贡·G.古贝，伊冯娜?S.林肯.第四代评估[M].秦霖，蒋燕玲，译.北京：中国人民大学出版社，2008：1.

是评价者、被评价者及评价相关者互相协调分歧，最终形成统一价值标准的程序。第四代教育评价所采取的方法主要有应答性收集法（the responsivefocusing）和建构行动主义方法论（constructivist methodology）。

"回应—协商—共识"是第四代评估理论的核心内涵，引起了教育评价理念的巨大变革。第四代评估理论提出两大核心内容，首先是识别利益相关者，认为其属于风险群体，要充分了解到他们的焦虑与需求，以此来防止评估结果受限。其次是以响应式聚焦和建构主义方法论作为评估理论的支撑。①响应式聚焦关注利益相关者的主张和需求，注重双方之间的沟通，强调协商过程，充分保障了各参与方的平等地位。针对前三代评价理论的流弊，提出建构主义评价范式，弥补只关注测量结果带来的缺陷，更加注重对人的尊重、评价主体的多元。"②建构主义方法论是在建构主义本体论和认识论的假设前提下实施研究程序。由此可见，第四代评估理论在评估中纳入了被评价者和利益相关者的立场和主张，从评价者决定评估标准的模式，转变为谈判协调为主要理念的新模式③，为评估提供了多元评价主体参与、协商共识的新方法④，在兼顾多元价值同时也确保了该群体在评估过程中的支持与责任。⑤第四代评价理论是基于不同个体在了解自身的前提下，对所要评价的对象的意见而形成的建构，这个评价结果是借助沟通协商所得到的，能够充分体现出利益相关者的需求和共同的希望。我国学者冯晖认为利益相关者的理念及深入沟通的方式在评估中产生了新的建构，对教育评估过程中上下衔接、解决诸多问题提供了有效的思路。⑥蔡晓良和庄穆在研究中指出，共同建构模式是教师、

---

① 埃贡·G.古贝,伊冯娜·S.林肯.第四代评估[M].秦霖,蒋燕玲,译.北京:中国人民大学出版社,2008:254.
② 王琰春.西方教育评价观的演进及对我国的启示[J].教育与现代化,2003(01):74-78.
③ 张玉磊,朱德米.重大决策社会稳定风险评估中的利益相关者参与:行动逻辑与模式构建[J].上海行政学院学报,2018,19(5):70-81.
④ HEAPJL.Constructionism in therhetoric and practice of fourth generation evaluation[J].Evaluation and Program Planning,1995,18(1):51-61.
⑤ HUEBNER A J,BETTS S C.Examining fourth generation evaluation:Application to positive youth development[J].Evaluation the International Journal of Theory Research & Practice,1999(5):340-358.
⑥ 冯晖.第四代教育评估理论及其应用效应:以上海高校高峰高原学科建设方案论证工作为例[J].上海教育评估研究,2014,4(5):29-34.

家长、学生和决策者等与教育活动的相关人员充分接触，了解他们的需要和意见，从中提炼出有价值的观点和内容，与实际教学活动相联系，尽可能对大多数人的需要做出积极回应。[①]

第四代评估理论在实证的基础上，引进了定性方法，并注意了评价过程中评价者与评价对象双方的互动作用及动态分析。它以对教育进行发展和改进为目的，增强教育活动适应性，从而更有利于学生发展。建构主义认识论的基本观点是认识具有明显的开端，但结尾并不明显，而且整个认识的过程不断循环，知识的适应期短，这就说明第四代评估理论是对评价的持续，认为评价没有尽头，是一个循环往复的过程。[②]这种以多元主体共同参与的建构方式、平等尊重协商的共建态度、促进发展持续改进的评价理念受到国际学术界广泛认同与支持，并在多个国家地区投入实践，影响深远。

通过借鉴、学习和理解第四代评价理论与经验，我国学者进行了丰富的教育评价理论研究与实践探索。比如以第四代评估理论研究为理论基础重新构建中小学教育评估的模式[③]、高校教学评价制度的反思与重建[④]、研究生项目评估[⑤]以及对第四代评估理论的反思性研究等[⑥]。我国学术界研究借鉴国外教育评价理论同时在国内的实践中总结和发展了协同自评模式、发展性目标评价模式与学校发展性督导评价模式等。比如基于第四代评估理论的研究基础，上海市高校专业评估探索了协同自评的模式[⑦]。其中发展性督导评价模式和发展性目标评价模式基于发展性教育评价理论，打破了以往督导评估自上

[①] 蔡晓良,庄穆.国外教育评价模式演进及启示[J].高教发展与评估,2013,29(02):37-44.
[②] 周志刚,杨彩菊.教育评价范式特征演变的向度分析[J].江苏高教,2014(04):18-20.
[③] 刘青."第四代评估"从理论到实践的路径选择——中小学校教育评估模式重构[J].教育测量与评价(理论版),2015(10):14-17.
[④] 刘佳.第四代评价理论视阈下高校教学评价制度的反思与重建[J].教育发展研究,2015,35(17):56-61.
[⑤] 文雯,李雪,王晶.第四代评估理论视角下的研究生项目评估[J].高等工程教育研究,2015(03):108-113.
[⑥] 刘五驹.评价标准:科学性还是人文性——"第四代评估"难题破析[J].教育理论与实践,2014,34(16):23-26.
[⑦] 董雪静,孙莱祥,宋彩萍.协同自主:上海市高校专业评估模式的构建与实践——基于第四代评估理论的应用探索[J].中国大学教学,2017(2):5.

而下的审视与检查，评价的理念在于促进学生、教师、学校共同发展，与本研究的初衷十分契合。发展性督导评价的理念可以理解为第四代评估理论的本土化适应模式，借助督导专家的帮助，推动学校凝练办学特色，提高学校教育教学质量，形成核心竞争力，促进学校的长效化发展。与过去采用的规范性督导评价，这种发展性督导评价更加强调"导"。和过去的评估方式对比，采用发展性督导主张刚性指标与柔性指标相结合、服从意志与民主协商相结合、依法办学与自主发展相结合、学校组织发展与学生、教师、学科发展相结合、终结评价与基础诊断、过程动态增值相结合。①

综上，以第四代评估理论为基础，基于建构主义认识论和方法论的基本观点，采用多元主体共同建构的模式，以尊重和接纳的态度倾听利益相关者的想法与诉求，增进沟通交流、民主协商，汲取有价值的内容是本研究构建评价指标的基本理念。利益相关者理论和响应式聚焦对分析和思考学校民族团结进步教育评价指标面临的各地区不同主体独立性较强，彼此之间存在的差异性过大的问题有较深刻的理论意义和实践价值。

三、评价指标体系的构建

（一）指标体系设计的基本方法

陈玉琨认为评价指标是构成评价目标的具体化的、外显的（可观察和测量的）标识性因素。评价要以科学性为主要评价原则，即所选指标要能够科学反映认识对象。②要进行价值判断，就必须以可靠的资料为基础，可靠的资料包括多种途径的收集方式，可以分为量化资料和非量化资料。量化资料可以采用一定的尺度测量获得，非量化资料可以通过观察记录等手段获得。③目前教育评价中常用的方法，也可以通过多种评价或判断方法对非量化资料进

---

① 陈聪富.学校发展性督导[M].浙江:浙江大学出版社,2009:28.
② 陈玉琨著.教育评价学[M].北京:人民教育出版社,1999:7-9.
③ 刘本固.教育评价的理论与实践[M].浙江:浙江教育出版社,2000:21-22.

行赋值或者转化，使之成为量化的评价分数或者等级。将目标逐步展开、分解和精细化是设计指标的基础流程，根据目标要求具体到有较强操作性的指标为佳。各层级指标分解需要具备两个步骤，首先是理解目标，在此基础上尽可能收集指标及其相关影响因素；其次第二步则是对这些收集的材料进行筛选、增删和归并，建立内在的类属关系，形成符合聚焦目标的主要指标和次级指标。在这一过程中，主要采用如下方法：

1. 直接经验法

直接经验法是根据个人长期知识和经验的积累，对目标或指标所包含的核心要素作出选择和分类的方法，这是最常用也是最基本的方法，它也是众多理论和数理方法的基础。

2. 理论推演法

根据某种理论的逻辑对指标要素进行分解是理论推演法的基本思路，是一种演绎的过程。比如在教育心理学中有多种著名的智力理论，比较常见的有斯滕伯格（Robert Sternberg）提出的三元智力理论、加德纳（Gardner）提出的多元智力理论。根据不同的智力理论，就可以根据不同类别将智力进行分解。如按照三元智力理论，就可以把智力分解为个体内部世界的成分智力、个体外部世界的经验智力和情境智力，若按照加德纳（Gardner）的多元智力理论，则可以把智力分解为逻辑数学方面、人际关系方面、语言方面、音乐方面、空间方面、身体运动方面、内省方面和自然方面的智力。

3. 实证研究法

对于许多经验与理论无法确定的问题，可以采用实证的方法来解决。实证的方法是可以采取实地观察研究，甚至实验的方法来获得一手的例证，也可以通过对现实中的现象，搜集数据，加以分析，从而得出结论。

4. 头脑风暴法

头脑风暴法可以有多种形式，既可以是多人进行，也可以是个人进行的。头脑风暴法的关键是不要让权威或者思维定式所局限，而是让不同的观点有一个碰撞、交流的过程，从而激发灵感，开拓思路。头脑风暴法在指标体系的设计中，主要用于对目标或指标的性质与内容进行深刻、全面的理解。

5. 聚类分析法

聚类是一种基于数学分类的多变量统计分析，它是建立评价指标体系的一种有效手段。聚类是将被划分为多个维度的事物，根据其距离间的大小来划分。综合评价指标的编制与分类，主要是利用专家的专业智慧和技能，从上到下逐级分解、分类。而聚类分析则正好相反，通过对初级指数进行定量的定量，将其划分为一个类别的跟踪图表，并据此决定类别的数量和名称。

（二）评价指标制定的基本依据

1. 政策依据：国家制定的民族团结进步教育政策和法规

教育评估和评价要以国内法律、法规、政策等为根本基础。"教育方针"是一种由执政党和国家在特定的历史阶段所确立的规范和准则。教育政策的特征主要表现在以下三个方面：一是战略，为特定的教学目的和使命而服务；二是稳定，在特定的历史阶段内的承续；三是概括，对一些重大问题作出了原则上的规定，通常是较为抽象的。教育的政策是制订教育法的依据和根据，它对法律的制订与执行具有重要的指导意义。教育法是教育方针，政策的条文化和标准化是实现教育方针政策的重要手段。特别是在教育法制还不健全的时期，我们必须注意维护教育方针政策的严肃性和权威性。在教学评估工作中，任何违背政策、改变政策的做法，都会损害教育事业的发展[1]，带来不可估量的严重后果。

2. 学理依据：教育系统和社会子系统互相协调发展

在社会系统中，教育系统是一个子系统，除此之外，还有经济系统和政治系统等子系统，这些子系统的运行和演化是相互制约、相互促进的，教育系统孤立地考虑自身的发展是不够的，应该把自身的发展与其他子系统的发展结合起来，形成社会系统内部的协同发展。我们往往根据这一协同发展规律来确定和检验教育目标。比如要编制学校民族团结进步教育评价标准，必须清楚地知道学校民族团结进步教育包含哪些内容，具体地说学校的工作开

---

[1] 刘本固.教育评价的理论与实践[M].浙江教育出版社,2000:103.

展需要哪些要素构成、国家对学校的要求是什么，它们与社会发展的需求是什么关系等等。这些问题可以用理论分析和田野调查相结合的方法去研究。

3. 有关的科学理论

制定教育评价标准，一定要符合教育规律和人的心理规律，揭示这些规律的有教育学、心理学和系统科学等。这些学科从不同侧面揭示了教育的规律，教育评价标准的内容应该符合这些规律。心理学是研究心理现象的科学。心理现象存在于人类在一切行为之中，如感觉知觉、情绪意志等。在教育评价工作中，评价者和评价对象都无法回避，因此，对于编制以人作为评价对象的评价标准来说，科学地遵循人的心理规律尤为重要。同时，评价也要遵循教育规律的系统运行，编制评价标准借鉴系统科学的整体原理、反馈原理同样重要。

4. 教育活动中积累的经验

在广泛的教育实践中，教育事业工作者积累了丰富的经验。在这些经验中，有的上升为理论，成为科学知识；有的还未上升为理论，但它又确是由实践得来的知识或技能。通过实践获得的经验十分宝贵，但是在编制评价标准时，既要克服夸大感性经验、轻视理论的倾向，也要反对完全忽视直接经验的思想和行为。第四代评估理论的建构模式正是提倡要注重多元主体的意见和想法，汲取有价值的信息，现代学术实证研究通常在长期的田野中，运用深度访谈和问卷调查得到对研究有用的信息和实践经验，评价研究亦是如此。

5. 评价对象及与之有关的人、财、物等的实际情况

评价标准不仅需要客观性、科学性、准确性，最终的落脚点还需要有可行性，这就要求研究者在编制教育评价标准的时候必须要考虑相关的人力资源，物力资源和财产资源等等。只有符合实际的评价，才能被评价者所接受，真正发挥评价的导向、激励和反馈作用。考虑与实施评价标准实际情况，真正做到有足够人力、财力和物力来保障评价标准的实施，发挥应有效用。如果评价标准编制得再好，没有足够的人力、财力和物力来作为条件保障，评价标准只能止步于条文之中。

综上，民族团结进步教育政策是党和国家在一定历史时期为民族教育工作制定的基本要求和行为准则，特别是《深化新时代学校民族团结进步教育指导纲要》提出的总体要求和主要任务是对各级各类学校开展民族团结进步教育总体的规划和部署。各级各类学校需要根据各学段层次、各类学校的实际情况，有计划地开展民族团结进步教育，从学校组织机构设置、领导执行力、绩效考核、建立常态化工作机制、经费、物质条件保障、课程实施和教学创新、校园文化建设、学生培养等各方面有行动的规划和指南。

对国内外教育评价的研究对我国民族团结进步教育的开展、教育方法的改进、评价方式的完善、评价指标的构建路径具有一定的借鉴意义。通过对教育评价理论与实践的研究，本文在构建学校教育评价指标体系的研究中以习近平总书记关于民族工作的重要理论为根本遵循、第四代评估理论提出的共同建构模式、利益相关者理论和响应式聚焦对开展评价工作奠定了尊重多元主体立场与诉求的基本评价理念，获得将刚性指标与柔性指标相结合构建思路，在教育评价学构建评价指标的基本路径中汲取诸多经验。基于此，构建学校民族团结进步教育评价指标体系的依据首先要根据国家政策对各级各类学校的要求，根据政策文本的教育目标分解初始指标，其次通过学术文献的理论分析提炼的重要观点结合田野调查获得教育实践的丰富经验，明确学校民族团结进步教育评价指标构建的基本要素，为评价指标的建立提供学理依据和实践依据。

第三章 学校民族团结进步教育评价指标来源

建立科学合理的评价指标体系能够为学校开展民族团结进步教育工作提供一个评价标准，为教育督导部门对学校评估、学校内部自我评价提供客观的依据。指标以目标为起点，将目标内容分解为具体化、可操作化要素，在评价中普遍被认为是某一方面或领域根据指某一领域预期达到的标准或者规格，通常需要根据要素重要性程度赋予一定的权重。①克隆巴赫认为设计教育指标体系概括的分为发散阶段和收敛阶段。前者主要任务是将教育目标进行分解和细化到能够观察与测量，这个阶段可以邀请权威意见征询、专业人员集体讨论、实践经验总结等途径进行指标收集，力求完备不遗漏。②后者则将收集的指标进行类属分析，进行归纳和合并。

基于以上理论的指导，在设计学校民族团结进步教育评价指标体系的发散阶段，采取设计指标中常用的实证研究与集体讨论的方法。"学校民族团结进步教育"的研究具有国家政治理念和教育实践策略的双重意涵，根据教育评价通常指标的来源依据，主要收集的指标来源于四个方面的资料：第一，十八大以来国家公开颁布的关于民族团结进步教育的政策文本；第二，中国知网数据库中检索主题为民族团结进步教育的 CSSCI 来源期刊论文；第三，民族团结进步教育专家访谈记录；第四，中小学管理者、教师访谈记录。四

---

① 韩芳,杨盼.美国 K-12 学校评价指标体系:背景、内容与前景[J].现代教育管理,2019(06):111-117.
② 金娣,王钢.教育评价与测量.第 2 版[M].北京:教育科学出版社,2007:108.

个方面的资料包含了政策文件对学校民族团结进步教育的要求、学术文献中的研究发现、理论思辨与对策研究、教育管理者与学校教师的实践探索与经验总结、民族教育领域专家所关注的问题与对指标体系构建的咨询意见等。

本章通过共词分析、社会网络分析、关键词系统聚类分析等方法对上述四部分文本资料的内容、核心关键词、聚类主题进行解读,在此之后将四部分作为指标来源的文本资料进行总结与反思。

第一节 政策文本的共词网络分析

共词分析法属于内容分析方法的一种。主要方法是对一组文献中所出现的主题词两两统计在同一篇文献中出现的频次,以此为分析基础进行聚类分析,形成主题词构成的关联网络,网络节点间的路径距离反映关系紧密程度,从而分析文献关键词显现的主题变化献关键词显现的主题变化。[1]社会网络分析法是针对文本共词频次为基础通过共现网络等常用的研究方法,把复杂多样的关系表征为基于网络节点的个体行动和社会结构的意义。[2]在此基础上,通过阶段研究采用共词分析、社会网络分析、聚类分析将核心关键词与关键词形成的主题结合关联语句对政策本文内容进行分析。

一、研究设计

(一) 资料来源

基于数据的权威性、准确性和可获得性,本研究对中国政府网、国家民委、教育部等行政部门公布的民族团结进步教育政策文本、国家领导人重要讲话进行检索和收集。本阶段研究选取的政策文本,包括党的十八大以来我

---

[1] 冯璐,冷伏海.共词分析方法理论进展[J].中国图书馆学报,2006(02):88-92.
[2] 石培华,翟燕霞.重大公共卫生危机治理中旅游企业复工复产政策差异及协同研究——基于122份政策文本的计量探索[J].经济与管理,2021,35(04):74-83.

国颁布的与民族团结进步教育密切相关的政策文本、国家领导人在重要会议上的重要讲话等。初步筛选后共获取13份与民族团结教育密切关联的政策文本、讲话作为样本数据，以此为分析对象（见表3-1）。政策文本分为三类：一是与民族团结进步教育密切相关的国家民族教育发展规划、党的民族教育方针、国家领导人在重要会议上的讲话；二是完全针对学校民族团结进步教育的专指性政策文本；三是嵌套在相关民族教育政策中与民族团结进步教育关联性的政策文本。在政策文本的选择上，党的十八大以后学校民族团结进步教育专指性政策文本、会议讲话全部选取，与民族团结进步教育实施相关主题的规划或者方案，选择最近的1—2部。对政策文本的分析涵盖两个层面：一是系统解读核心关键词间的关联特征；二是综合解读政策文本中核心关键词形成的主题以及相关论述，阐释对政策内容的深层理解。

表 3-1 政策文本列表

序号	时间	发文主体	文件名	发文号
1	2014.01	中共教育部党组、共青团中央	《关于在各级各类学校推动培育和践行社会主义核心价值观长效机制建设的意见》	教党〔2014〕40号
2	2014.11	教育部办公厅	《全国民族教育科研规划》	教民厅〔2014〕7号
3	2014.12	中共中央、国务院	《关于加强和改进新形势下民族工作的意见》	
4	2015.08	国务院	《关于加快发展民族教育的决定》	国发〔2015〕46号
5	2016.08	教育部、国家民委	《国家语言文字事业"十三五"发展规划》	教语用〔2016〕3号
6	2017.03	教育部、国家语委	《国家通用语言文字普及攻坚工程实施方案》	教语用〔2017〕2号

续表

序号	时间	发文主体	文件名	发文号
7	2017.01	习近平	决胜全面建成小康社会夺取新时代中国特色社会主义伟大胜利	中共十九大会议
8	2019.09	习近平	全国民族团结进步表彰大会上的讲话	
9	2019.01	中共中央办公厅、国务院	《关于全面深入持久开展民族团结进步创建工作铸牢中华民族共同体意识的意见》	
10	2019.11	中共中央、国务院	《新时代爱国主义教育实施纲要》	
11	2021.03	习近平	内蒙古代表团审议讲话	
12	2021.04	教育部、中央宣传部、中央统战部、国家民委	《深化新时代学校民族团结进步教育指导纲要》	教民〔2021〕1号
13	2021.08	习近平	第七次中央民族工作会议上的讲话	
14	2021.12	国务院办公厅、国家语委	《关于全面加强新时代语言文字工作的意见》	国办发〔2020〕30号

（二）数据处理

首先运用 Python 软件使用 Jieba 分词对原始文本进行分词和词频统计等预处理，使用 Jieba 分词的内置函数 extract_tags，该内置函数根据 TF-IDF 算法[①]计算词汇重要性，并按照重要性排序，默认取 100 个词汇；其次对提取出

---

① 注释 *TF-IDF 算法是一种利用统计原理的分析方法，用以评估某一个字或词对一个文档集或一个语料库中的某一份文件的重要性，常用于长文本的关键词重要性分析。

的高频关键词按重要性排序和分析需要截取频率≥1.4%的词汇进行同义词合并、删减无意义词汇等数据清理操作，其中停用词表使用学术界广泛使用的哈工大停用词词表。最后获得高频关键词47个（见表3-2），构建出47×47共现矩阵（见表3-3），作为本阶段研究的数据来源。通过NetDraw构建主题词共现网络图（见图3-1）。借助Ucinet6计算网络的点中心度、中介中心度、网络中心势以及建立凝聚子群（见表3-4及图3-3），以分析政策文本中体现的与民族团结进步教育高度相关的内容、信息、结构和主题。

（三）研究思路

借鉴学术界对政策文本进行文献计量的研究经验与基本观点，本阶段研究将文本信息挖掘与人工综合判读相结合，通过分析特定词语和概念在文本中共现频次、内涵以及关键词相互之间的关系，以推断文本内在含义及其所蕴含的关键信息。具体分为三个步骤：首先，统计提取出13份与民族团结、民族团结进步教育相关的政策文本内的高频关键词，建立高频关键词共现矩阵，运用共词分析和社会网络分析以共现频次为主要依据提取出文本内的核心关键词并置于具体文本中进行的解读，以更深层地把握国家顶层设计的理论理念；其次，对高频关键词共现矩阵进行系统聚类分析，归纳出学校民族团结进步教育政策的凝聚主题，结合2021年8月第七次中央民族工作会议的精神进行解读；最后，基于上述研究发现展开分析，结合关键词数据与具体文本内容，概括提炼出核心关键词针对学校民族团结进步教育的指导理念与实践策略。从国家顶层设计的话语中识别和提炼评价指标，明确学校民族团结进步教育评价指标的政策依据。

二、研究过程

（一）网络整体分布情况

在政策文件中，关键词往往能够体现政策的核心思想，在某一领域系列文件中经常出现的高频词汇与其关联内容，基本能够体现政策的基本主张，新词汇的出现也代表着某些变化方向或者国家顶层设计的新思维。因此对核心关键词及其关联内容的分析成为政策研究中常见的方法与路径。[①]在社会网络分析中，通常以网络密度衡量节点紧密程度[②]，点度中心势表示节点分布的均衡性，数值越大表明点度中心度分布越不均衡[③]，常用点中心度和接近中心度等定量指标衡量节点在网络中所处的地位。[④]

因研究对象为政策文本关键词，不存在作者或机构合作关系分析，因此只针对网络密度、共词矩阵、点度中心度和接近中心度、系统聚类分析进行计算和呈现。首先对文本进行分词、提取高频关键词建立共词矩阵，通过共词矩阵运用Ucinet6软件计算关键词的点度中心度和接近中心度，准确提取网络中的核心关键词，再以理解阐释的方式解读核心关键词在政策文本中的语义内涵。通过Ucinet6将矩阵二值化后计算可知，政策文本的高频关键词网络图的总体网络密度为0.8335，说明政策文本的整体网络密度非常大，表明整体网络联系紧密。点中心度如表3-4所示，整体网络的度数中心势为17.39%，表明网络节点分布较为均衡，依赖多个节点而分布。反映出政策文本内容呈现多个主题，体现了新时代民族工作的丰富内涵。

[①] 张小劲,李岩.从语义图解到模式理解:《关于全面深化改革若干重大问题的决定》中关于治理问题的论述[J].当代世界与社会主义,2014(01):11-18.
[②] 魏巍.学科建设中六大要素间的互动关系——基于71所一流学科高校建设方案的政策文本及社会网络分析[J].江苏高教,2020(08):28-34.
[③] 谢静,韩双淼.一流学科建设的理性认知与行动策略——基于一流学科建设方案的考察[J].大学教育科学,2021(03):118-127.
[④] 吉亚力,田文静,董颖.基于关键词共现和社会网络分析法的我国智库热点主题研究[J].情报科学,2015,33(03):108-111.

第三章 学校民族团结进步教育评价指标来源　　077

表 3-2　政策文本提取的高频关键词词频（部分）

序号	关键词	频次	序号	关键词	频次	序号	关键词	频次
1	民族	782	11	党	199	21	创新	123
2	教育	630	12	社会	196	22	提高	117
3	发展	516	13	推进	164	23	政治	114
4	建设	370	14	民族团结	163	24	能力	111
5	国家	331	15	特色	154	25	政策	108
6	语言文字	297	16	推动	136	26	改革	100
7	工作	268	17	完善	131	27	增强	98
8	地区	240	18	制度	129	28	学生	97
9	文化	215	19	学校	126	29	核心	96
10	中华民族	200	20	体系	124	30	新时代	93

表 3-3　高频关键词共现矩阵（部分）

	政策	思想	文化	民族团结	领域	体系	工作	社会	能力
政策	0	0	2	7	7	11	5	5	1
思想	0	0	5	2	0	3	18	9	2
文化	2	5	0	12	2	10	9	15	5
民族团结	7	2	12	0	6	2	30	18	2
领域	7	0	2	6	0	7	8	5	5
体系	11	3	10	2	7	0	13	19	24
工作	5	18	9	30	8	13	0	14	16
社会	5	9	15	18	5	19	14	0	14
能力	1	2	5	2	5	24	16	14	0

表 3-4 高频关键词的点度中心度（部分）

		Degree	NrmDegree	Share
48	民族	2557.000	13.914	0.104
38	教育	2120.000	11.536	0.087
36	发展	1344.000	7.313	0.055
24	国家	1061.000	5.774	0.043
40	建设	970.000	5.278	0.040
43	地区	920.000	5.006	0.038
26	语言文字	900.000	4.897	0.037
7	工作	886.000	4.821	0.036
23	中华民族	628.000	3.417	0.026
4	民族团结	585.000	3.183	0.024
8	社会	577.000	3.140	0.024
3	文化	567.000	3.085	0.023
39	完善	484.000	2.634	0.020
	Mean	509.958	2.775	0.021

表 3-5 高频关键词的接近中心度（部分）

		Farness	nCloseness	
7	工作	47.000	100.000	
38	教育	47.000	100.000	
33	学校	47.000	100.000	
40	建设	47.000	100.000	
24	国家	47.000	100.000	
48	民族	47.000	100.000	
8	社会	49.000	95.918	
36	发展	49.000	95.918	

续表

		Farness	nCloseness
28	创新	50.000	94.000
3	文化	50.000	94.000
45	实践	50.000	94.000
17	意识	52.000	90.385
1	政策	52.000	90.385
22	学生	52.000	90.385
9	能力	52.000	90.385
4	民族团结	53.000	88.679
16	核心	53.000	88.679
6	体系	53.000	88.679
39	完善	53.000	88.679
35	特色	54.000	87.037
	Mean	54.958	86.263

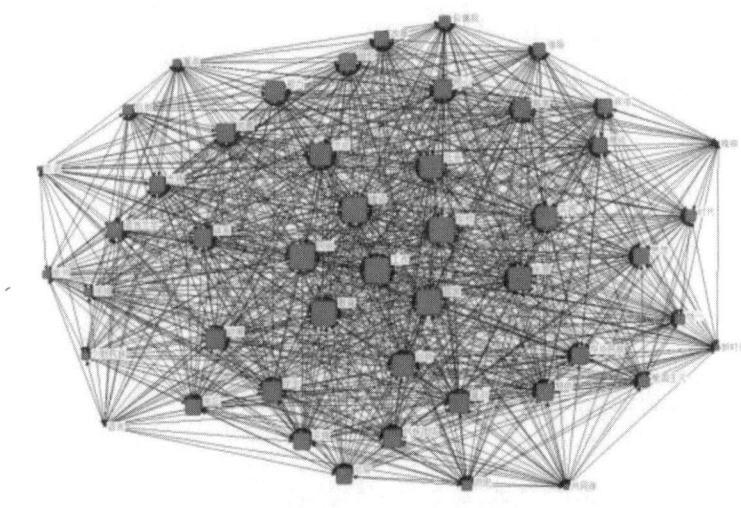

图 3-1　高频关键词共现网络图（点度中心度）

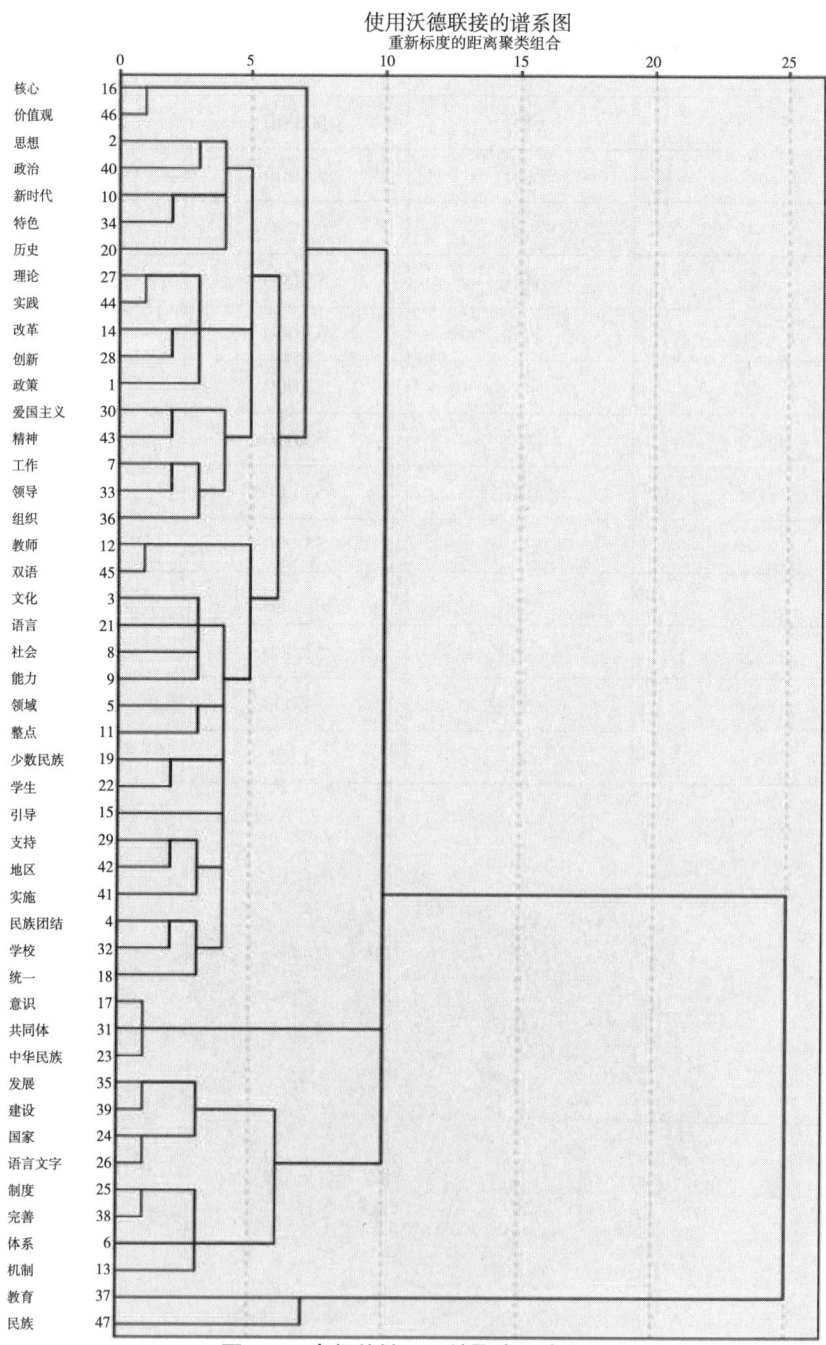

图 3-2 高频关键词系统聚类示意图

（二）关键词聚类情况

系统聚类分析通常用于探究关键词的集群现象，它是同一社会网络中若干关系紧密或者属性相似的网络节点形成的集合。运用软件 Ucinet6 对高频关键词进行系统聚类分析，形成了五个关键词所属类团（如图 3-2）：语言文字制度的完善与规范化、学校民族教育工作机制与条件保障、铸牢中华民族共同体意识、爱国主义教育融入民族团结进步教育发展，爱国主义与民族团结进步教育的理论与实践以及社会主义核心价值观教育等。

三、研究结果与讨论

从政策文本颁布的时间与发布的主体来看，研究选取的 13 份政策文本、讲话，颁布或发表时间区间为 2014 年 9 月至 2021 年 8 月，时间跨度约 7 年。从政策文本的性质来看，意见、规划、纲要、实施方案都属于指导性的政策性文件，集中体现了党的十八大以后国家对全国各级各类学校在民族教育工作领域的总体要求与规划，代表我国民族团结进步教育政策发展进入了深化改革的新局面。

（一）政策文本的核心关键词分析

第一，在社会网络中，点度中心度表示与某节点直接相连的其他点的个数，如果该点与许多点直接相连，则表明该节点的点中心度较高。由表 3-4 可知，民族团结进步教育政策文本高频关键词的点度中心度之间差异较大，其中"民族"的度数中心度最高为 2557，其次是"教育""发展"和"国家"分别为 2120、1344、1061。这三个关键词点度中心度远高于其他词汇，处于整个网络的中心位置，因此，民族、教育、发展、国家是民族团结进步教育政策文本内容中与其他高频关键词交往最频繁、最活跃的因素。从接近中心度来分析，节点越是与其他节点接近，则该节点对信息的传递就越容易，因此越有可能居于网络中心。在整体网络中"工作""教育""学校""建设""国家""民族"这六个节点与其他节点之间的距离都最"接近",处于整个网络信息传递的绝对优势地位。接近中心度一般根据点与点之间的距离来测量,从关系或网络的视角来看,如果一个点与网络中其他点之间的距离越短,则该点与其他点之间的关系越紧密,其接近中心度则越高,接近中心度的值则越小从接近中心度分析,其在整个网络中信息资源最为丰富,具有非常强的关联性、包容性和统领性,是政策文本中最核心的关键词。

第二,"民族""工作""教育""学校""建设""国家"这六个关键词信息的传递中具有重要作用,与其他词语的关联最为密切,结合度最高,连结整个政策文本内容的核心主题,表明政策文本的共性是对民族教育工作的整体部署。而网络中又分散着许多小的主题,表明民族教育工作的内容十分丰富。结合"民族""教育"在政策文本中的内容分析,政策规划不仅涉及"民族教育",也关联政治、经济、文化等整个社会系统,包括民族事务、民族理论、民族发展等多项宏观概念,包含了学校教育、家庭教育、社会教育全范围的教育场域,"民族""教育"和"学校"关联的内容包括培养和铸牢中华民族共同体意识教育、民族团结教育、思政教育、法治教育,涵盖了普及国家通用语言文字、保护和传承民族语言等具体的要求和措施,明确表明教育对象面向全国各族人民,并且在学校教育体系中全学段覆盖、在各级各类学校都要开展民族团结进步教育。"工作"作为核心词,是国家政策对各级责任主体具体事务的统筹安排,集中体现在加强党对意识形态工作的领导、创新工作机制、转变工作思想、强化工作保障、完善督导评估工作、建立长效工作机制,重视民族工作、德育工作等。"建设"作为是政策文本的核心关键词,与"民族""教育"关联后在政策文本中集中体现为政治建设、中华民族共同体建设、精神家园建设、公民道德建设、社会主义法治建设、校园文化建设、师德师风建设、教材体系建设、对口支援建设、智库建设、寄宿制学校建设、教师队伍建设、教育资源建设、长效机制建设、学校制度建设等。表明党和国家在民族工作方面的指导思想与发展目标,以及习近平新时代中国特色社会主义思想和基本方略。

第三,核心关键词是政策文本高度的凝聚和概括,从其关联的词语拓展至具体的文本段落可以比较宏观地掌握其中体现的政治理念、思想精神与实践指向。"发展"作为核心关键词，与其关联的较强的关键词包括"社会""中华民族"和"语言文字"等，通过对政策文本的人工判读，国家在社会主义现代化进程中关切各个民族的共同建设和发展，在共同建设、共同发展中凝聚成牢固的中华民族共同体。"发展"在系列政策文件中不断地被提及，非常明显地表达了新时代党和国家在民族工作方面的主旋律和时代主题，国家建设、民族发展、社会繁荣依靠各民族共同努力和奋斗。用共同体理论来分析，中华民族在历史演进与社会现代化进程发展中由功能较为单一的民族共同体演变为现代民族国家统一的多维度的政治共同体和社会共同体，具备更多维的功能与更深刻的内涵意蕴。"语言文字"是13份政策文本的高频词汇，表明语言文字工作一直是事关国家统一、国民素质提高、增进教育公平、脱贫攻坚、教育扶智的基础性、全局性工作，从政策文本的变化演进呈现出国家语言文字制度逐渐规范化。

（二）政策文本的高频关键词系统聚类分析

高频关键词的聚类能够将相关的关键词进行聚焦，形成所属的类团。为了深入了解民族团结进步教育政策文本的内容主题结构，运用SPSS21.0软件对关键词共现矩阵转换为相异矩阵，进行系统聚类分析。通过对系统聚类形成的聚类图分析表明：民族团结进步教育政策文本正在形成。

类团一：这一类团包含的关键词丰富，主要以社会主义核心价值观教育、民族团结进步教育、爱国主义教育的理论与实践为核心内容，且集中体现在几个重要的政策文本与讲话中。2014年《关于在各级各类学校推动培育和践行社会主义核心价值观长效机制建设的意见》提出积极培育和践行社会主义核心价值观是学校落实立德树人根本任务的核心要求。推进社会主义核心价值观进各级各类学校，是实现培养目标的重要路径。"领导"在于坚持党的领导地位，坚持正确的政治方向，充分体现社会主义核心价值观是中国共产党凝聚全社会价值共识作出的重要论断；"组织"在政策文本中为名词表述时体现在学校场域的教师或学生正式团体，比如按照社会主义核心价值观的基本要求，学校基层党团组织推进现代学校制度建设，完善学校各项规章制度，各级共青团组织发挥网络新媒体优势，传播社会主义核心价值观的人物、事迹等；作为动词表述时表现为加强组织领导、具体指导和督促检查、组织推动社会主义核心价值观融入文化育人等具体行动措施。社会主义核心价值观为教育作为一项长期性、基础性的工作，不仅需要整体推进教材改革、教师培训、学校评价、学科建设、条件保障等方面综合改革创新，在教育理念、教学方法上必须坚持创新思维，善于运用青少年喜闻乐见的方式，增强教学工作的针对性与实效性。

类团二：民族教育工作规划与条件保障。学校民族教育工作主题在选取的政策文本中是非常重要的部分。以 2014 年教育部办公厅发布的《全国民族教育科研规划（2014—2020）》作为实例来说，它要求我们要用科学的、发展的、综合的态度来发展民族的教育事业，要以教学研究促进教学改革，以教学改革促进教师教学。《规划》的印发也表明我国将民族教育工作放在国家发展的重要地位上。同时还对民族教育事业的重点研究领域作了统筹规划和协调指导，组织各级责任主体开展好民族教育重大理论、政策和实践问题研究。重点研究领域包括：民族教育政策研究、中国特色民族教育理论体系研究、新疆、西藏、四省藏区教育研究、学校民族教育工作研究、学校民族文化传承创新体系研究等等。学校民族教育工作的规划紧密结合民族教育实际，在教育部统筹规划下加强民族教育领域重大理论、政策与实践问题的研究，以及针对困难地区教育问题的研究。党和国家为进一步加强促进民族地区教育发展，在 2015 年国务院印发的《关于加快发展民族教育的决定》中提出要遵循新的发展时期关于民族工作的重要指导思想，从加强民族教育薄弱环节建设、铸牢中华民族共同体思想基础、提升各级各类学校办学条件和水平、完善师资队伍的培养发展机制、丰富民族教育政策咨询服务体系、完善资金投入机制等途径出发，解决民族教育事业中存在的困难和问题，不断提升民族地区教育的发展水平和综合实力、为民族教育实施提供政策依据、智库支持、人才补充、条件保障。

类团三：语言文字制度的完善与规范化。从 2012 年到 2021 年，国家行政部门共颁布了 5 部推进国家通用语言文字的发展规划、实施方案或者工作意见等指导性文件（本研究根据政策的时效性选择了颁布时间最近的三部）。在《国家"十三五"语言文字发展规划》中强调了语言文字对于国家发展的基础性、全局性特征，通过国家通用语言文字的普及和使用，提高国民素养、促进人的全面发展、利于国家统一和民族团结，更广泛地传播和传承民族优秀文化，推进社会经济的发展的软实力，体现国家的综合实力，具有重要的作用和不可忽视的战略地位。推广和普及国家通用语言文字，不仅是民族教育工作，更是公民应尽的责任与义务。在具体保障措施上，提出加强语言文字信息化建设、推进"互联网+"语言文字服务工程等资源平台建设。其中特别指出了学校作为教育的主导力量，是推进国家通用语言文字普及、培养规范意识、增强应用能力的主要场所和主要阵地。2017 年《国家通用语言文字攻坚工程实施方案》中对学校的语言文字教育工作提出了明确要求：要求各级各类学校重视并加强语言文字工作、构建长效工作机制，强调规范化建设，创设良好语言文字使用环境。同时特别提出要加强教师国家通用语言文字应用能力的培养，2020 年 4 月教育部发布了培训民族地区、贫困地区特别是农牧区学前教育、基础教育学段教师国家通用语言文字能力的通知。通过对教师的培训，为学生提供提高语言文字规范意识和语言文字应用能力的示范与学习环境。从学校对社会的辐射作用出发，文件中还提出鼓励教师、学生积极帮助学生家长提升语言文字能力，也鼓励教师踊跃承担当地农牧民的普通话培训等相关工作。习近平总书记在 2021 年 8 月 20 日第七次中央民族工作会议中再次强调，要全面推进中华民族共有精神家园建设，积极推广普及国家通用语言文字的同时，科学保护各民族语言文字学习和使用的权利。[①]处理好统一性与差异性的辩证关系。2021 年 12 月印发的《关于全面加强新时代语言文字工作的意见》是 1949 年以来第一次以国务院办公厅名义下发的全面加强语言文字工作的指导性政策文件。《意见》再次强调了学校作为语

---

① 以铸牢中华民族共同体意识为主线推动新时代党的民族工作高质量发展[N].人民日报，2021,08(29):001.

言文字教育基础阵地的重要地位，对学校相关工作作出了规范化要求，国家通用语言文字作为教育教学基本用语用字并纳入评价范畴、完善检测评估标准。加强教师国家通用语言文字核心素养和教学授课能力，对教师和学生国家语言文字能力水平作出了等级要求。在学校教育的实施途径中，积极开展中华经典诵读工程，加强传统优秀语言文化的研究、阐释、传承、创新和传播。语言文字事业是国家综合实力的重要支撑，语言文字是人类社会最重要的交际工具和信息载体，是文化的基础要素和鲜明标志。国家通用语言文字是实施民族团结进步教育的接触和途径，能够更好地促进各族人民交往交流交融，有利于从以语言文字为载体的文化内容中牢固树立中华民族的共同体意识。

类团四：党和国家对铸牢中华民族共同体意识与民族教育工作的部署。习近平总书记三次会议上的重要讲话，分别是2017年十九大报告、2019年在全国民族团结进步表彰大会上的讲话以及2021年中央民族工作会上发表的重要讲话。从具体表述来看，党和国家高度重视铸牢中华民族共同体意识教育，并且多次与爱国主义教育、民族团结进步教育共同出现。三次讲话的中均强调铸牢中华民族共同体意识的重要地位。2019年11月《新时代爱国主义教育实施纲要》提出坚持以维护祖国统一和民族团结为着力点，强化祖国统一和民族团结进步教育。明确表明爱国主义教育与民族团结进步教育密不可分，在认知、情感、价值观等教育的三维目标中有高度的共鸣，共同维护全国各族人民大团结的政治局面，巩固和发展最广泛的爱国统一战线，坚决反对分裂祖国和破坏民族团结的言行。2021年4月国家四部委共同发布了《深化新时代民族团结进步教育指导纲要》，作为新时代民族团结进步教育工作的核心指导思想，旨在通过总体目标、根本任务、实施路径、保障条件、督导评估等工作部署将学校民族团结进步教育工作规范化、常态化，最终目的是让中华民族共同体意识根植于各族师生的思想之中。

政策文本的共词网络与系统聚类分析，是运用量化研究的基本方法对文本进行分解和提炼，共词网络分析能够提取出文本的高频关键词并呈现出其在关键词网络中的核心地位，通过核心关键词提纲挈领地表明文本的主要内容并对其进行关联性聚类。但是量化研究的数据有其天然的局限性，必须要结合人工判读才能够对文本的内容进行挖掘和解析。关键词的聚类对文本内容是一种轮廓式的概述。对于指标收集的意义是通过对聚类主题的分析，能够宏观地把握政策文本表达的主要思想、核心内容以及关联特征。社会主义核心价值观教育、爱国主义教育与民族团结进步教育的理论与实践、民族教育工作机制与条件保障、语言文字制度的完善与规范化、铸牢中华民族共同体意识与民族教育工作的有关部署四个聚类主题的具体内容植根于中华民族团结、爱国主义与国家统一。主题的提炼对指标收集具有理论指导意义，是具体指标的重要来源和政策依据，提炼指标还需要深入扎根资料中进行更细致的编码操作。

第二节　学术文献资料分析

运用共词分析和社会网络分析方法分析在某一学科领域或者主题中也非常普遍。通过核心关键词共现频次和关联度能够探究学科领域发展的现状和热点以及预测该领域的发展趋势。[①]

一、研究设计

（一）资料来源

本阶段研究以中国知网数据库中 CSSCI 核心期刊为数据来源，在中国知网数据库，以"民族团结""学校民族团结进步教育""民族团结教育"""民族教育"等作为关键词，运用逻辑词"OR"与"AND"进行逻辑连接，根据数据库要求制定检索式，将文献时间限定为 2012—2021 年，在 Noteex-

---

① 刘甲学,冯畅.基于共词分析的国内信息资源管理研究热点可视化分析[J].情报科学,2016,34(11):173-176.

press 文献管理软件中删除重复和会议综述、新闻报道、期刊征稿等，最后获得有效文献 212 篇，用于反映学术研究领域对于民族团结进步教育评价相关的评价维度、评价视角以及评价的指标。

（二）数据处理

数据处理与政策文本相同。获取符合筛选标准的期刊文献后进行全文关键词提取并进行分词处理，对提取出的高频关键词进行同义词合并、删减无意义词汇等数据清理操作，运用 TF-IDF 算法进行高频关键词提取并降序排列，截取出频次 ≥5 的高频关键词（见表 3-6），构建出 43×43 的高频词完全共现矩阵（见表 3-7），为了消除共现频次差异较大对数据分析造成的影响，将完全共现矩阵转换为相异矩阵（见表 3-8）以此作为本阶段研究的数据来源和分析对象。

表 3-6　学校民族团结进步教育期刊文献提取的高频关键词（部分）

序号	关键词	频次	序号	关键词	频次
1	教育	174	11	思想政治	15
2	民族团结	171	12	认同	15
3	进步	45	13	少数民族	15
4	中华民族	43	14	路径	13
5	共同体	40	15	实践	13
6	意识	35	16	西藏	12
7	高校	33	17	工作	11
8	文化	23	18	地区	11
9	新时代	20	19	研究	10
10	大学生	16	20	政策	10

表 3-7　高频关键词共现矩阵（部分）

	民族团结	教育	民族	进步	中华民族	共同体	意识	高校	文化
民族团结	0	148	43	45	35	32	28	27	11
教育	148	0	51	40	30	28	24	24	15
民族	43	51	0	9	11	11	12	12	8
进步	45	40	9	0	19	18	16	4	3
中华民族	35	30	11	19	0	38	31	4	1
共同体	32	28	11	18	38	0	32	5	2
意识	28	24	12	16	31	32	0	4	2
高校	27	24	12	4	4	5	4	0	0
文化	11	15	8	3	1	2	2	0	0

表 3-8　高频关键词相异矩阵（部分）

	教育	民族团结	民族	进步	中华民族	共同体	意识
教育	0.0000	0.1219	0.5287	0.5200	0.6252	0.6345	0.6466
民族团结	0.1219	0.0000	0.6211	0.4918	0.6089	0.6296	0.6541
民族	0.5287	0.6211	0.0000	0.8541	0.7990	0.7918	0.7778
进步	0.5200	0.4918	0.8541	0.0000	0.5822	0.5900	0.6110
中华民族	0.6252	0.6089	0.7990	0.5822	0.0000	0.0582	0.1708
共同体	0.6345	0.6296	0.7918	0.5900	0.0582	0.0000	0.1410
意识	0.6466	0.6541	0.7778	0.6110	0.1708	0.1410	0.0000

（三）研究思路

具体分为三个步骤：首先，导出 212 篇民族团结进步教育文献中的关键词字段，进行分词后提取高频关键词，建立高频关键词共现矩阵，运用社会网络分析方法确定核心关键词并置于具体文本中进行深入的解读运用社会网络分析的方法定位高频关键词在网络中的位置、与其他节点的距离，并阐释高频关键词在文献具体内涵；其次，运用系统聚类分析进行关键词聚类，对研究主题分类进行分析讨论。最后，基于上述研究发现展开判读，结合关键词数据与具体文本内容概括提炼出核心关键词表达的信息，分析学校民族团结进步教育学术研究的理性思辨与实证探究。从学术研究的不同视角，逐渐明晰评价的可能涵盖的观测点、归纳可能提炼出的评价指标，明确学校民族团结进步教育评价指标建构的学理依据。

二、研究过程

（一）网络整体分布情况

通过 Ucinet6 将矩阵二值化后计算可知，期刊文献的高频关键词网络图的总体网络密度为 0.5261，大于 0.5 说明政策文本的整体网络密度较大，表明整体网络联系较为紧密。度中心性如表 3-6 所示，整体网络的度数中心势为 49.76%，数值越大表明点度中心度分布越不均衡，表明网络核心节点集中，其他节点依赖核心节点而分布，反映出学术文献的研究主题聚焦的显著特点。

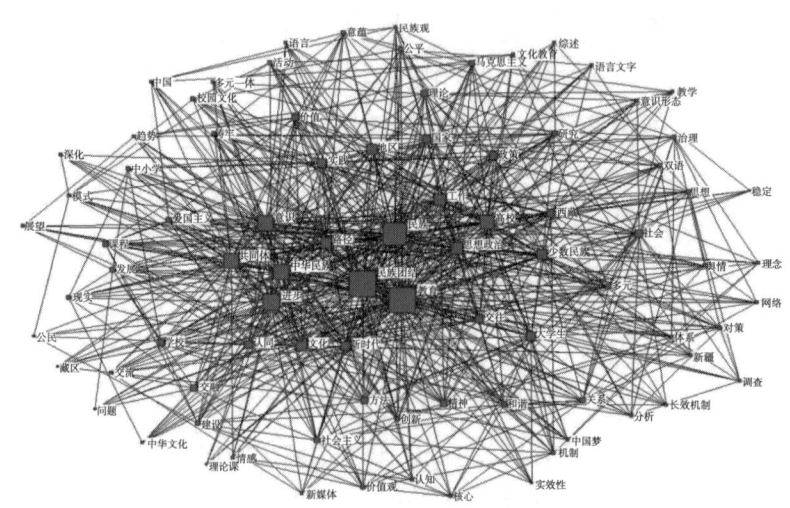

图 3-3　高频关键词共现网络图（点度中心性）

表 3-9 高频关键词的点度中心度、接近中心度和中介中心度（部分）

	关键词	点度中心度	接近中心度	中介中心度
1	教育	100	100	5.811
2	民族团结	100	100	5.811
3	民族	97.561	97.619	5.469
4	进步	75.61	80.392	2.472
5	中华民族	80.488	83.673	2.544
6	共同体	75.61	80.392	2.14
7	意识	82.927	85.417	2.704
8	高校	73.171	78.846	2.256
9	文化	65.854	74.545	1.76
10	新时代	58.537	70.69	0.922
11	大学生	41.463	63.077	0.38
12	认同	60.976	71.93	1.368
13	思想政治	65.854	74.545	1.421
14	工作	60.976	71.93	1.213
15	少数民族	60.976	71.93	1.552

从图 3-3 和表 3-9 中可以看出，除"民族团结""教育""进步"等文献主题词之外，最核心的关键词为"中华民族""共同体""意识""高校""文化""认同""思想政治"。

（二）关键词聚类情况

运用软件 Ucinet6 对高频关键词进行系统聚类分析，形成了五个类团（如图 3-4）：类团一包括"中华民族""共同体""意识""进步""民族团结""教育"等关键词，表明这个类团的核心主题是民族团结进步教育与铸牢中华民族共同体意识的研究；类团二包括"双语""教学""研究""理

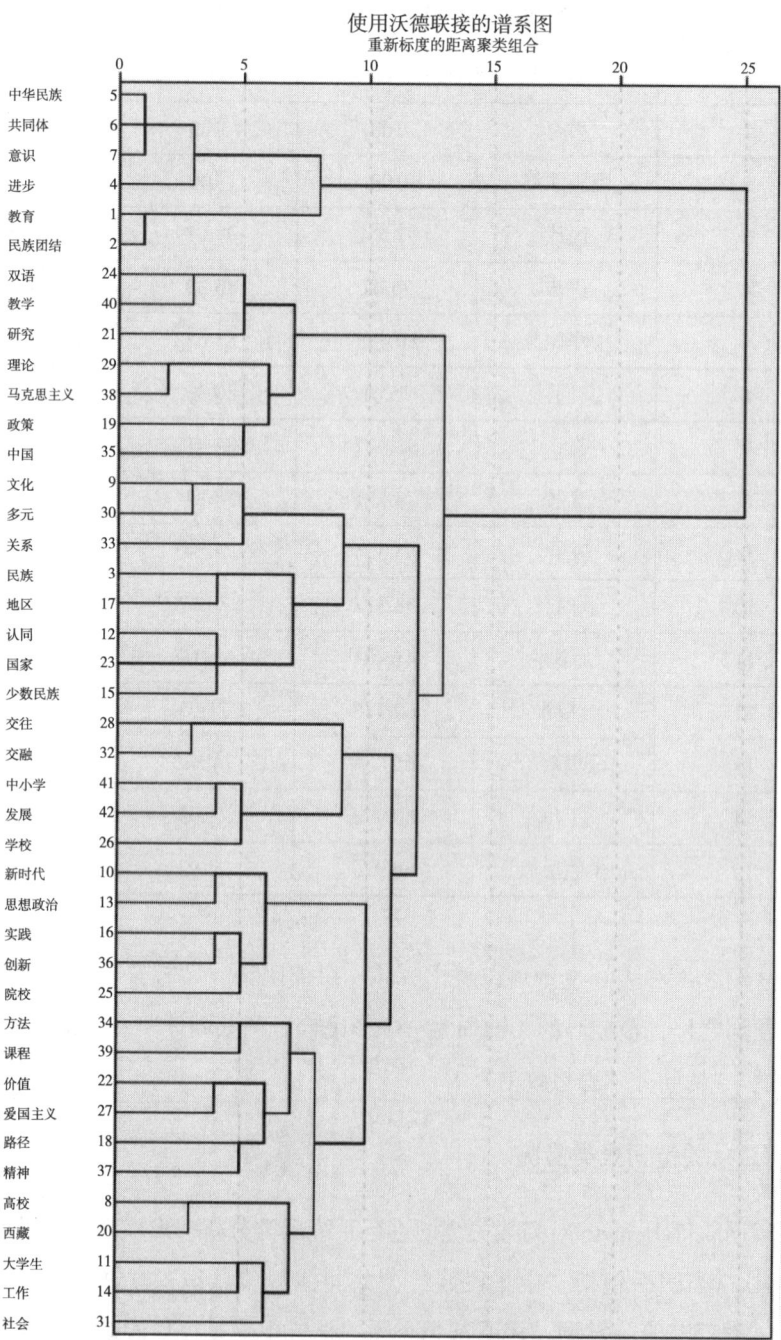

图 3-4　高频关键词系统聚类分析示意图

论""马克思主义""政策""中国"等关键词，体现为以马克思主义理论研究我国的民族教育问题，以民族院校、民族地区学校为主要研究对象；类团三包括"文化""多元""认同""国家""地区""民族""关系""少数民族"等关键词，聚类的主题涵盖国家认同、文化认同，民族关系、多元一体格局等理论研究；类团四包括"交往""交融""中小学""发展"等关键词，集中体现的主题为学校民族团结进步教育的发展、交往交流交融是民族团结实现的基本途径；类团五包含的关键词较为丰富，"新时代""思想政治""创新""方法""课程""爱国主义""大学生"等，集中体现新时代思想政治课程与爱国主义教育的关系、在高校实施思政课程一体化的研究。系统聚类方法形成的聚类主题能在一定程度上表现学术文献研究的趋势、热点与基本的研究问题。

三、研究结果与讨论

（一）学术文献的核心关键词分析

研究选取了2012年1月至2021年9月在中国知网收录的CSSCI来源期刊文献。主题检索式为"民族团结教育"或含"民族团结进步教育"。集中体现了党的十八大以后学术界对民族团结进步教育研究的热点、趋势与核心内容。从高频关键词的点中心度来分析，在整体网络中"民族团结""教育""进步""中华民族""共同体""意识""高校""文化""思想政治""认同"。这些节点与其他节点之间的距离都最为接近，在整体网络中具有非常强的关联性。从高频关键词的接近中心度分析，一个节点越是与其他节点接近，该节点对信息的传递就越容易，因此越有可能居于网络中心。"教育""民族团结""民族""中华民族"是整个关键词网络中的桥梁词汇，其中"民族团结""进步""教育"为文献检索的主题词，与其他关键词关联最为紧密，因而处于关键词网络的核心地位。

第一，从文献提取的核心关键词可以看出，我国民族团结进步教育的学术研究与政策文本的核心词汇有高度的相似,表明民族团结进步教育研究领域与国家政策紧密相关,跟随政策颁布而出现学术领域的回应。学术文献从民族政策、民族教育、民族心理的多重理论视角出发,阐述了民族团结进步教育的意涵、内容、实施路径与策略,并提出了相应的学理依据。"中华民族""共同体""意识"作为核心关键词,在文献中主要体现为中华民族共同体建设、启蒙和培育共同体意识、铸牢中华民族共同体意识教育的时代背景、价值意蕴、基本维度与实施路径。比如有学者从历史演变的分析视角提出中华民族共同体建设逻辑[1],从本体与意识视角论述中华民族共同体建设[2]。在学校教育教学中注重学生国家意识、公民意识、法治意识的培养和理解。[3]

第二,"高校"是民族团结进步教育学术文献研究的又一核心关键词,反映出学者对高等教育阶段的民族团结进步教育研究著述丰富。从文献数量上分析,运用Nvivo12软件对212篇文献进行全文本的搜索查询,有167篇文献对"高校""高等教育"或"大学生"进行了论述研究,对比基础教育学段的文献研究数量,仅有92篇。学术研究关注高校或者高等教育阶段民族团结进步教育是一个非常显著的特点。"文化"与"认同"作为核心关键词共现频率很高,习近平总书记指出"文化认同是最深层次的认同",在民族研究领域,这一概念可以理解为两个基本的维度,即广义的中华民族文化认同和狭义的个体对本民族文化的认同,两者并不相悖,是个体由内向外建构的"差序格局"。民族国家建构的过程同时也是各民族(族群)由区域地方性走向国家一体化的过程,即现代民族—国家的建构。[4]杨玢在研究中提出中华文化认同实质指向各民族成员对中华文化的承认、认可、赞同,并由此产生共同意识,进而获得中华文化心理自觉与中华民族归属自觉的动态过程。[5]认同

---

[1] 罗利玉.民族院校打牢中华民族共同体意识的逻辑遵循和路径探析[J].广西民族大学学报(哲学社会科学版),2020,42(03):192-197.
[2] 严庆.本体与意识视角的中华民族共同体建设[J].西南民族大学学报(人文社科版),2017,38(03):46-50.
[3] 王鉴.国家治理视角下的中华民族共同体意识教育[J].中国教育科学(中英文),2020,3(01):18-27.
[4] 徐勇.现代国家、乡土社会与制度建构[M].北京:中国物资出版社.2009:5.
[5] 杨玢.民族交融视域下中华文化认同的现实建构[J].思想理论教育,2018(01):47-53.

还包括对中华民族、中华文化、中国特色社会主义道路和中国共产党的认同。"五个认同"是民族团结进步教育的重要内容。

第三，"思想政治"作为核心关键词，是与民族团结进步教育紧密结合的学科领域。从文献内容分析，学术界结合民族理论、民族关系与民族认同等不同的主题进行了深入研究，形成了民族思想政治教育基本理论、民族地区、民族院校的思想政治教育、思政课程一体化等主要的研究论域。从民族团结与思想政治的关系分析，民族团结内容也是思政教育的一个重要部分。从文献数量来看，所选定文献中共同提出"民族团结"和"思想政治教育"的文献有113篇，占文献总数量的53%。这113篇文献的关注点侧重于"民族地区""民族院校""高校""大学生"，在区域性和学段的关注度上，更加倾向于以民族地区、高等院校为研究对象，这个结论与一些研究者通过对文献作者与机构分布得出的研究结论互相印证：即我国民族教育领域的研究者将研究视角集中在西部民族地区、边境地区或者民族高等院校，普通院校、内陆地区的并没有引起相应的重视。[①]这种区域化的差异不利于我国民族教育和研究的长远发展。

（二）学术文献的高频关键词聚类分析

运用SPSS软件中的系统聚类分析对学术文献关键词构成的相异矩阵进行分析。通过对类团形成的聚类图分析表明：民族团结进步教育学术文献有如下分布，爱国主义教育的理论与实践研究、铸牢中华民族共同体意识的路径研究、民族教育政策研究、马克思主义理论与思想政治课程一体化研究等四个主题。

类团一：铸牢中华民族共同体意识与学校民族团结进步教育的理论与实践研究

首先，在铸牢中华民族共同体意识的理论研究中，很多学者着力于将中

[①] 安旺国,蔡国英.我国民族团结教育研究的网络结构与主题聚类——基于科学知识图谱的实证分析[J].宁夏社会科学,2016(05):149-156.

华民族共同体意识的概念与边界明晰化。学者们首先对中华民族的概念进行了辨析，提出中华民族是一个复合型民族概念，在历史文化的交流发展中，各个民族为祖国文化，经济，政治的发展都贡献了力量，决定了中华民族的历史发展走向，共同构筑了各族人民共享的精神家园。从国内关系上，中华民族是五十六个民族共同组成的民族复合体，民族认同既包括各民族个体成员对本民族身份的认同，也包括对中华民族一员的身份认同。在外交关系中，中华民族是一个意识形态统一的民族，中华民族以一个统一和谐的国家的身份去交流与对话。中华民族共同体意识并非天然生成，而是在个体社会化的过程中，通过教育的文化功能使受教育者不断地吸收、判断、习得、继承的。从实施路径来看，面对具体的教育对象，应根据年龄的差异性分析不同学段铸牢中华民族共同体意识教育应该有相应的针对性。为了使中华民族共同体意识深入人心，民族团结共同体意识应当从大学生的高校教育抓起，尤其要重视少数民族的教育工作，铸牢中华民族共同体意识的策略与路径主要集中在坚持和完善民族区域自治制度、建立共享繁荣发展的经济体、增强文化认同、加强各民族交往交流交融，建立互嵌式的社会结构。有学者指出民族团结进步教育是新时代民族关系发展的重要条件，民族团结教育必然会对国人民族意识的提高作出重要的贡献。其教育对象应是全体公民。[1]从这角度上，民族团结进步教育与铸牢中华民族共同体意识是途径与目的的关系。亦有部分学者将铸牢中华民族共同体意识教育作为一个主题教育进行论证，认为从学科性质上，铸牢中华民族共同体意识教育是一个融合多个学科的大主题教育，是思想政治、历史、地理、语文等多学科的融会贯通。面对包容丰富的教育内容，如何实现教育目标，提高育人成效，学者们作出了相应的研究与探索。包银山提出从组织领导、课程教学模式、平台建设、创设嵌入式交往的校园环境等具体实施去进行铸牢中华民族共同体意识教育。[2]中华民族共同

---

[1] 赵伦娜.铸牢中华民族共同体意识与新时代民族教育的使命[J].学术探索,2021(01):150-156.
[2] 包银山,王奇昌.民族地区高校推进铸牢大学生中华民族共同体意识教育探析[J].民族教育研究,2019,30(04):64-68.

体意识的构建，绝不是单一民族实现的，需要所有民族之间的交往交流交融来实现政治、经济、文化、思想、价值和情感上的高度"认同"，使各民族共同团结奋斗，画出最大同心圆，寻求最大公约数。[①]笔者认为，中华民族共同体意识的建立不会依靠个人自然习得，必须要结合正确的教育与引导工作、扎根学校场域的系统化教学、社会整体环境的正向宣传教育等，才能使个体建构牢固的共同体意识。同时，相关理论研究应发挥智库的重要作用，辨析学校民族团结进步教育与铸牢中华民族共同体意识教育的关系，让一线教育者在课程开设、教师教学等方面做到有所依据，尽量避免各种主题教育的压力下沉到各级各类学校、各主题教育内容高度重合，课程与教学活动的实效性难以得到应有的保障，使一线教师无所适从、徒增教学压力。

类团二：以马克思主义理论研究我国的民族教育问题

民族团结是中华民族处理民族关系时所坚持的一项基本原则。[②]民族团结是中华民族众多民族之间的处于理想关系的一种状态，是各族人民的坚守。民族团结在中国语境下是一个具有明显政治意义的概念，从国内已有文献来看，对该概念的界定有多种形式，但其核心内涵则是表示56个民族的共同团结以及民族内部的相互团结。民族团结进步教育政策的内容主要嵌套在国家民族教育政策当中，通过本章第一节对民族团结进步教育相关政策文本的判读，可以宏观地把握相关政策文本表达的主要思想、核心内容以及关联特征。很多学者从国家民族政策理论的视角对民族团结进行辨析。比如从前文政策文本中体现的主题来看，包括语言文字制度的完善与规范化、学校民族教育工作机制与条件保障、铸牢中华民族共同体意识、爱国主义教育与民族团结进步教育的理论与实践、社会主义核心价值观教育，具体内容植根于中华民族团结、爱国主义与国家统一。语言文字相关法律法规属于民族团结进步教育的关联性政策，刘金林从语言与国家治理的视角提出推广国家通用语言文字是铸牢中华民族共同体意识的语言基础，认为语言是一种社会契约和基础

---

① 万明钢.画出最大同心圆寻求最大公约数[J].中国民族教育,2019(10):42-43.
② 江平.关于民族问题和民族政策——在全国少数民族文字图书出版工作座谈会和国家民委民族问题五种丛书工作会议上的讲话[J].中国出版,1981(01):3-14.

的社会制度，它影响着群体内人们的词语选择甚至思维方式，这种观点在世界多个国家的治理实践中被得以证实，由此可以推断推广和普及通用语言文字在社会交际与国家治理方面有极大的提升作用。①有学者以"共同团结进步，共同繁荣发展"为切入点，系统论述了民族建设意指引导一国内部走向一体化，国家各民族成员的内在融合的过程。

类团三：交往交流交融是学校民族团结进步教育的基本途径

当前民族教育研究中专家学者从不同的视角阐释和解读党和国家关于民族交往交流交融的重要思想，包括理论源流、思想意蕴、实践意义等多个方面。有的学者梳理了党和国家提出民族交往交流交融理论的演进历程并论述了正确认识其思想蕴含的理论与实践意义。②另有一些学者以马克思主义民族融合理论为研究的理论基础，探讨了"三交"理论的发展轨迹，系统阐释其创新之处，认为该理论是马克思民族融合理论根植于中国国情的继承和升华，同时提出在新时期以中国特色社会主义民族理论对民族发展和交往予以内涵解读是必要的研究。③张文晓在研究中论述了推进民族交往交流交融的现实意义、需要遵循的基本原则以及以地理空间、社会结构、思想文化上的互相嵌入、融合、学习为基本的实施路径。④也有学者从"共居、共学、共事、共乐"的新思想提出将教育渗透进学生日常生活，在各族学生在交往、交流、交融的自然过程中潜移默化地逐步建立更加稳固的情感联结和纽带。⑤但是一些学者也提出了当前对"三交"理论的研究成果主要在理论阐释、经验总结和个案研究，以理论研究居多，深入实践的微观考察还未有太多成果。⑥从这

---

① 刘金林,马静.铸牢中华民族共同体意识视域下民族地区深入推普的思考——语言与国家治理系列研究之二[J].民族教育研究,2021,32(04):31-41.
② 陈永亮.关于"加强民族交往交流交融"理论的思考——中央民族工作会议精神学习体会[J].民族论坛,2014(12):71-74.
③ 杨须爱.马克思主义民族融合理论在新中国的发展及"民族交往交流交融"提出的思想轨迹[J].民族研究.2016(1).
④ 张文晓.习近平关于民族交往交流交融的思想研究[J].内蒙古民族大学学报(社会科学版),2019,45(01):47-51.
⑤ 张利国,闫沙庆.高校开展民族团结教育的实践路径研究——以"共居、共学、共事、共乐"理论为视角[J].黑龙江高教研究,2017(01):36-39.
⑥ 罗彩娟.民族交往交流交融的理论阐释与实践探索[J].中南民族大学学报(人文社科版),2020,40(03):22-26.

个类团的总体情况来看，学者们普遍认为民族"三交"思想是新时期马克思主义民族理论中国化的创新发展，进一步讨论了中国共产党民族交往交流交融思想在理论上和实践上的重要价值。"三交"理论交融是各民族包容多样、尊重差异为基本立场和态度的交往过程①，与儒家的传统文化思想有内在的相似性。

类团四：思想政治课程一体化与爱国主义、民族团结进步教育的研究

爱国教育和思政课程具有密不可分的关系，思想政治教育理论课程的教育内容中包含着爱国主义、民族团结进步教育的元素，其教育目标、培养目标存在着一致性。思想政治教育体系是一个上位概念，爱国主义教育、民族团结进步教育是包含于其中的子课程，其教育内容更具针对性。在这个主题中，有两个关键词可以明确思想政治教育与爱国主义教育的教育对象，即"高校""大学生"。从核心关键词的分析中已经指出"高校""高等教育"或"大学生"是学术研究的重要研究议题。2015年，国务院下发了《关于进一步加强和改进新形势下高校宣传思想工作的意见》②，指出高校是意识形态领域的前沿阵地，当今世界格局形势复杂，不少极端势力和分裂势力妄图通过错误的思想渗透青少年群体，高校学生还处于价值观逐步形成时期，容易受到错误思想的侵害，因此在高校坚守意识形态阵地、传递正确价值观、积极引导学生具备明辨大是大非的能力是高校民族团结教育、爱国主义教育、思政教育共同的重要任务。

普通高等院校是高等教育的青年群体接受知识与价值观教育的主要场域，在高校开展思想政治教育、爱国主义教育，让大学生青少年群体对民族团结教育理念达到深层次的理解，形成正确的国家观和民族观，从而推动国家教育目的、各高等院校培养目标的实现。目前关于高校民族团结进步教育的研究，在区域性上集中于民族地区，学校类别上集中于民族院校，研究内容主

---

① 彭谦,李晓婉.关于促进民族间交往交流交融的思考[J].齐齐哈尔大学学报(哲学社会科学版),2015(11):29-31.

② 熊啸天,蒋红霞.21世纪以来我国民族团结进步教育的研究现状、热点与前沿——基于1992—2020年CNKI知识图谱分析[J].回族研究,2021,31(01):90-98.

要集中于探讨民族团结进步教育的重要性、教育内容以及实施路径等多个方面。比如王华敏认为高校进行民族团结教育，应该从课堂的教学、学生的活动、学校的领导机制以及学生自身的发展多个方面提升民族团结教育思想，把团结教育理念在高校中落到实处。①通过文献内容查询，研究"中小学"或"小学""中学"等主题的文献为92篇，所占总文献比例为43%，同时研究"中小学"与"高校"的文献有48篇，占所选文献数量的23%左右，从文献数量来看，中小学学段的民族团结进步教育研究在文献数量上大大少于高校研究。从文献的内容分析，包括在中小学进行民族团结进步教育的重要性研究，民族团结进步教育内涵的研究，对中小学民族团结进步教育开展状况的调查研究②，关于教育内容研究、教学方式、教育载体等具体的实施路径中的困境与对策研究③。亦有学者提出该领域的覆盖面与研究边界范围应该更加拓宽，比如徐柏才教授认为在这个领域的研究上，研究的角度，方法不完善也不够成熟，研究的策略较为单一，经验总结式研究多、厚重的理论研究少，学校教育与社会教育的衔接研究不够充分、国内外横向比较研究都还较为欠缺，有待于进一步深化和提升。④

从文献研究的主题中可以看出，民族团结进步教育与铸牢中华民族共同体意识教育是途径与目标的关系，中华民族共同体意识是各民族共有精神家园的灵魂，是民族团结进步教育的核心理念与目标⑤，与爱国教育、思政教育有着紧密的联系。当前的四种教育共同纳入了学校教育体系，共同作用于受教育者。小学阶段开设道德与法治、民族团结进步教育课程，初中、高中阶段开设思想政治教育与民族团结进步教育课程，高等教育阶段开设马克思主

---

① 王华敏,李家富.大学生民族团结教育探析[J].学校党建与思想教育,2010(28):93-94.
② 严庆,王锋,姜术容.关于我国中小学开展民族团结教育状况的调查分析——以对十五所高校本科一年级学生的抽样调查为例[J].黑龙江民族丛刊,2015(06):157-163.
③ 彭寿清,张大友,李武亚.武陵山区中小学民族团结教育生态建设的困境及对策[J].广西民族大学学报(哲学社会科学版),2017,39(05):127-131.
④ 徐柏才,孙明福,邓纯余.民族思想政治教育的研究进展与成果[J].思想教育研究,2014(12):31-37.
⑤ 刘学智.坚定不移用好统编教材铸牢中华民族共同体意识[J].课程.教材.教法,2021,41(06):62-64.

义、近代史纲要、中国特色社会主义等必修课程，并在各个学科开展思政课程一体化建设，形成了一套内容层次递进、学段前后衔接的思想教育体系。在文献研究与实际调研过程中，发现部分一线教师对铸牢中华民族共同体意识教育、爱国主义教育、德育与民族团结进步教育的关系依然不明确，导致在理论认识和教学实践中陷入厚此薄彼、非此即彼的误区，因此有必要在此澄清四者的逻辑关系。学者基于不同的学科背景、学术理论、研究视角、研究方式对如何实现民族文化共同体意识与民族团结的教育研究，部分学者将二者结合起来，共同作为研究的关键词。也有学者通过学术研究辨析二者的关系，澄清二者从概念、内容、功能等各方面的联系与区别，以此为学术研究与教育实践提供启发与指导。严庆教授在文章里面对中国人民的爱国主义思想教育和民族共同体，思想教育以及民族团结思想教育、德育的关系进行了思辨研究。[①]通过关系图勾画出了四者在概念上的逻辑联系，为教育实践中实施具体教学的教育者理清了思路。通过对纲要的解读，从课程定位上，学术界基本达成了共识，即学校民族团结进步教育从属于思政课程、是学校德育的一部分，是铸牢中华民族共同体意识的基本路径。

第三节 专家访谈记录资料分析

一、研究设计

（一）资料来源

该阶段采用半结构化深度访谈为主要研究方法，采用面对面访谈为主，线上线下相结合的形式展开，运用了自编的《学校民族团结进步教育评价指标

---

① 严庆,梅丽.认知与作为:如何在新时代深化学校民族团结进步教育[J].民族教育研究,2021,32(03):32-39.

体系研究专家访谈提纲》作为主要研究工具。访谈提纲根据前期政策文本、期刊文献的研究而编写。（附录一）在收集指标阶段，邀请了 12 位民族团结进步教育领域专家访谈（其中 1 位线上访谈），该阶段的研究目的是通过访谈，请各位专家对学校民族团结进步教育评价指标构建展开讨论、提出相应的指导意见。半结构化访谈的优势在于能够使访谈者不拘泥于访谈提纲，使研究者在提纲之外获得更加丰富的语言资料。本研究选择与专家面对面访谈为主的形式，主要基于指标体系的研究需求。与专家学者进行面对面访谈，表明研究目的的同时，能够获得线下无法实现的学习机会，能够更便利地在访谈中进行追问，面对专家提出的疑问，也能够进行更深入的回答，有利于研究的互动与顺利开展。其中与一位专家进行线上访谈主要基于当时疫情防控的条件限制。专家基本信息见表 3-10，为了保护专家隐私，所有专家均以英文大写字母表示，排序为访谈先后顺序。12 位专家的研究领域包括：民族学前教育研究、教育基本理论、农村教育、少数民族教育政策、少数民族文化传承与学校教育、课程与教学论、教育测量与评价、民族政治、民族理论与民族政策、非物质文化遗产保护与传承、少数民族双语教育、教师教育、多元文化教育等。

表 3-10 访谈专家基本信息

项目	分类	人数	占比（%）
性别	男	6	50
	女	6	50
年龄	40-49 岁	5	41.7
	50-59 岁	6	50
	60 岁以上	1	8.3
职称	副教授	4	33.3
	教授	8	66.7
硕博导	博导	8	66.7
	硕导	4	33.3

（二）研究方法

首先对专家访谈录音进行文字转录、手写笔记资料进行经过逐句整理、补充、并删减无实际意义词句，共获得四万余字的访谈资料。对访谈资料进行数据处理过程与政策文本相同。在分析资料的时候，所采用的方法有系统聚类分析法，社会网络分析法等。分析软件主要有：Ucinet6、SPSS20.0。具体过程包括：获取有效访谈资料后进行全文本关键词提取并进行分词处理，对提取出的高频关键词进行同义词合并、删减无意义词汇等数据清理操作，运用 TF-IDF 算法进行高频关键词提取并降序排列，截取出频率≥1.0%的高频关键词（见表 3-11）构建出 48×48 的高频词共现矩阵（见表 3-12），由于专家访谈文本提取出的关键词共词矩阵中零值过多，统计时误差较大，为了减少误差，将完全共现矩阵转换为相异矩阵以便进一步分析，得到高频关键词相异矩阵（见表 3-13），进行系统聚类分析。

表 3-11 学校民族团结进步教育专家访谈提取的高频关键词（部分）

序号	关键词	频次	序号	关键词	频次	序号	关键词	频次
1	民族团结	117	11	理论	38	21	小学	22
2	教育	114	12	语言	33	22	内容	22
3	学校	65	13	目标	28	23	评价	22
4	指标	60	14	过程	27	24	共同体	22
5	发展	59	15	文化	26	25	中华民族	21
6	国家	51	16	环境	26	26	实践	21
7	教师	45	17	组织	24	27	教学	20
8	学生	44	18	指标体系	24	28	模式	20
9	关系	40	19	政策	24	29	爱国主义	20
10	课程	39	20	少数民族	23	30	保障	20

表 3-12　高频关键词完全共现矩阵（部分）

	保障	模式	建设	理论	政策	标准	文化	社会	中华民族	过程
保障	117	0	0	0	0	0	0	0	0	3
模式	0	114	0	0	0	0	0	0	0	0
建设	0	0	65	0	0	0	1	0	0	1
理论	0	0	0	60	3	0	0	0	0	0
政策	0	0	0	3	59	0	0	0	0	0
标准	0	0	0	0	0	51	0	0	0	0
文化	0	0	1	0	0	0	45	2	0	0
社会	0	0	0	0	0	0	2	44	0	0
中华民族	0	0	0	0	0	0	0	0	40	0
过程	3	0	1	0	0	0	0	0	0	39

表 3-13　高频关键词相异矩阵矩阵（部分）

	保障	模式	建设	理论	政策	标准	文化
保障	1.1102	1	1	1	1	1	1
模式	1	0	1	1	1	1	1
建设	1	1	−2.2204	1	1	1	0.9815
理论	1	1	1	1.1102	0.9496	1	1
政策	1	1	1	0.9496	−2.2204	1	1
标准	1	1	1	1	1	1.1102	1
文化	1	1	0.9815	1	1	1	1.1102

二、研究过程

（一）关键词网络整体分布

通过 Ucinet6 将矩阵二值化后计算可知，专家访谈资料的高频关键词网络图的总体网络密度为 0.2013，小于 0.5 说明专家访谈资料的网络密度较小，整体网络联系不紧密。度中心性如表 3-14 所示，整体网络的度数中心势为 38.19%，数值越小表明点度中心度分布更加趋向均衡，表明网络核心节点不太集中，节点分布较均匀分布。在访谈过程中、访谈资料的反复阅读中亦能判断出多位专家对学校民族团结进步教育评价指标的建议各有不同的侧重点。

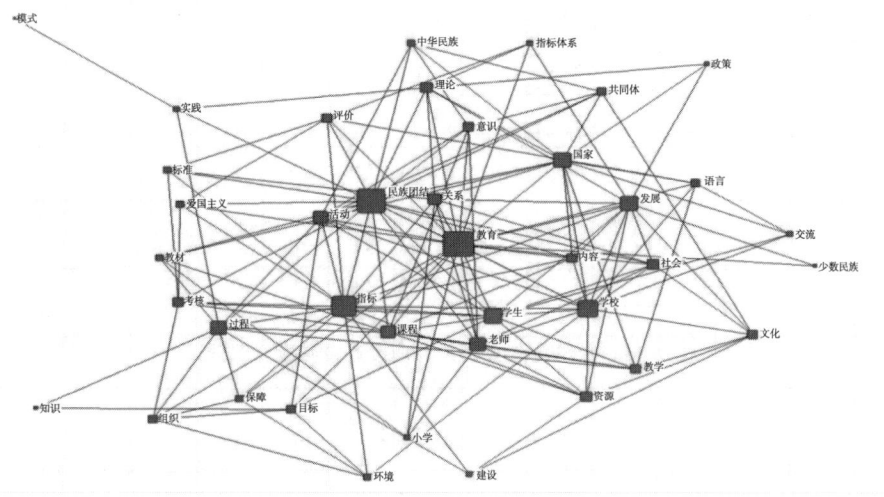

图 3-5　专家访谈高频关键词共现网络图（点度中心度）

表 3-14 专家访谈资料关键词点度中心度（部分）

16	教育	22	56.41	0.07
29	民族团结	21	53.846	0.067
17	指标	18	46.154	0.057
38	学校	15	38.462	0.048
22	学生	13	33.333	0.041
21	发展	13	33.333	0.041
32	国家	13	33.333	0.041
35	老师	11	28.205	0.035
10	过程	11	28.205	0.035
24	活动	10	25.641	0.032
27	课程	10	25.641	0.032
31	关系	9	23.077	0.029
8	社会	8	20.513	0.025
4	理论	8	20.513	0.025
26	资源	8	20.513	0.025
	Mean	7.850	20.128	0.025

表 3-15 专家访谈资料关键词接近中心度（部分）

		Farness	nCloseness	
16	教育	57.000	68.421	
29	民族团结	57.000	68.421	
17	指标	61.000	63.934	
38	学校	65.000	60.000	
22	学生	66.000	59.091	
21	发展	69.000	56.522	
32	国家	69.000	56.522	

续表

		Farness	nCloseness
35	老师	70.000	55.714
24	活动	70.000	55.714
10	过程	71.000	54.930
31	关系	71.000	54.930
27	课程	71.000	54.930
8	社会	73.000	53.425
25	内容	73.000	53.425
	Mean	78.300	50.817

（二）关键词聚类情况

通过聚类分析，可将距离较近的主题词聚集形成相似类团，能够比较清楚地呈现选取资料呈现的主题。将表3-15的相异矩阵导入到SPSS20.0软件中进行聚类分析，同时选择系统聚类绘制出高频关键词聚类树状图，如图3-5所示。图3-6显示，学校民族团结进步教育专家访谈资料的高频关键词聚合为五个类团，其包括的关键词分别为：类团一包括语言、国家、交流；类团二包括教学、课程、老师、资源、教材、小学、保障、文化、理论、标准、爱国主义等；类团三指标、评价、考核、组织；类团四包括意识、共同体；类团五包括教育、民族团结、学校。

三、研究结果

（一）专家访谈资料的核心关键词分析

从高频关键词的点度中心度和接近中心度分析分别来看，处于网络核心的关键词没有明显差异。"教育""民族团结"处于教育、民族团结、指标、

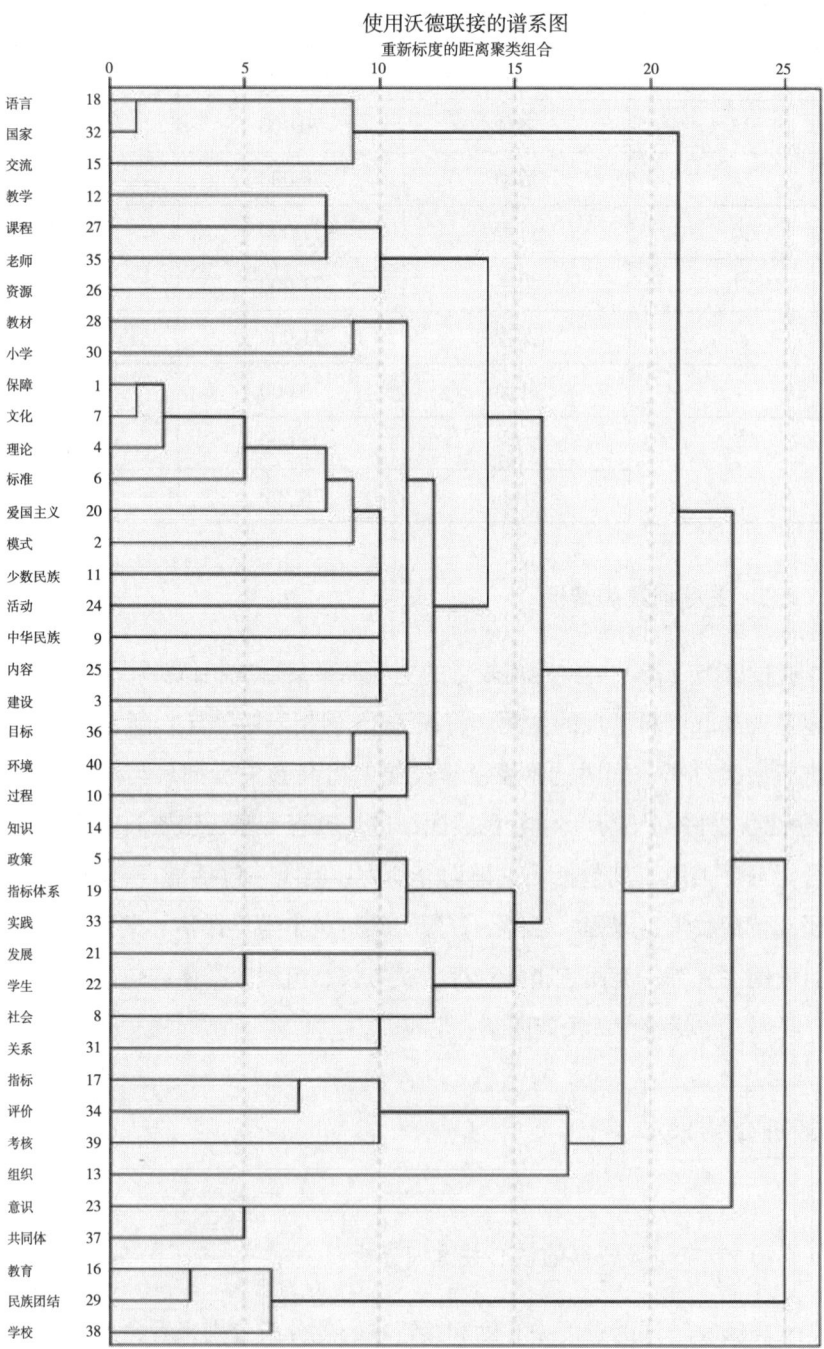

图 3-6 专家访谈资料高频关键词聚类树状图

学校、学生、发展、国家"指标""学校""学生""发展"国家在整体网络中访谈资料的核心关键词有"教育""民族团结""指标""学校""学生""发展""国家"等,这些节点与其他节点之间的距离都最为接近,在整体网络中具有非常强的关联性。其中"民族团结""指标""教育"为访谈提纲的主题词,主要基于访谈主题围绕学校民族团结进步教育评价指标体系而展开,与其他关键词关联最为紧密,因而处于关键词网络的核心地位。

从访谈资料整体来看,各位专家通过理论分析、实践经验,从不同的侧重点出发,对指标体系逻辑的构建、指标内涵的解读、必要指标的增加、不合理指标的删减等提出了客观、严谨的研究建议。"学校""教师""学生""发展""国家"作为核心词汇,并呈现出高共现频率,在学校教育场域,教师与学生作为教育活动中的核心要素,其二者的关系是教育者与受教育者的双主体交互关系,连结师生交互关系的要素包括学校展开制度化教育的全部环节。"发展"一方面指学校民族团结进步教育的整体发展,另一方面,专家指出学生是教育活动的最初目的与最终归宿,评价学校民族团结进步教育的实际成效,最终的落脚点是学生认知、情感、意志、行为的发展,因此评价不仅针对学校开展民族团结进步教育的工作机制,课程开始、活动开展,同时学生接受民族团结进步教育的实际教育效果应该有更为细致的观测点,也是评价的重点内容。"过程"作为关键词反映了专家提出对评价指标逻辑框架的建议,比如专家 K 认为:实施过程应该放在目标之后,目标清晰之后,才可以对实施过程进行评价。

对"课程"的讨论是专家访谈资料中的又一核心关键词,其中多位专家表达了对"隐性课程"的关切,隐性课程一般指计划或者是课程方案没有明确提出实践要求的,但却是必不可缺的教育组成成分。可以将其理解为没有被认识的或不明确的课程,这类课程对于学生的行为以及价值观念的影响是潜移默化的,比如规章制度、日常仪式、班规等。有部分专家经过研究之后也指出物质文化对于学生的影响也是较大的,如教室布置、民族团结墙、作品展示等。除隐性课程之外,对课程的讨论点还集中在是否要设置一个专门的课程进行民族团结进步教育，对该课程如何进行评价。结合多个关键词所在文本的具体内容，专家访谈资料提出了一些"问题"，结合访谈资料与访谈语境，一方面专家指出的问题在于目前学校，特别是小学阶段进行民族团结进步教育出现的现实问题，包括民族团结进步教育师资力量的不足、民族团结进步教育活动流于形式、教学方式单一、缺乏统一的教材等；另一方面专家指出本研究在初拟指标时的一些研究问题，比如"信息化建设"，指标太过于笼统，不利于评价的实施落地，指标逻辑结构等问题。

（二）专家访谈资料的高频关键词系统聚类分析

1.类团一中包括语言、国家、交流等高频关键词，其关联的访谈内容主要体现在三个方面：第一，专家认为国家通用语言和文字的普及与使用是学校民族团结进步教育评价的重要指标之一；第二，国家通用语言的普及有利于促进学校民族团结进步教育的发展；第三，保证国家通用语言文字使用的普及和能力提升，同时也保障少数民族使用本民族语言文字的权利和条件。

专家L：民族地区，有些地方是有着一定的历史原因。这几年慢慢地有些好转和改变，但是要求所有的学生或者所有的学校都把国家通用语言作为师生日常教育里面就不是那么太现实，特别是在民族地区的一些职业技术学校里面，可能还是民族语言占的比重可能更多一点，但是他们也是在利用民族语言开展民族团结进行教育。现在其实我们很多地方教学语言都没有办法完全使用国家通用语言，刚才我也提到现在有三类模式，这三类模式里面也就是去年要求进行三科教学改革，语文、道德与法治、历史，这几门课是必须要用国家通用语言来进行教学授课的。从去年开始，国家通用语言在课堂上才开始比较普遍地使用了，我们果洛州可以说是整个青海条件最艰苦的地方，发展也相对滞后，但是他们建成了民族团结的示范州，一定也是做了大量的工作和贡献的，那么用国家通用语言表述一下它这种变化发展趋势可能会更合适一点。

从专家L的访谈资料中可以看出，虽然一些民族地区还是普遍存在运用民族语言授课的情况，但是近年来国家通用语言文字的普及和使用是卓有成效的。同时也指出民族地区学校类型的多样性，不宜用一刀切的方式去考核，建议在评价指标中观测学校普及国家通用语言的措施和学生的语言能力发展变化趋势。

专家F：学校作为教育场域应普及和使用国家通用语言文字，并且将其当作教学日常用语。

根据教育部2020年全国普通话普及率的抽样调查表明，全国普及率已达80.72%，超过了《国家通用语言文字普及攻坚工程实施方案》制定的80%的目标。但地域分布上还有很大的不均衡性，有的民族省份还不到50%，"三区三州"只达到61.56%左右[①]，由此可见虽然普及国家通用语言文字工作取得了很大成果，但　还是需要继续加强和提升，解决当前发展不平衡、不充分的问题。语言问题甚至是影响民族团结和谐的重要因素。语言是交往交流的基础，只有保证了交往交流的基础，才能促进内心的交融。笔者认为，各族人民使用国家通用语言，是一个公民的基本权利以及基本义务，大量学术研究表明，国家通用语言文字的使用能力与学生学业成就、就业率呈正相关。比如马静等从人力资本的视角进行的语言与国家治理的研究。[②]国家通用语言的学习不仅体现显性的语言能力更包含隐性的对现代学校教育的认知。[③]推广普及国家通用语言文字，保障相应的师资、教育资源，既是保障各族学生教育公平的积极举措，也是促进各民族同胞交流交融的有效工具，能够增进各族师生"五个认同"，是民族得以进一步团结的必然条件。比如龙红芝老师进行了推普助力民族团结进步教育的理论与实践研究。[④]在鼓励少数民族的学生对通用语言文字进行学习的时候，也要对少数民族的本民族语言文字的学习权利进行保障，设置合适的条件，能够保障各民族文化的传承与发展。实际

---

① 刘金林,马静.铸牢中华民族共同体意识视域下民族地区深入推普的思考——语言与国家治理系列研究之二[J].民族教育研究,2021,32(04):31-41.
② 马静,刘金林.少数民族地区推普助力脱贫攻坚的内在机理及实证分析：基于人力资本视角——语言与国家治理系列研究之一[J].民族教育研究,2020,31(05):57-69.
③ 陈彬莉,陈进.家庭的民族特征与藏族大学生的高中学业成就[J].思想战线,2018,44(05):34-41.
④ 龙红芝.学前推普助力民族团结进步教育：理论逻辑与实践路径[J].民族教育研究,2021,32(03):48-53.

上，一些民族地区的学校已经做出了很好的实践探索，不仅在学前阶段就普及了国家通用语言，在小学阶段开设语文课程（过去是汉语），在校园活动中开展普通话比赛、诗歌朗诵比赛等，同时开设本民族语言会话课、识字课，在开展学校民族传统文化活动，起到了保护和传承民族文化的作用。其二者都具备相应的法理和学理依据，不少学者提出了国家通用语言文字普及与少数民族语言保护二者之间平衡的对策研究。

2. 类团二包括教学、课程、老师、资源、教材、小学、保障、文化、理论、标准、爱国主义等大量的关键词，是所属关键词数量最多、最丰富的一个类团。这部分主要体现了专家学者访谈资料中对具体指标的集中讨论，力求评价指标的在内容上的全面性、在结构上的逻辑性和实施过程中的可操作性。

以"师资队伍"为例：

专家 L：师资队伍里你列出了配备专任教师。我认为不一定要配备专任教师，因为这一点实际上学校会很难，几乎所有的学校也不会配一个这样的老师，专任教师应该不太会有。我了解的民族团结进步教育课程，至少在 M 县（青海省果洛州某县）是以第二课堂的形式去开展的。老师绝大多数情况下不是固定的，所以这上面可以考虑一下教研员示范授课、巡回评课制度。

专家 K：所有的学科教师都应该有这种民族团结一家亲，铸牢共同体意识的认识（教师的思想意识），这样他在课程思政中就会一直渗透到里边（教学内容里），这种意识很重要，其实它不一定是一个民族团结教育的任课老师，他可以是任意一个任课老师，很多的内容可能潜移默化当中会渗透到学生的教育当中的。

师资队伍是各类学校教育评价中都不可忽视的重要指标。民族团结进步教育作为一个国家规定的课程，在很长一段时间内没有得到落实，其中一个重要的因素是缺乏专门的教师。民族团结进步教育既从属于德育、思想政治教育，具有德育的普遍性特征，比如学生知情意行的发展。但民族团结进步教育作为思政类专项教育也具有其自身的特殊性，学校民族团结进步教育要鲜明体现中国特色社会主义的价值取向，需要教师具备民族团结进步教育理念、系统地学习民族团结进步教育的知识，具有良好的国家通用语言文字的基本能力，具备民族团结的积极情感，能够在日常教学生活中引导学生积极地交往交流交融，具备处理突发事件的基本应对能力等等。根据笔者实地调研的学校情况，民族团结进步教育一般由班主任、语文教师、道德与法治教师等兼任。基于此，在专家访谈提纲中笔者列出了"配备专门的民族团结进步教育教师"的评价指标，然而正如专家 L 在访谈资料中表述的内容，在一些县区的示范校，尚且不能保证有充足的师资，民族地区、农村地区、农牧区的学校，师资就更加匮乏。因此从民族团结进步教育实践过程的真实性和可操作性考虑，专家建议"专门的民族团结进步教育教师的配备"可以改为"提高民族团结进步教育的师资培训、建立教研员示范授课制度。"以此应对专门师资缺乏的实际情况、提高任课教师的专业性。专家 K 提出的观点属于民族团结进步教育中"多学科融入民族团结进步教育"的实施途径，要求任课教师在实施教学的过程中，能够根据教学内容的特征，合理地融入民族团结进步教育的内容，特别是语文、道德与法治、社会科学等课程（小学学段）。

3. 类团三包括指标、评价、考核、组织等关键词。体现出专家访谈资料中呈现的指标体系构建的逻辑性。专家提出相应指标的表述应转化为陈述性语言，通过详细又具体的解释来准确表述民族团结进步的具体评价指标，以此来提高其具体的可操作性。除了对访谈提纲中列出的具体指标的完善、修改、补充，在访谈中关联的内容是对考核、评价方法的讨论。

以"目标、组织和保障"为例：

专家 F：目标是施教者或者主体和客体都要围绕其发力的一个点，目标要明确，而且可操作性要强。组织包括常设机构，或者临时的项目机构。比如考核有没有民族团结领导小组，有没有相应的机制，有没有分工。保障是为了实现目标而采取的一些措施。

根据教育学的基本理论，教育目标具有层次性，一般划分为教育目的、培养目标、课程或者教学目标。教育目的是笼统、宏观、长远地从国家层面培育人才规格的要求。课程目标和培养目标是不同的，课程目标的根本内容是让课程的意图以及具体的目标得到充分的体现，而培养目标的根本内容是基于学校的性质以及不同的培养目的和具体的培养任务所建设的具体培养要求。课程目标和培养目标，对于学生的某一阶段的学习有共同的期望。从国家制定的教育目的到实际的课堂教学目标，经历了一系列的转化。组织和保障是为了实现教育目标而需要的工作制度、人力资源、物力资源、智力支持等一系列可调动和取用的资源。专家 F 提出目标、组织与保障之间的区别与关联，指出学校评价指标依据性质被归并于不同的领域，应认识到指标之间的关联，以保证指标体系构建的逻辑性和科学性。

专家 A：可以做个案研究，就作为一个小学，比如说做得比较好的，你去剖析它做得好，它在哪些方面好，把这个可能指标体系给放出来，这种调研观察、课堂观察，然后待一段时间，看他到底怎么做，可以大致最后形成一个指标体系方案。如果从实践出发，可以从学校办学理念，学校计划、措施这些角度，比如校长、管理者的基本理念。教师具体是怎么去做的，课程如何去开设，环境是如何创设的。实践活动不光有学校的，还包括学校社会协作。不同年龄段是采用了什么样的教学方式，最后效果如何。

……

民族团结教育也可以说是一种德育，德育有好几种模式，有感知模式，有情感陶冶模式、体验模式，"我"真正认识到民族团结、对各个民族有感情，"我"能够团结各族学生。可以看一看有没有这样的例子，对学生是德育，德育就是知情意行。

专家 A 提出对学校民族团结进步教育评价指标的构建应符合指标体系建构规则的相关建议，提出指标的建构可以使用"实践模式"或"个案研究"，从示范校的实际工作出发收集指标，是一个非常必要的指标收集路径，小学校长、教师作为评价的利益相关者，是指标来源必须要参考的人员意见。笔者在专家的访谈前后，进行了青海省海南藏族自治州、黄南藏族自治州、临夏回族自治州各地小学的实地调研，向小学校长、德育主任、一线教师了解当地小学开展民族团结进步教育的实际情况。

此外，专家还提出对适宜地考核、评价方法的讨论。主要涉及为了什么而评价，谁来进行评价，评价的内容是什么、评价谁（评价对象）。有的地区教育行政部门通过采取跟踪检查措施、日常掌握数据、实地核验情况、年度工作报告、综合评价意见等方式。宁夏、广西在民族团结工作引入了第三方评价机制，聘请观察员、部门数据采集等方法，为教育行政部门评价工作提供决策参考依据。但是目前为止，不少专家学者对第三方评估是存有疑问的。这部分讨论突破了指标收集的范围，但是从整体学校民族团结进步教育评价的工作来说是必须要去重视、论证的环节。

4. 类团四：包括意识、共同体等关键词。在专家访谈中关联的内容包括三个方面，一是厘清爱国主义教育、民族团结进步教育、公民思想道德教育以及铸牢中华民族共同体意识教育四者之间的联系与各自的侧重点。二是专家提出评价学校开展民族团结进步教育的实施应该考虑如何去做指标划分。三是专家学者基于研究主体设定在小学学段，对启蒙小学生的中华民族共同体意识及其相关内容进行了讨论。

专家 F：铸牢中华民族共同体意识是主线，包括民族知识、民族法治，还包括民族理论民族政策，这是民族团结教育内容。比如爱国主义教育中的领土教育，可能是教育的核心所在，那么爱国主义教育和民族团结教育以及公民道德教育的区别到底是什么呢？这个弄不清楚，就容易在实践过程中叠合起来导致重复。我们既讲公民道德教育，又讲爱国教育，又讲民族团结进步教育，铸牢中华民族共同体意识，这四个什么关系？一线老师是晕头转向，这个内容怎么还要讲，我们从根本上没有解释清楚民族团结进步教育。所以它应该有所侧重。

专家 C：中华民族共同体意识教育，民族团结进步教育、国家政策文件中专门提到环境。（对政策内容）首先应该分类，哪些是环境的、宣传的、课堂的。哪些是规定的、自选的。自选的就是为各地创新性地进行实践探索提供一个空间，可以说是加分项。规定的标准是必须要去做的。

专家 F 基于一线教师的困惑，提出进行学校民族团结进步教育评价首先要明确公民道德教育和爱国主义教育等之间的关系。从评价的角度，就能更加明确哪些是民族团结进步教育要去评价的内容、有所侧重。专家 C 提出了对评价指标的分类，应该有根据政策要求的规定性内容，也应该根据各类学校的实际情况设置自选内容。

专家 A：小学低年级注重感知、体验，中段引入结合知识，高段知识为主体验为辅，它体现年龄段的特点，讲得越来越深，教材有一个螺旋上升的过程。比如说幼儿园可以增添一些元素，有点印象。各个民族的元素都能接触到，过个节，各民族小朋友一起分享节日习俗，唱歌跳舞游戏，但是到中年级就不能还停留在这个阶段。

专家 A 的访谈内容体现了大多数专家对于评价应"符合学生年龄阶段"的关注，研究设定在小学这个基础教育的学段，学生的身心发展规律决定了教育内容、教材编制、教学方法都应该适应学生认知发展、身心发展的规律和特点。根据《深化新时代学校民族团结进步教育指导纲要》的规定和要求，小学阶段的民族团结进步教育在四五年级开设，属于中高年级阶段。根据皮亚杰认知心理学的观点，这个阶段的小学生认知发展处于具体形象思维到抽象逻辑思维的过渡阶段，因此选择教学内容由浅入深，教学方式不宜单一化。从柯尔伯格的道德发展水平来划分，这个阶段处于对习俗进行追求和认可的阶段，也是其对于学习内容进行定向的阶段。在这一阶段中，个体道德的具体导向是人际关系的和谐，对于周边人的认可和赞赏有较多的需求。会受到他人对自我评价的影响，总是考虑到他人和社会对"好孩子"的期待，尽可能地做出他人所认为的是好的行为，相应的教育和评价应该考虑学生认知发展水平与道德发展水平。民族团结进步教育作为思想道德领域的专项教育，承担着塑造社会主义接班人价值观的重任，主要的任务是了解统一的多民族国家的基本国情，认识到各民族都是中华大家庭中的一员的基本常识，启蒙和培育受教育者的民族团结意识、中华民族共同体的意识，从而践行相应的热爱祖国、民族团结的行为。从学校评价的角度来看，应该考虑评价学校制定的培养目标是否符合学生的年龄阶段、教育内容是否符合学生的认知水平、受教育者是否在认知、情感、意志、行为等方面都得到了充分的发展、是否达到预期目标。

5.类团五包括教育、民族团结、学校，是访谈内容的主题词，关联的内容包括三个方面。其一，民族团结进步教育要构建学校，家庭、社会全方位育人的体系。其二，评价内容应该包括学校教育目标、思想建设、管理机制、课程设置与教学方式、师资队伍、校园环境、学生实际的学习效果、社会影响等。其三，学校民族团结进步教育应结合小学实际情况，倾听校长、教师的真实想法。

专家 A：民族团结教育不能光靠学校，还有家庭社会参与，民族团结教育是全社会共同参与的。

专家 K：如果指标太笼统，一是不宜操作，二是增加了中小学的负担，校园就那么大点空间，如果什么内容都想要进课堂，都要进校园，老师哪有心情去教学。我们在访谈的时候，他们给我们的反馈是能不能安安静静地备课上课。

如果要用这样的标准去衡量和考核一个学校的话，学校又多了很多的需要准备的材料。我觉得你们不仅仅应该是去咨询专家，还应该去深入到中小学里边，真正去问问小学校长们对这个问题怎么看，小学的老师们认为民族团结进步应该怎么实施。什么样的行为才是最有效的，民族团结进步不一定放在考评点上的，他（被评价者）是把材料全给你放出来了，但是有没有用。这材料会不会就又变成中小学的负担？

专家 A 的观点认为完整的育人体系是民族团结进步教育的重要基础，学校是教育的主导，但是家庭教育、社会影响的力量应与学校教育共同形成教育合力，共同促进受教育者的积极发展，同时也是评价必须兼顾的一个指标。专家 K 提出对学校进行民族团结进步教育评价可能会造成学校和教师的负担，笔者认为这种顾虑是非常必要且贴合实际的，作为学校民族团结进步教育评价的利益相关者，校长、教师、学生，甚至学生家长，对评价的态度如何，直接影响到评价的开展顺利与否、关系到评价结果是否真实和有效，是否能达到预期效果，是否能对学校民族团结进步教育开展的实际情况做出有效监测，是否能为教育行政部门提供参考依据、为学校民族团结进步教育提供反馈。因此在专家访谈前后笔者进行了学校民族团结进步教育一线校长、教师的访谈，以此回应专家 K 提出的疑问，同时也是发散指标阶段不可或缺的一个步骤。

通过对专家访谈资料的关键词提取、访谈内容关键词聚类分析，能够概括出专家对构建学校民族团结进步教育评价指标的建议集中在以下几点：第一，明确指标之间的逻辑关系，以进一步在指标的收敛阶段更合理的归并。第二，学校民族团结进步教育评价指标不宜笼统，应该具有具体可操作性。第三，对学校民族团结进步教育的评价应考虑学校与教师的基本诉求。

第四节 学校学管理者、教师访谈资料分析

与文本资料收集和专家访谈不同，对学校管理者和教师的访谈需要深入学校现场，通过观察和访谈深入挖掘学校在开展民族团结进步教育工作中的成果和存在的一些问题。一方面，学校是开展民族团结进步教育评价的对象，学校管理者与教师作为学校民族团结进步教育的主要负责人，在教育督导评估中属于被"问责"的对象，因此对学校管理者和教师的访谈需要逐步深入，打消访谈对象的怀疑与戒备，了解访谈对象的真实想法，以获得对学校民族团结进步教育评价的真实意见与建议。另一方面，学校是开展民族团结进步教育的主阵地，是教育活动开展的第一现场，学校管理者与教师是第一执行者与参与者，了解他们对学校民族团结进步教育的真实态度不仅能收集更广泛的评价指标，亦能够从教育实践的视角对已选取的指标进行修正，坚持以"督导问责"与"改进发展"并行为设计评价指标的主要理念，增进评价指标的可行性。

基于以上两方面的思考，在访谈过程中采取了以下措施：

第一，进入现场前的准备工作。包括了解学校的背景，当地民族团结教育课程的开设情况，师资情况，校园文化建设，学生基本情况；其次确定研究对象的权力结构，和守门员在场前获得被访者基本的信任和许可。进入研究现场的方式，选择逐渐暴露式，说明研究的目的，打消对方的疑虑。

第二，开放式的观察。进入现场之后，获得整体的感受，了解学校类型、学校基本情况，包括学生规模、生源概况、师资队伍、学校特色、空间布置，通过逐步聚焦获得感性认识，选择重点要观察的内容。

第三,收集实物资料。收集实物资料也属于访谈中的观察性记录,包括拍摄的民族文化长廊展示墙图片、课堂实况,都属于观察性记录。此外还收集了会议记录、课程表、校园文化活动记录、学校微信公众号平台建设等。

第四,访谈中的倾听与记录。在访谈过程当中运用渐进的方式,在交谈过程当中遵循先易后难的原则,打消被访谈的紧张情绪和尴尬。遵循共情倾听的访谈原则。在被访者陈述的过程当中,尽量不去打断,基本上持一种认可的态度去倾听和交流,同时把握时机进行追问。在访谈中遇到沉默,及时给予启发和回应。对待一些模棱两可的问题、与利益相关的问题、较为敏感的问题,需要研究者合理判断是不是受访者真实想表达的内容。

一、研究设计

(一)资料来源

本阶段以半结构化深度访谈为主要研究方法,以面对面访谈为主,线上线下相结合的形式展开,运用了自编的《学校民族团结进步教育评价指标体系研究教师访谈提纲》(附录二)作为主要研究工具。学校民族团结进步教育评价指标的发散阶段,共邀请9位学校管理者、25位教师进行了深度访谈。一部分教师接受访谈是缘于甘南教师普通话培训的机遇,经教师同意后进行一对一深入访谈;学校管理者和另一部分教师访谈的场景是研究者进入学校,与学校管理者进行面对面访谈,从学校实践者的视角了解学校民族团结进步教育开展的现状,并深入观察学校的校园环境,收集现场丰富的一手资料。与学校管理者、教师面对面访谈,表明研究的目的,更容易获得教师的信任,能够从教育实践者的视角了解微观层面学校民族团结进步教育开展遇到的问题,深刻感受教师作为学校民族团结进步教育评价的评价主体、评价对象、利益相关者等多重身份如何看待学校民族团结进步教育评价。在面对面访谈之后,结合线上交流,随时进行研究的交流与反馈。学校管理者、教师访谈记录经过整理后共计十五万余字,为了保护学校管理者、教师的个人隐私，对每一份访谈资料进行编号处理，学校管理者访谈记录编号为访谈时间+XZ01-09，如 20210614XZ01；教师访谈记录编号为访谈时间+JS01-25，如 20210306JS02。

表3-16 学校管理者、教师基本信息表

项目	分类	人数	占比（%）
性别	男	13	38.2
	女	21	61.8
年龄	20~30岁	8	23.5
	31~40岁	17	50.0
	41~50岁	9	26.4
	51岁及以上	2	0.06
学校类型	普通小学	14	41.2
	民汉合校	12	35.3
	民族小学	8	23.5
民族	汉族	9	26.5
	蒙古族	5	14.7
	回族	6	17.6
	藏族	14	41.2
	东乡族	1	0.03

（二）访谈提纲

1.访谈目的：了解学校民族团结进步教育课程任课教师在实施课程过程中的想法、困境、意见、建议；

2.访谈方式：一对一半结构访谈；

3.访谈对象：小学校长、小学教师；

4.访谈开场语：（略）。

5. 访谈基本问题（包括但不限于以下问题，详见附录二）：

（1）教师基本信息（姓名、年龄、教龄、职务、教授课程），学校基本信息（学校规模、学校类型、师生比、各民族师生人数）

（2）请问您所在的学校有开设民族团结进步教育这门课程吗？一般以什么方式开展民族团结进步教育？

（3）请谈谈您所在学校在进行民族团结进步教育的时候，对于课程材料的使用情况。

（4）学校在进行民族团结进步教育的时候，教学内容是哪些呢？哪些教学方式比较恰当？

（5）请谈谈您所在学校开展民族团结进步教育课程的形式有哪些？

（6）学校展开过哪些关于民族团结的活动？

6. 访谈结束语。

（三）研究方法

首先对学校管理者、教师访谈录音进行文字转录、手写笔记资料进行经过逐句整理、补充、并删减无实际意义词句，共获得四万余字的访谈资料。对访谈资料进行数据处理过程与政策文本相同。资料分析方法包括高频关键词提取、共词分析、社会网络分析、系统聚类分析，运用的软件有 Ucinet6、SPSS20.0。具体过程包括：获取有效访谈资料后进行访谈资料全文本关键词提取并进行分词处理，合并高频词，删减无意义词汇，运用 TF-IDF 算法进行高频关键词提取并降序排列，截取出频率≥1.0%的高频关键词（见表3-17）构建出 48×48 的高频词共现矩阵（见表3-18），由于共词矩阵中零值过多，统计时误差较大，为了减少误差，将完全共现矩阵转换为相异矩阵以便进一步分析，得到高频关键词相异矩阵（见表3-19），进行系统聚类分析。

表 3-17 学校管理者、教师访谈提取的高频关键词（部分）

序号	关键词	频次	序号	关键词	频次	序号	关键词	频次
1	老师	556	11	汉族	123	21	藏语	66
2	学校	486	12	工作	120	22	内容	65
3	学生	444	13	课程	116	23	学习	63
4	民族团结	232	14	普通话	104	24	上课	60
5	活动	196	15	班主任	100	25	教材	59
6	民族	188	16	交流	85	26	评价	59
7	孩子	178	17	情况	83	27	同学	54
8	教育	161	18	小学	79	28	生活	53
9	家长	140	19	回族	74	29	语文	52
10	汉语	136	20	培训	74	30	校长	49

表 3-18 高频关键词完全共现矩阵（部分）

指标	学生	教材	内容	困难	影响	教育	情况	汉族
指标	0	0	0	3	0	0	5	2	0
学生	0	0	2	16	15	19	38	31	59
教材	0	2	0	9	0	0	10	4	1
内容	3	16	9	0	0	0	9	1	1
困难	0	15	0	0	0	0	2	0	2
影响	0	19	0	0	0	0	3	2	0

表 3-19 高频关键词相异矩阵矩阵（部分）

	指标	学生	教材	内容	困难	影响	教育
指标	-2.2204	1	1	0.9916	1	1	0.9841
学生	1	-2.2204	0.9957	0.9523	0.9514	0.9371	0.8708
教材	1	0.9957	-2.2204	0.9719	1	1	0.9644

续表

指标	学生	教材	内容	困难	影响	教育
内容	0.9916	0.9524	0.9719	1.1102	1	1	0.9557
困难	1	0.9513	1	1	0	1	0.9892
影响	1	0.9371	1	1	1	0	0.9836
教育	0.9841	0.8708	0.9644	0.9557	0.98923	0.9836	0

二、研究过程

（一）关键词网络整体分布

通过 Ucinet6 将矩阵二值化后计算可知，学校管理者、教师访谈资料的高频关键词网络图的总体网络密度为 0.6494，密度大于 0.5。说明学校管理者、教师访谈记录资料的整体网络密度较大，网络联系较为紧密。度中心性如表 3-20 所示，整体网络的度数中心势为 50.83%，差值越大，则图中各点中心度分布得越不均衡，则表明该图的中心势越大，这一点说明可能该网络是以核心点为中心进行发散的。

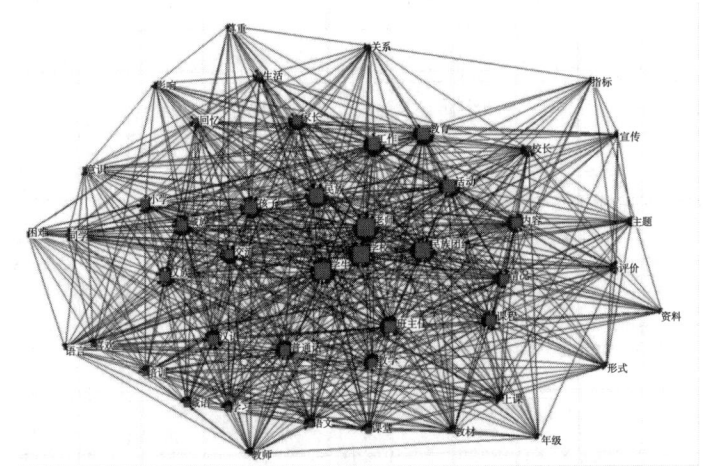

图 3-7 学校管理者、教师访谈高频关键词共现网络图（点度中心性）

表 3-20　学校管理者、教师访谈资料关键词点度中心度（部分）

		Degree	NrmDegree	Share
11	学校	1282.000	17.751	0.095
21	老师	1269.000	17.571	0.094
2	学生	1102.000	15.259	0.082
19	民族团结	729.000	10.094	0.054
7	教育	518.000	7.173	0.038
17	藏族	499.000	6.909	0.037
15	活动	494.000	6.840	0.037
35	民族	454.000	6.286	0.034
9	汉族	446.000	6.176	0.033
18	汉语	375.000	5.192	0.028
36	普通话	315.000	4.362	0.023
25	课程	305.000	4.223	0.023
40	工作	293.000	4.057	0.022
	Mean	286.894	3.972	0.021

表 3-21　学校管理者、教师访谈资料关键词接近中心度（部分）

		Farness	nCloseness
21	老师	46.000	100.000
2	学生	47.000	97.872
11	学校	47.000	97.872
19	民族团结	49.000	93.878
35	民族	51.000	90.196
15	活动	53.000	86.792
40	工作	53.000	86.792
7	教育	54.000	85.185

续表

		Farness	nCloseness
22	班主任	55.000	83.636
17	藏族	55.000	83.636
4	内容	57.000	80.702
25	课程	57.000	80.702
9	汉族	57.000	80.702
18	汉语	57.000	80.702
36	普通话	57.000	80.702
39	交流	58.000	79.310
42	教学	58.000	79.310
8	情况	58.000	79.310
27	家长	59.000	77.966
47	小学	60.000	76.667
	Mean	62.128	75.398

（三）关键词聚类情况

聚类分析法将拥有较高同质性的主题词聚合在了一起，能够对研究资料的主题进行清楚的呈现。将表3-19的相异矩阵导入到SPSS20.0软件中进行聚类分析，同时选择系统聚类绘制出高频关键词聚类树状图，如图3-8所示。图3-8显示，学校民族团结进步教育专家访谈资料的高频词汇进行聚合之后，获得了5个类团，关键词分别是：类团一包括汉族、藏族、回族、家长、学习、民族、尊重、工作、小学、情况等；类团二包括普通话、汉族、藏语、交流、喜欢、上课等；类团三包括学校、教师；类团四包括活动、主体、民族团结、教育、课程；类团五的关键词非常丰富，包括班主任、语文、生活、校长、形式、课堂、培训、教学等。

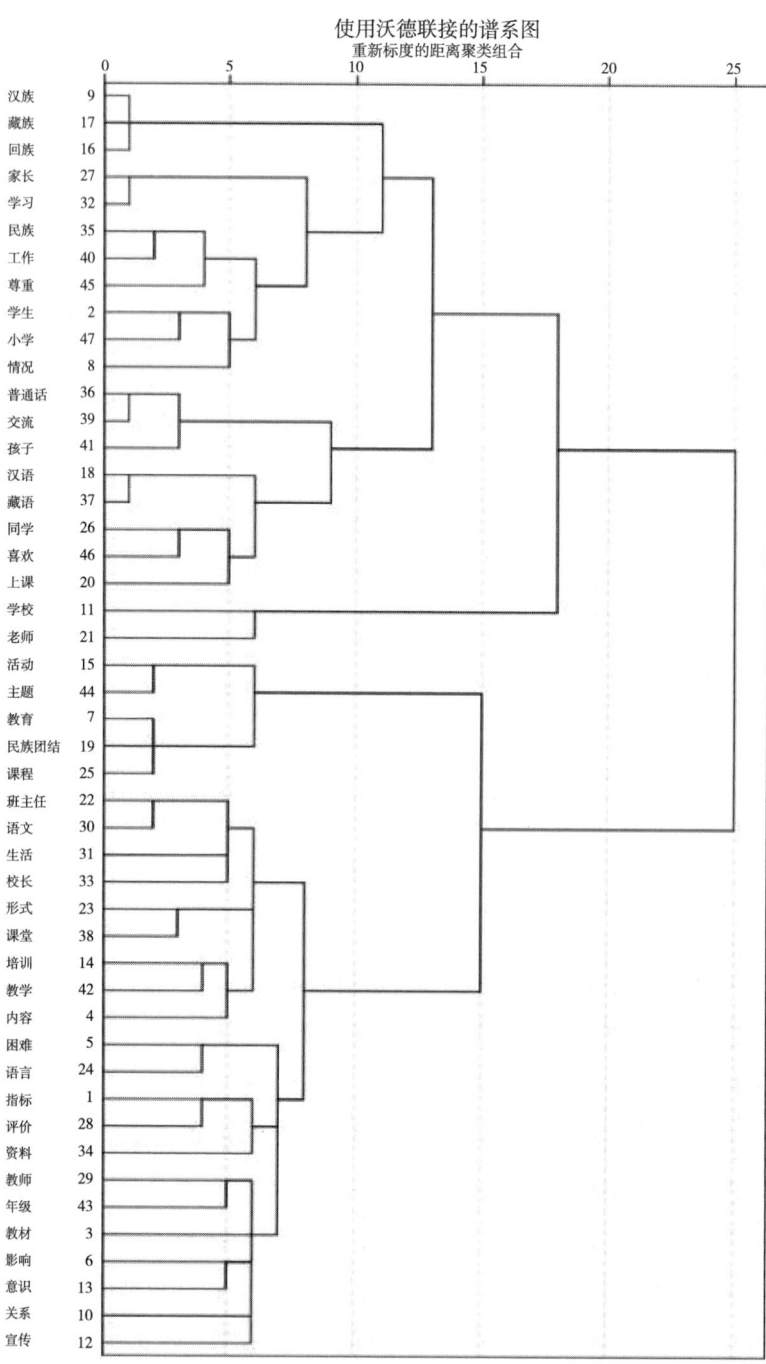

图 3-8 学校管理者、教师访谈资料高频关键词聚类树状图

三、研究结果

（一）学校管理者、教师访谈资料的核心关键词分析

从高频关键词的点度中心性来分析，在整体网络中访谈资料的核心关键词有"学校""老师""学生""民族团结"，其点度中心度的值远远大于其他节点，这些节点与其他节点之间的距离都最为接近，在整体网络中具有非常强的关联性。从接近中心性分析"老师""学生""学校""民族团结"与其他关键词关联最为紧密，因而处于关键词网络的核心地位。

（二）学校管理者、教师访谈资料的高频关键词聚类分析

从学校管理者、教师访谈记录的关键词中可以较为直观地感受到实践教学的丰富性，影响学校民族团结进步教育的因素众多，包括教师因素、教学因素、课程因素、校园文化、社会影响、学生因素、家庭因素等。从关键词聚类分析，可以凝聚为五个关键词类团。

类团一：学校民族团结进步教育中需要家校协同育人

主要关键词包括汉族、藏族、回族、家长、学习、民族、尊重、工作、小学、情况等。

"家长一般都是农区或者牧区的，家长的文化水平和受教育程度辅导不了他们（学生），一点都辅导不了，多半是文盲，而且都是藏族群众不会说普通话，不能用普通话和老师们交流，所以我们学校多半班主任都是藏族老师，方便跟家长沟通。"

——资料来源校长访谈记录20201203XZ02

家庭因素在访谈记录中出现的频率虽然不高，但是教师在访谈过程中表示家长的教育态度、教育观念与教育方式对孩子的影响非常大。首先从通用语言的使用以及普及来看，在通用语言大范围普及，保障少数民族使用本民族语言文字权利的大环境下，依然有一部分少数民族聚居区的家长的教育观

念、教育方式有待改进、国家通用语言能力较弱，不利于学校推进国家通用语言文字的普及和使用，影响民族团结进步教育效果。如果家长对国家通用语言文字没有开放积极的态度，家庭中就缺少运用国家通用语言文字的环境，学生入学学习普通话，与其他民族教师、学生交流就产生较大的困难，对其学业水平的发展产生负面影响。其二，学生对待其他民族的情感态度也深受家庭教育观念、教育方式影响。班杜拉的社会学习理论认为儿童青少年对成年人的行为会天然地进行模仿，在家庭中父母的言行举止会对孩子的语言和行为产生影响。家长的态度以及其情感的正向性影响着家族内下一代成员的价值观，人生观，世界观。在与他民族交往交流中互相尊重，对民族团结、国家认同、中华民族共同体建设具有重大意义，民族团结进步教育必须重视家庭教育环节；其三，学校是民族团结进步教育的主阵地，由学校向外对社会产生示范辐射效应是学校的社会价值所在。吴登文在研究中指出，在民族地区学校，主要通过开设国家通用语言文字课程、实施少数民族国家通用语言文字水平等级考试、开发推广义务教育阶段数理化双语数字教学资源等措施，不断提升民族地区师生使用国家通用语言文字的能力。积极发挥学校对社会和家庭的辐射带动作用，带动全社会语言的规范化建设以及运用水平的提升。[①]学校民族团结进步教育工作应建立家校协同育人的工作机制，积极举办家校活动、增进家校交流，与家庭、社会形成教育合力，构建多位一体的全面育人格局。全社会共同积极推进民族团结进步宣传教育，全体社会公民共建民族团结进步教育的良好氛围。

类团二：国家通用语言文字促进各民族学生交往交流交融

包括普通话、孩子、汉族、藏语、交流、喜欢、上课等；在访谈中，"交往交流"是学校管理者与教师共同关注的内容，受访教师与学校管理者非常认同交往交流交融是学校民族团结进步教育实施的重要路径。交往行为理论认为语言是交往中最基本的媒介，参与交往者通过语言的交流令沟通更加

---

① 吴登文.国家通用语言文字教育助力民族地区教育质量提升策略研究[J].中国民族教育,2021（12）:47–49.

顺畅、减少阻碍，促进交往的有效性，有效性是交往合理性的基础。[①]对访谈资料进行进一步的分析，无论是教师因素、学生因素、家庭因素，社会影响因素，其中共同的要素是"语言问题"。从教师层面分析，教师掌握国家通用语言文字能力的水平，对学生学习国家通用语言文字有着直接的影响，也直接关系到教学质量、师生交流。教师普通话的水平影响其教学水平与学生的交流，进而影响学校民族团结进步教育。某些民族地区师资力量薄弱，乡镇学校条件较差，大多数学校为寄宿制学校，学生受教师和学校日常影响多于家长，然而师资力量薄弱，部分教师还不能达到使用普通话教学的水平。语言能力阻碍多民族之间的深入交流。对于学生来说，学好国家通用语言文字，是在学校中学习的基础，在与同学和老师的交往中，需要以普通话为基本的交流工具。访谈中教师认为，学校在普通话培训方面做了较多的努力，包括普通话训练、组织普通话比赛，组织教师赴省外参加普通话培训项目。在影响学校民族团结进步教育家庭因素方面，包括家长的教育方式，家长的观念态度，家长的语言能力，都会对学生对于国家通用语言的使用以及学习的积极性造成影响。

民族团结以交流交往交融作为基本途径，从学校管理与工作制度来看，搭建交往交流平台能够促进不同地区、各民族师生之间的互动，增进彼此的了解与情感的交融。访谈中一些学校建立了校际、地区间的交流机制。

"我们学校有这种兄弟学校交流，和深圳的某个学校，有时候他会派我们这边学生去深圳那边，然后有时候和深圳那边的学生也会来往。"

——资料来源教师访谈记录20201201JS03

交流机制的缺乏导致学生接受民族团结进步教育的机会减少。特别是寄宿制学校中，学生很少与其他学校的学生、老师交流，无法进一步增进民族情感。在访谈中，有的教师自感学校封闭，学生缺乏与外界交流的机会，能够建立校际交流机制是师生迫切的需求和愿望。

---

① 刘荣清."交往行为理论"语境下的"民族"概念[J].世界民族,2010(02):38-41.

类团三：教师在学校民族团结进步教育中的核心作用

"老师对学生影响应该是最大的，尤其是班主任。班主任每天上课之前要做10分钟的思想教育，内容有节约用电、尊敬老人、团结同学、重视交通规则、爱护公共财产、热爱祖国，爱自己的民族，爱自己的家人，不能有民族歧视。一定要给学生'传输'这些。每天课前10分钟不同的方式。"

——资料来源教师访谈记录20210304JS09

"（某寄宿制小学）有一部分学生是来自牧区的。他们家长外出打工，爷爷奶奶照看孩子，孩子长时间接触不到父母，全部委托给老师。"

——资料来源教师访谈记录20210305JS11

从上述访谈记录可以看出，班主任、教师对学生的思想教育的内容非常全面，以课前十分钟形式开展，体现了学校日常教育的规律性。教师对这个教育环节非常重视，认为这种日复一日点滴渗透的方式能够促进学生的思想观念、道德行为的良好发展。教师在学校民族团结进步教育的核心作用除了认知的启蒙，更重要的体现在对学生长久而持续的思想引导，以及对学生日常生活的陪伴与情感的交融。

教师观念和行为规范引导在访谈中提到的频率很高，访谈中提到的教师因素包括教师道德品质、教育观念、责任意识、专业能力、教学方法、言行举止、语言能力、教师发展等。说明在一线教师的直观经验中，教师对民族团结进步教育的理解、教师民族观念的转变、教师民族团结进步意识、国家通用语言文字水平、教师的专业能力、情感态度、道德品质、行为习惯等各个方面对学生的认知、情感、行为具有极大的影响。发展心理学基本理论认为，教师是学生成长中的重要他人，对于中小学生来说，教师的言行举止，是低年级学生崇拜与模仿的对象。在未开设专门课程和缺乏教材的情况下，教师对民族团结进步教育的理解，课堂教学中有意识进行民族团结内容的融入，民族团结内容在日常生活中的渗透，教师口头表扬、树立榜样，是学生民族团结启蒙认知、激发情感、引导行为规范的主要力量。访谈中教师对学生民族团结进步教育主要采用学科融入、班会、写日记、讲民俗故事、低年级看动画片的方式进行。访谈中教师提到一个很重要的内容，即"学生对教师的感情",学生具有天然的"向师性",学生对教师单纯朴素的情感能够激发其自身与教师情感的交融,这种情感能够衍生出学生对他民族的开放性态度,在与他人的交往中就不再狭隘地以不同的民族身份为界限。所访谈的25位学校管理者、教师中,汉族9位,蒙古族5位,回族6位,藏族14位,东乡族1位,在多民族教师群体的相处中,教师自身与同事的和谐关系,对学生也会产生潜移默化的影响。从研究者对受访教师的观察来看,大部分教师体现出了强烈的责任意识、积极正向的价值观与热爱学生的真挚情感,但是普遍缺乏民族团结进步教育的专项培训,没有掌握民族团结进步教育的教学内容,在教学中呈现较大的随意性与盲目性。由此可知,形成教师常态化的培训机制不仅是国家政策的要求,也是各级各类学校的现实需求,是教师专业化成长不可或缺的一个环节。建立针对教师的考核和培训体系,充分认识到在民族团结进步教育中教师的重要价值,保障教师获得继续教育的权利,也是保障民族团结进步教育工作开展的必要人力资源。

类团四:专门课程的缺失和教材的缺乏影响学校民族团结进步教育实效性

包括活动、主题、民族团结、教育、课程;在教师访谈中对"是否开设专门课程"这个问题,所有教师均表示没有开设专门课程。60份预调研问卷调查中,有5%的教师表示"不清楚",目前学校的民族团结教育的课堂教学与"道德与法治""安全教育"结合班会等方式展开。对"是否有专门的学校民族团结进步教育教材"问题,所有教师均表示没有专门教材。专门课程的缺乏和教材的缺失,导致学校民族团结进步教育在实际实施的过程中没有系统化的知识学习,无法保证课时,更无法保证教学质量的提升。"建立常态化的机制,进行民族团结进步教育①,使用专门的统编教材,让教师有教材可依,有内容可授,学校有依据可评价。

"老师会组织一些活动,如民族团结的演讲之类的。在学校外举行的可能性会稍微小一点,因为地域限制,顶多也就是去一下烈士纪念馆(实践基

---

① 万明钢.建立科学的民族团结教育常态化机制[J].中国民族教育,2015(10):13.

地），英雄的影响力比较大（历史人物）。七一的活动在广场上，穿着民族服装，拍宣传片（社会影响），我们班有参加，拍了什么快闪（新媒体）。一般学校院子里面会贴一些民族团结的宣传画，再举办个画展（校园文化），民族团结基本就是这种形式。"

——资料来源教师访谈记录20210302JS03

从上述资料可以看出一些学校既没有开设专门课程也缺乏专门教材，学校条件限制无法开展更多的民族团结进步教育活动。主要集中在校内开设一些主题演讲比赛、校园文化建设等，这些活动虽然也能够影响学生，但是非常态化的活动具有偶然性、随机性的特点，对比系统化专门化的课程，实效性大大减弱。要实施好民族团结进步教育，必须依靠系统化的课程、专门的教材、专业的教师、常态化的工作机制才能对学生产生规范的、系统的、持续深刻的教育影响。

类团五：学校开展民族团结进步教育的诸要素

包括班主任、语文、生活、校长、形式、课堂、培训、教学、教材等关键词。包含了学校开展民校园文化建设、开展活动的形式、学校管理、授课教师、课堂教学、教师培训、日常生活、教材使用等关于学校民族团结进步教育的诸多微观要素。目前小学主要是通过开展校园活动的方式对中小学进行民族团结进步教育，学生受校园活动影响也最大，常见的活动类型包括德育活动、普通话培训、校园日常仪式、文化节等。比如在正式访谈的预调研中研究者对60位教师做了关于"学校民族团结进步教育开展方式"的调查，排前四位的是国家通用语言文字教育、开展专题教育、校园文化建设、开展主题教育实践活动，与访谈所得结果互相印证。民族团结进步教育需要加强的内容，排前五位的是"民族团结常识""公民意识""法治意识""交往行为习惯"和"爱国主义情怀"。其他内容在访谈资料中分别在教学内容部分中有所体现，只有"法治意识"在访谈中很少出现，主要是在了解课程开设形式中，与《道德与法治》课程共同开展。说明从学校管理者和教师的视角来看，需要更进一步地加强民族团结常识的教学，基本认知的启蒙是培育情感、塑造品格、凝聚意识、养成行为的基础。在校园文化建设中，校园文化活动、德育活动、校园日常仪式、普通话培训是学生接受民族团结进步教育的主要形式；除此之外互联网、新媒体正逐步成为促进学生的交往交流交融新途径，通过对关键词关联内容分析，"网络媒体"是对学生影响最大的社会因素。现代网络媒体发达，延伸了人与人交往的物理空间，对青少年学生群体的影响冲击更加明显。互联网的使用是一把双刃剑，学生可以在网络观看视频的过程中学习国家通用语言，获得最新的网络信息，通过社交平台与外界的群体沟通交流。低年级学生通过观看教育平台、动画片、宣传片接受民族团结进步教育的内容，其丰富的内容和形式也能激发学生更高的学习热情和兴趣。实现"互联网+民族团结"，极大拓展了民族团结进步教育的教学空间、交流空间、拓宽了学习途径。与此同时也应该警惕互联网带来的网络风险，网络信息纷繁复杂，需要教师、家长进行网络信息的辨别与引导，抵御不良信息对青少年的思想侵害，也要抵御互联网带来的过度娱乐化倾向。

第四章　学校民族团结进步教育评价指标体系构建

　　本文结合民族团结进步教育政策文本、文献研究、参考部分地区示范学校评估的实践探索以及国内外关于教育评价指标体系设计与构建的相关研究，以第四代评估理论的建构思想、现代教育评价学构建评价指标的基本理论、发展性评价理念为基础，对研究资料进行扎根理论分析。资料来源包括：新时代以来我国颁布的关于民族团结进步教育政策文本，CSSCI 期刊来源且主题为民族团结进步教育期刊文献，学校管理者、小学教师、专家学者访谈记录等，对这些资料进行编码，以此初步拟定了学校民族团结进步教育评价指标的理论模型（小学学段）。在三级编码完成之后运用德尔菲法，邀请专家对扎根理论编码的内容和结构提出修改和完善的意见，对评价指标体系进行了合理地归并，继而通过评价指标体系编制问卷，对评价指标体系的理论构想效度进行检验。

第一节　扎根理论编码

一、研究设计

（一）研究对象与数据来源

1. 政策文本

基于数据获得的权威性、准确性和可获得性，本研究对中国政府网、国家民委、教育部等官方网站上公布的民族团结进步教育政策文本、国家领导人重要讲话等进行检索和收集。政策文本分为三类：一是与民族团结进步教育密切相关的国家民族教育发展规划、党的民族教育方针、国家领导人在重要会议上的讲话；二是完全针对学校民族团结进步教育的专指性政策文本；三是嵌套在相关民族教育政策中与民族团结进步教育关联性的政策文本。具体的政策文本列表已在第三章第一节（图 3-1）呈现。

2. CSSCI 来源中文核心期刊文献

本研究在期刊文献的选取中，在中国知网数据库采用主题检索的方式，为了保证研究数据源的权威性，检索条件设定为 CSSCI 来源期刊。在中国知网数据库，以"学校民族教育""民族教育"等作为关键词，运用逻辑词"OR"与"AND"进行逻辑连接，根据数据库要求制定检索式，将文献时间限定为 2012—2021 年。运用 Noteexpress 文献管理软件删除重复文献，在初步检索的文献基础上，剔除了新闻报道、会议综述、贺信等非学术研究类的文献，选取了可用于本研究主题进行分析的文献 212 篇，用于反映学术研究领域对于民族团结进步教育评价相关的评价维度、评价视角及评价的具体指标。根据扎根理论分析资料对理论饱和度的要求，从 212 篇文献中随机选择 2/3 的文献（即 70 篇）进行编码，至不再出现新的概念停止编码，预留 1/3

文献进行期刊文献中理论饱和度的检验。

3. 访谈记录以及实地调研中收集的实物资料

对政策文本、文献资料进行初步分析后，根据研究目的、针对不同的访谈对象编写了三份半开放式访谈提纲：《学校民族团结进步教育专家访谈提纲》《学校民族团结进步教育学校管理者访谈提纲》《学校民族团结进步教育教师访谈提纲》。针对本研究的研究目的，运用调查研究法中的深度访谈法，尽可能地穷尽指标。参考深入访谈调查中确定资料饱和度的方法，相关学术经验表明深入访谈的样本量达到 15—25 人较为理想。[1]正式访谈之前，预约了 10 位教师进行了预访谈，确保受访教师能够准确理解访谈目的，使访谈回收的资料能够契合研究需要，以保证访谈的有效性。正式访谈邀请了 12 位民族教育研究领域专家、9 位民族团结示范校的学校管理者（校长或者分管德育的校长、主任等）、25 位小学教师进行了深度访谈。访谈形式为半结构式访谈，每个访谈时长约 30—60 分钟，通过对访谈录音资料的整理，共形成了约 15 万字的访谈记录。（专家、校长、教师基本信息列表已在第三章第三、四节呈现，见表 3-10 和表 3-16）

基于编码的需求，对每一份访谈资料进行编号处理，专家学者的访谈记录编号为访谈时间 +ZJ01-12，如 2021 年 4 月 4 日第一位专家访谈，访谈编号即为 20210404ZJ01，学校管理者访谈记录编号为访谈时间 +XZ01-09，教师访谈记录编号为访谈时间 +JS01-25。

（二）研究方法

本研究采用扎根理论分析资料的方法，利用质性文本分析工具 Nvivo12.0 软件对选取文献进行概念化编码和分析。扎根理论是一种基于资料搜索和系统化分析以发现理论的方法论，[2]是学术界，特别是社会科学领域开展质性研

---

[1] 靳代平,王新新,姚鹏.品牌粉丝因何而狂热？——基于内部人视角的扎根研究[J].管理世界,2016(09):102-119.
[2] 王晓园,曹慧.数字化背景下红色文献阅读推广策略研究——基于扎根理论[J].湘潭大学学报（哲学社会科学版）,2021,45(04):175-180.

究时的常用方法。它针对某一现象进行归纳并构建出理论。扎根理论不同于定量法的一点在于，资料的收集与分析是没有理论假设的，所以比较适用于对于新的理论或新的概念做出探索。[①]在学术界不同的学派，对于扎根理论有不同的认识，但是统一之处在于都认为该理论是一种质性研究法。学者在进行研究的时候，应该保持一定的理论敏感，在对样本进行抽选的时候，要保证样本的典型与科学，对初始理论进行多级编码处理，通过不断的提炼形成最终的理论。陈向明指出扎根理论从资料中提升理论，然后对资料作出更为深入的分析，对理论进行进一步的巩固。相比于普通的宏观理论来说，扎根理论并没有预设假定条件或者逻辑演绎，完全是自下而上以原始资料和经验事实作为出发点对理论进行研究，是一个不断比较、更迭与建构的过程。如果最终所获得的理论和实际的资料是相吻合的，就证明该理论具有生命力，是可以指导实践的。[②]基于此，本研究借鉴学术界对扎根理论的阐释，利用定性研究法搜集文献资料，并对其进行整理与分析，通过标记资料、分类资料、归纳资料，形成不同层次的概念范畴和类属关系，探寻适合学校民族团结进步教育评价的层级指标，初步建构出较为全面、系统的学校民族团结进步教育评价指标理论模型。

二、研究过程

（一）研究思路

扎根理论是从复杂的定性资料中提取核心概念以及资料关键主题的质性研究法，本文利用该研究法构建学校民族团结进步教育评价的评价框架及评价指标体系。本研究按照扎根理论思路与方法，借助编码分析，逐级提取有概念意义的范畴，将这些范畴和文献资料的内容联系在一起，最后使用选择

[①] 朱炎军.高校卓越教师教学学术能力的结构模型研究——基于扎根理论的研究方法[J].高教探索,2021(07):57-64.
[②] 陈向明.扎根理论的思路和方法[J].教育研究与实验,1999(04):58-63+73.

性编码。归纳学校民族团结进步教育评价指标体系。三级编码包括：对搜集到的资料进行开放性编码、主轴编码和选择性编码三级编码，形成核心的概念与范畴，并理顺概念之间的复杂逻辑关系。①

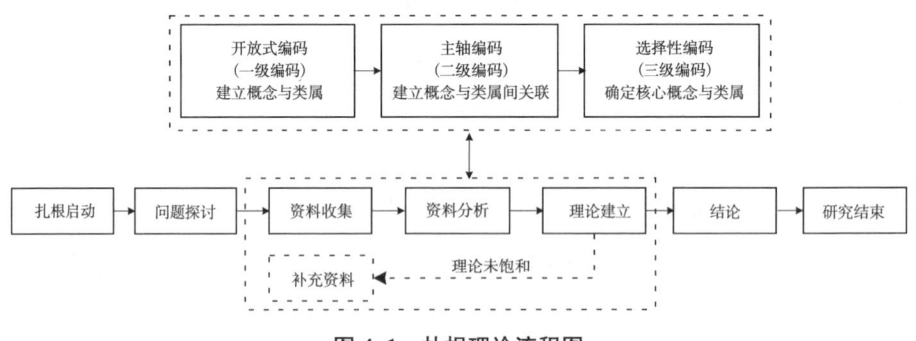

图 4-1　扎根理论流程图

本研究将采用扎根理论的方法和步骤，选择政策文本、学术文献、访谈资料，对可能的学校民族团结进步教育评价指标进行概念化编码和类属分析，通过对资料的三级编码，从而归纳总结出学校民族团结进步教育评价指标体系的理论模型。

（二）资料整理

对收集到的学校民族团结进步教育评价相关资料进行阅读和熟悉，围绕本研究的主题明确分析的方向和目标，即筛选和归纳学校民族团结进步教育评价的框架、维度和具体评价指标体系，提炼出评价办法、评价维度、评价指标相关的语句，对收集到的学校民族团结进步教育评价相关文献进行内容提炼和整理。遵循扎根理论原则，自下而上地对收集到的学校民族团结进步教育评价指标体系相关文献资料进行主题分析，在编码处理的过程中，所选择的软件为Nvivo12.0，该软件也是常用的扎根理论辅助性研究工具②，其最

---

① 周海银.扎根理论:学校课程管理研究的生长点[J].全球教育展望,2007(03):50-53.
② 方华梁.通识教育与专业教育如何相互促进:基于课程层面的扎根理论研究[J].复旦教育论坛,2016,14(004):5-11.

大的特点在于能够将杂乱无章的定性原始资料进行拆解和重组，对无结构的资料的分析有较大的作用。基本流程为，借助软件实现资料拆解之后，运用人工编码的方式寻找数据逻辑关系，以进行研究的概念化编码和类属分析，对资料核心内容进行提炼并进行系统的重组。

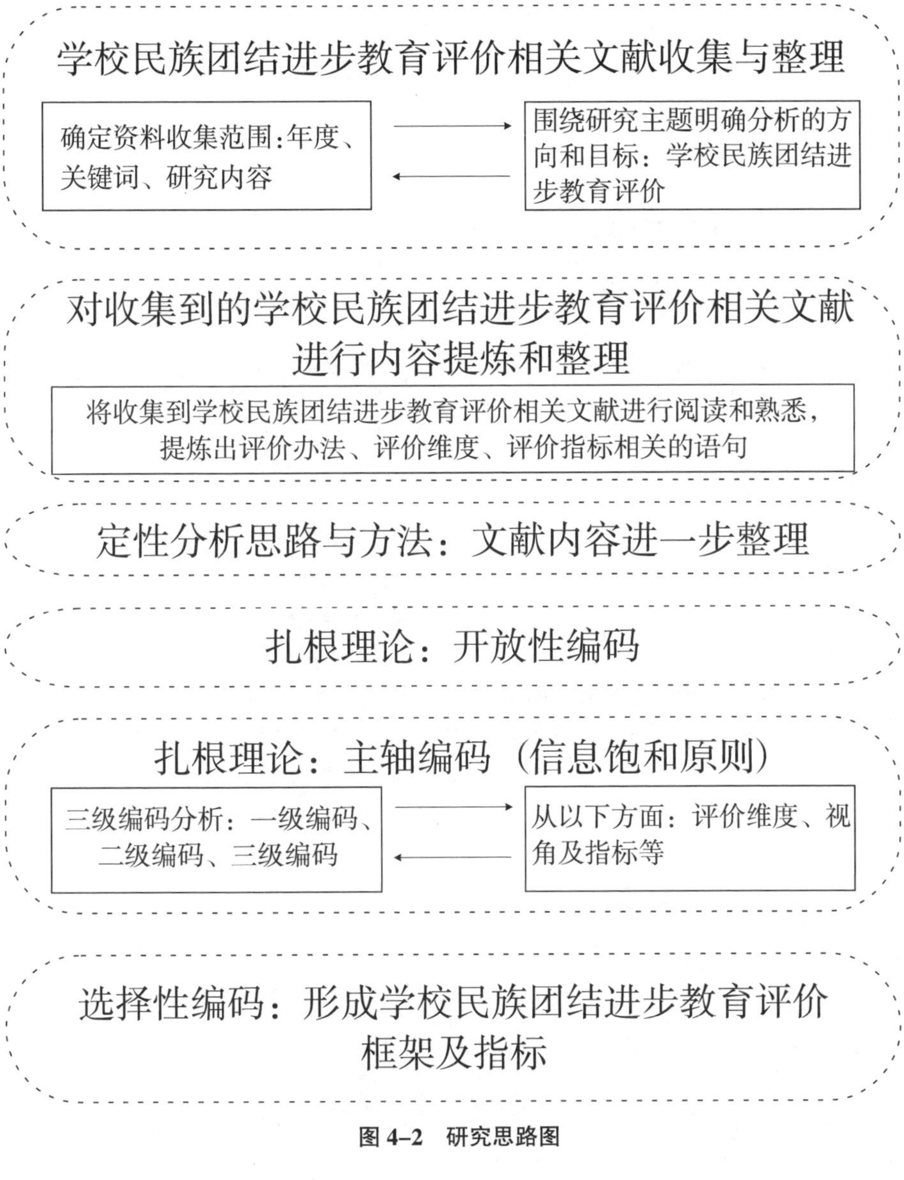

学校民族团结进步教育评价相关文献收集与整理

确定资料收集范围：年度、关键词、研究内容 ⇄ 围绕研究主题明确分析的方向和目标：学校民族团结进步教育评价

对收集到的学校民族团结进步教育评价相关文献进行内容提炼和整理

将收集到学校民族团结进步教育评价相关文献进行阅读和熟悉，提炼出评价办法、评价维度、评价指标相关的语句

定性分析思路与方法：文献内容进一步整理

扎根理论：开放性编码

扎根理论：主轴编码（信息饱和原则）

三级编码分析：一级编码、二级编码、三级编码 ⇄ 从以下方面：评价维度、视角及指标等

选择性编码：形成学校民族团结进步教育评价框架及指标

图 4-2　研究思路图

（三）学校民族团结进步教育评价指标体系开放性编码

开放式编码围绕探索研究学校民族团结进步教育评价指标体系展开。首先利用开放性编码分析原始文献资料，这一过程是文献资料分析的首个环节，在这一过程中，编码分析将会对文献资料进行打碎，然后对其进行"贴标签"的基本操作。在这个阶段获得初步的编码参考点 656 个，通过反复比较、聚焦编码要素和初步的合并，共得到以下 50 个开放性编码，开放性编码与对应的原始文献内容下表所示。

表 4-1 学校民族团结进步教育评价指标体系开放性编码表

编号	开放编码	原始内容示例（部分）
KF01	全面贯彻党的重要思想，积极学习重要讲话，作为学校党委长期政治任务，制定具体学习计划及实施方案。	坚持政治方向的正确性与坚定性、坚持立德树人根本任务、全员全过程全方位育人、坚持统筹规划、分类指导。①
KF02	提高对民族团结进步教育的重视程度，充分认识其意义与价值。	巩固民族团结全方位凸显中华民族的文化自信，是中国特色社会主义的理论，自信的重要基础，是多民族的中国实现统一的重要途径。②要求学校内各主体对民族团结教育重要意义、地位与作用具备充分的认识。③在各级各类学校广泛开展民族团结教育，推进党的民族理论与政策、国家法律纳入教材、深入进课堂、融入思想和头脑。④

---

① 四部委.《深化新时代学校民族团结进步教育指导纲要》,2021,4.
② 吴春宝.文化自信视域下的民族团结进步教育：意义、内容及路径选择[J].黑龙江民族丛刊,2019(02):13-18.
③ 李斌.新疆高校民族团结教育有效途径研究[J].新疆社会科学,2013(03):69-75.
④ 国家中长期教育改革和发展规划纲要(2010—2020年)[J].中国高等教育,2010(Z3):4-17.

续表

编号	开放编码	原始内容示例（部分）
KF03	将民族团结教育作为学校德育的重要部分。	民族团结进步教育是德育的重要组成部分①，学校是主阵地、主渠道。②"民族团结教育它是一种德育，德育就是知情意行"③
KF04	教育对象面向全国各族学生。	民族团结不是只针对少数民族或民族地区的团结，需要全体国民都要了解民族团结的深刻内涵。④民族团结教育实质上是全民教育，受众面对我国所有公民。⑤
KF05	学生牢固树立自己是中华民族一员和民族团结一家亲的意识。	"小学低、中年级初步感知中华民族是多民族的大家庭，牢记自己是中国人；利用重大纪念日、中华民族传统节日等载体，感知各个民族共享的中华民族形象和文化符号，牢固树立身为中华民族一员的意识。"
KF06	树立正确的观念，启蒙共同体意识。	以铸牢中华民族共同体意识为根本导向构建育人体系和相应的课程教学模式。"铸牢中华民族共同体意识，树立正确的'五观'，即国家观、民族观、历史观、文化观、宗教观。"

---

① 严庆,梅丽.认知与作为:如何在新时代深化学校民族团结进步教育[J].民族教育研究,2021,32(03):32-39.
② 万明钢,王婕.铸牢中华民族共同体意识与学校民族团结进步教育课程建设[J].西北师大学报(社会科学版),2021,58(03):26-34.
③ 访谈 20210404ZJ01.
④ 陈晓婧.创新民族团结进步教育新媒体路径的研究——以庆祝新中国成立 70 周年 H5 产品为例[J].民族教育研究,2020,31(05):80-86.
⑤ 杨文笔,马素珍.试析我国民族团结教育的针对性与实效性[J].回族研究,2020,30(01):97-102.

续表

编号	开放编码	原始内容示例（部分）
KF07	积极培育和践行社会主义核心价值观教育。	教育引导学生将社会主义核心价值观内化为个人的精神追求，外化为自觉行动；教育引导学生在自觉践行社会主义核心价值观的实践中，实现个人、社会、民族、国家价值观的内在协调统一。通过对民族文化资源的发掘、开发和利用，解读其中蕴含的社会主义核心价值观内涵。① 促进各族人民对社会主义核心价值观的深层认同。②
KF08	实施正确的历史认知、文化认知教育，树立文化自信。	教育引导学生从历史文化源流变化发展中正确认识中华文化是各民族文化的汇聚与融合。具有传承和弘扬中华优秀传统文化、革命文化和社会主义先进文化的自觉意识，保护、传承各民族优秀传统文化，同时树立和突出各民族共享的中华文化符号和中华民族形象，增强各族人民的归属感、认同感。③ 针对中小学生的民族历史文化认知教育，家族、宗族的来源为起点，引导学生充分理解家庭是国家的细胞，理解家国关系，提供生动的认知基础，培育共同体意识和家国情怀。④

① 陈智,宋春霞.论中华民族共同体意识的培育路径[J].民族教育研究,2019,30(04):54-58.
② 赵英.新时代青海藏区民族团结进步教育与铸牢中华民族共同体意识刍议[J].民族教育研究,2018,29(04):14-20.
③ 四部委.《深化新时代学校民族团结进步教育指导纲要》,2021,4.
④ 杨丽萍,覃月弯.基于文化认知的学校民族团结教育策略研究[J].民族教育研究,2018,29(05):104-110.

续表

编号	开放编码	原始内容示例（部分）
KF09	实施法治教育，启蒙法治意识。	"牢固树立法治意识。教育引导学生深入学习习近平法治思想，深刻理解维护国家统一和民族团结是公民应尽义务。将法治教育与民族团结进步教育有机结合，提高法治素养，教育引导学生牢固树立公民意识和法律面前人人平等观念。"
KF10	普及国家通用语言文字教育。	在全社会层面加强国家通用语言文字教育，共建良好的学习环境和氛围。
KF11	实施爱国主义教育，培育爱国心，树立爱国观念，践行爱国行为。	"……通过扎实有效的民族团结进步教育，教育引导广大学生践行爱国主义"
KF12	在意识形态工作责任制和党建工作责任制中纳入民族团结进步教育。	"建设学校民族团结进步教育课程和建设情况作为考核学校领导班子工作绩效的重要内容。"①
KF13	学校管理具有统筹规划意识。教育系统内协同创新，各主体各负其责、资源共享。	"对片面性，零碎性，功利性的知识进行进一步的整合和筛选，深入地认识组织活动的意义以及其价值，解决活动流于形式的各种问题"②
KF14	制定民族团结进步教育的具体指南或实施方案	"学校应该制定一个总体实施方案和指南。"③
KF15	将民族团结思想、行为情况纳入学年总结与调研。	将民族团结思想、行为情况纳入学年总结与调研，把握教育的难点和重点，提高教育针对性。④

---

① 四部委.《深化新时代学校民族团结进步教育指导纲要》,2021,4.
② 韦兰明.民族地区学校民族团结教育实效性的提升[J].西北民族大学学报(哲学社会科学),2015(03):160-165.
③ 访谈 20210406ZJ07.
④ 访谈 20210406ZJ10.

续表

编号	开放编码	原始内容示例（部分）
KF16	建立学校、家庭、社会联动机制。	家庭环境对个体发展具有潜移默化的巨大影响，在形成正确价值观、传承传统文化与道德观念中起着关键作用。中华优秀传统文化教育必须重视家庭教育这个重要环节。①
KF17	创建地域间、校际协同创新机制、教育工作联盟机制。	解决影响民族团结教育实效性、针对性的诸多问题，需要建立工作长效机制与多方主体共同参与的联动机制。②
KF18	工作开展过程中对责任主体监督、考核。	"各级教育督导部门要将民族团结进步教育开展情况纳入教育督导内容，强化督导结果运用，推动民族团结进步教育工作落地见效。"③
KF19	严格考察教师师德师风思想、政治素质、专业能力，落实教师考核制度。严格执行准入、退出机制。	利用"国培计划""省培计划"等持续完善教师专业化发展体系。④ "建立常态化培训制度""定期开展督导"。
KF20	对民族团结进步教育效果，即学生发展，进行考察监测。	解决入脑入心的问题⑤ "结合学科特点，纳入中考考察范围"
KF21	开设专门课程，各学段不少于12课时。	"现在没有专门的课程，在语文课、道德与法治课、历史课会讲。"⑥ "课时设置要考虑学校的实际工作量，课时太多任务繁重，对教师和学校都是沉重的负担，太少则达不到教育的效果。"⑦

---

① 杨玢.民族交融视域下中华文化认同的现实建构[J].思想政治教育研究,2017,33(06):136-142.
② 青觉,吴春宝."三化"视阈下西藏青少年民族团结教育的实证研究——以1158名中学生为分析样本[J].民族教育研究,2015,26(06):41-46.
③ 四部委.《深化新时代学校民族团结进步教育指导纲要》,2021,4.
④ 汤书波.教育现代化2035：民族教育的理性思考与实践路径[J].现代远距离教育,2019(04):56-67.
⑤ 严庆,崔舒怡.新时代深化民族团结进步教育的"沁入"思考[J].贵州民族研究,2020,41(01):2-8.
⑥ 访谈20210615XZ01.
⑦ 访谈20210406ZJ06.

续表

编号	开放编码	原始内容示例（部分）
KF22	开展专题教育，可结合地方课程、校本课程以及民族团结进步宣传月、班、队会、社会实践等活动统筹实施。	"学校可结合地方课程、校本课程以及民族团结进步宣传月、班、队会、社会实践等活动统筹实施。"
KF23	多学科融入民族团结进步教育内容。	加强学科融入，依据课标和教材、教学内容，有机融入民族团结内容。
KF24	使用国家统一编写、统一审核的教材、教参。地方和学校不得自行编写和使用未经审核的教材。	"做好教材内容的编制与建设，统编统审统用，关于民族教育和宗教等内容由国家进行统一安排，做好审核与管理工作"[1]
KF25	丰富教育资源。如观看爱国主义电影、讲英雄故事，积极利用新媒体等。	"资源包括很多，比如说人力资源，素材资源、载体资源等等。"[2]
KF26	创新教学方式，增加情感体验，教学方法符合学生的年龄特征，增强课堂教育生动性。	应注重启发式教学，以问题为导向，引导学生主动对问题进行挖掘和思考，在这一过程中锻炼学生对于问题的解决能力和对于知识的运用能力。[3]对于民族团结教育教学方面，利用多维设计建设真实教学情景的方式进行教学，比如真实性的情景设计多样化的教学方法等等。[4] "小学阶段是重视体验，在生活中去感受。""小学低年级注重感知、体验，中段结合知识，高段知识为主体验为辅，它体现年龄段的特点，讲得越来越深，教材螺旋上升。"[5]利用价值澄清代替单向灌输，引起受教育者内心的价值共鸣。[6]

---

[1] 四部委.《深化新时代学校民族团结进步教育指导纲要》,2021,4.
[2] 访谈 20210405ZJ05.
[3] 陈立鹏，张珏.关于深入推进中华民族共同体教育的几点思考[J].贵州民族研究,2020,41(06):143-149.
[4] 李银慧.我国民族团结教育研究回顾与展望——基于 2004 年至 2015 年 CNKI 期刊数据的分析[J].北方民族大学学报(哲学社会科学版),2016,(02).82-84.
[5] 访谈 20210404ZJ02.
[6] 严庆,崔舒怡.新时代深化民族团结进步教育的"沁入"思考[J].贵州民族研究,2020,41(01):2-8.

续表

编号	开放编码	原始内容示例（部分）
KF27	保障相应的经费投入与教学设施、器材的建设。	将办学设施建设与教学资源建设和硬件结合起来，为后续各项教育活动的展开提供支持和保障。① 积极推进民族团结教育基地建设，持续加大民族地区社会事业发展资金投入力度，努力建成一批有特色和影响力的宣传教育阵地。②
KF28	构建整体育人团队。党组织领导下，分管校领导、相关职能部门负责人、任课教师、辅导员、班主任为主体，各学科教师共同参与。	"加强师资队伍建设。组织各学科负责人以及各领导人根据党组织的相关指导建设民族团结进步教育团队。"
KF29	强化师资培训。将民族团结进步教育培训纳入教师继续教育整体规划。	"学校落实教师培训、轮训制度与计划，纳入在岗培训学时记录。教师轮训制度：每3年对教师至少进行一次不少于5日的集中脱产培训，纳入在岗培训学时记录。民族团结进步教育教师上岗前需接受一定课时的培训，并考核合格。" "要说明学校的职责应该是组织培训还是参加培训。"③ "加大培训力度，提高教师国家通用语言文字应用能力和教学水平。"④

① 韦兰明.民族地区学校民族团结教育实效性的提升［J］.西北民族大学学报（哲学社会科学版），2015(03)：160-165.
② 杨文笔，马素珍.试析我国民族团结教育的针对性与实效性［J］.回族研究，2020,30(01)：97-102.
③ 访谈 20210404ZJ05.
④ 四部委.《深化新时代学校民族团结进步教育指导纲要》，2021，4.

续表

编号	开放编码	原始内容示例（部分）
KF30	教师须具备责任意识、政治素质、专业素养、民族团结的积极情感。能够引导学生形成正确的认知、培育正向的情感、养成良好的民族团结行为习惯。	要加强各学科教师培训、提高各门学科教师民族知识的基本素养，掌握民族团结教育教学的基本需求。情感教育通过教育主体对对象的互动能够引起积极的情感。① "要班主任引导好，表现好的可以表扬他，他（学生）就没有这种民族观念，我们都是中国人，我们都是同班同学，更是亲兄弟姐妹，都是互相帮助。"②
KF31	依托少先队、共青团、学生社团等组织开展丰富的校园文化活动。	"学校依托少先队、共青团、学生党支部、学生会、研究生会、学生社团等组织，积极开展各民族学共同参加的文体活动和社会实践。"
KF32	日常活动中，如升国旗、奏国歌、庆祝纪念日、办墙报、板报等增强国家符号和民族文化的感知。	在升旗仪式、奏唱国歌、庆祝纪念日等日常体验中，推进爱国教育生活化。③对首都、国旗、国徽、国歌等国家重要象征要素进行系统性整体性的介绍，利用爱国要素激发爱国热情并营造良好的爱国氛围。④ "我们平时有国旗下的演讲、主题队会、手抄报比赛还有征文比赛、绘画等。"⑤

---

① 赵民，林钧昌.大学生民族团结教育接受心理机制研究[J].北方民族大学学报,2021(03):170-176.
② 来自访谈资料20201127JS02.
③ 蒋文静,祖力亚提·司马义.学校铸牢中华民族共同体意识的逻辑层次及实践路径[J].民族教育研究,2020,31(01):13-21.
④ 青觉,谭刚.新时代中小学民族团结教育的三个理论维度[J].贵州民族研究,2020,41(01):15-23.
⑤ 来自访谈资料20210615XZ01.

续表

编号	开放编码	原始内容示例（部分）
KF33	开展主题教育实践活动。组织大型综合性活动，大课间活动先进人物示范活动，演讲比赛，体育运动会，歌舞表演赛等。	"深入开展'民族团结教育'主题活动，进一步加强学校民族团结教育工作。"① "依托学校各类学生组织。如少先队、共青团及其他社团等，共同开展校园文化活动及社会实践活动等。" "宣传形式比如演讲比赛，观影，对校园广播校园网站等等，这两个属于校园文化建设、校园宣传。"
KF34	积极组织社会实践活动，积极利用爱国主义、民族团结进步教育基地。	"各级学校应利用国家、省（市、自治区）、市（州、盟）、县（旗）四级民族团结进步教育基地和爱国主义基地，开展与民族团结教育有关的各类专题活动或实践活动。"②
KF35	创建互联网＋民族团结：线上线下相结合的教育模式。积极利用新形式新媒体新载体。	"网络带来的云资源、云载体和云平台的运用。"③ 以中小学生作为主体，结合其认知水平特点和阅读习惯特点，建立网络阅读平台，在平台上利用图片资料和虚拟空间，对中华民族的演进脉络以及文化足迹进行展示，通过这种途径让学生的国土观和疆域观，能够以更生动的方式得到建立。④ 发挥网络新媒体的超时空优势。⑤ "学生对电影、动画片、短视频的接触比过去多很多，很容易影响到学生的认识。"⑥

---

① 贺能坤.教育在西藏稳定发展中的作用初探[J].贵州民族研究,2013,34(02):178-181.
② 韦兰明.民族地区学校民族团结教育实效性的提升[J].西北民族大学学报（哲学社会科学版）,2015(03):160-165.
③ 访谈 20210405ZJ05.
④ 杨丽萍,覃月弯.基于文化认知的学校民族团结教育策略研究[J].民族教育研究,2018,29(05):104-110.
⑤ 王卓.网络时代民族团结教育研究——铸牢中华民族共同体意识研究系列论文之一[J].广西民族研究,2021(01):11-16.
⑥ 访谈 20210405JS02.

续表

编号	开放编码	原始内容示例（部分）
KF36	净化校园网络环境，引导学生正确使用网络资源，警惕网络民族情绪与分裂势力渗透。	在每个独立个体都能够成为信息发布者的自媒体时代，与此同时所有人也是信息的传播者，一些不法分子对于信息的恶意传播和恶意扭曲，甚至是刻意对民族之间的差异进行放大，会使得其他民族对少数民族产生疏离感和不正确的印象，这对于中华民族命运共同体的心理认同意识的培育是极为不利的"①
KF37	混合编班、混合住宿。	各民族交往交流需要具体的实施路径，民族地区、学校可实施混合班级、混合教学、混住寝室，形成促进各族学生交往交流教育场域。②
KF38	各民族联谊活动、研学活动、对口帮扶、夏令营、友好班级共建等。	"鼓励各民族学生积极参加学校社团组织、文体活动和社会实践，开展友好班级共建活动，使学生在各民族交往交流交融过程中强化知识、体验情感、形成行为习惯。"③
KF39	能够掌握、使用国家通用语言文字。	"以共同语言作为有效沟通和信息交流的主要载体"④ "通过学习国家通用语言文字打牢中华民族共同体教育的语言基础、心理基础。"⑤

---

① 倪佳瑜，刘焕明.论新时代中华民族命运共同体的构建与维护[J].广西社会科学，2019(04)：43-48.
② 蒋文静，祖力亚提·司马义.学校铸牢中华民族共同体意识的逻辑层次及实践路径[J].民族教育研究，2020，31(01)：13-21.
③ 万明钢，王婕.铸牢中华民族共同体意识与学校民族团结进步教育课程建设[J].西北师大学报（社会科学版），2021，58(03)：26-34.
④ 王瑜，马小婷.论加强各民族交往交流交融的内涵辨析、理论释析与教育路径探析[J].广西民族研究，2020(05)：32-39.
⑤ 田联刚，杨慕云.培养和造就"两个接班人"：新时代民族教育的根本遵循[J].民族教育研究，2020，31(03)：5-9.

续表

编号	开放编码	原始内容示例（部分）
KF40	学生能够了解民族团结基本常识。	"在小学低、中年级阶段，组织学生观看'中华民族全家福'图片、学唱儿歌等。观看民族传统服饰、建筑等图片、视频等，初步感知中华文化的多样性和交融性……小学高年级阶段，教育引导学生明确中华民族是一个大家庭，家庭内各族人民应该互相帮助携手进步。明确中华大地是各民族共同生活的家园、共同团结奋斗的家园。"[1]
KF41	学生具有热爱祖国的积极情感，形成了自己是中华民族一员的认识与民族团结一家亲的观念。树立爱国观念。	"小学低、中年级初步感知中华民族是多民族的大家庭，牢记自己是中国人；利用重大纪念日、中华民族传统节日等载体，初步感知各民族共享的中华民族形象和中华文化符号，让学生牢固树立自己是中华民族一员的意识。"培养和强化学生积极、正面的情感，比如对国家强烈的认同、愿意无私奉献的精神；对于非理性的消极情感，教育者需要积极引导，重构其认知理念或再运用体验的方式，帮助学生消除错误认知、克服消极心理，树立中华民族的自信心和自豪感。[2]
KF42	学生愿意参加民族团结进步教育相关活动，积极、主动参与各种民族交流交往交融活动。	各民族师生无论在价值观上还是生活行为上，共同大于差异，并且随着交流增加、交往深入、交融增进，共同点会积累得更多，归属感会更强。[3]

---

[1] 四部委.《深化新时代学校民族团结进步教育指导纲要》,2021,4.
[2] 蒋文静,祖力亚提·司马义.学校铸牢中华民族共同体意识的逻辑层次及实践路径[J].民族教育研究,2020,31(01):13-21.
[3] 严庆.本体建设与意识铸牢:试论中华民族共同体研究的理路[J].西北师大学报(社会科学版),2021,58(06):13-21.

续表

编号	开放编码	原始内容示例（部分）
KF43	学生具备初步国家意识、公民意识、法治意识。塑造合格公民。	"将宪法法治教育与民族团结进步教育有机结合，提高法治素养，教育引导学生牢固树立公民意识和法律面前人人平等观念，自觉守法遇事找法、解决问题靠法，切实增强遵法学法守法用法自觉性。""教育引导广大学生践行爱国主义，增强国家意识、公民意识、法治意识，培育家国情怀""将认知、体验、实践系统整合，注重民族团结情感的激发与培育，引导学生养成思想上互相理解、情感态度上互相尊重、生活相处中团结友爱的良好行为和习惯。"[①]
KF44	学生养成了相应的良好行为习惯，与各族同学、教师互敬互爱、友好相处。	"'认知—体验—实践'有机整合，重在激发民族团结的情感，帮助学生养成理解、尊重、团结的思维方式与行为习惯。"
KF45	旗帜鲜明地反对分裂国家图谋和破坏民族团结的言行。	"……通过扎实有效的民族团结进步教育，教育引导各族师生切实铸牢中华民族共同体意识……旗帜鲜明反对分裂国家图谋和破坏民族团结的言行，自觉投身于共同团结奋斗、共同繁荣发展的伟大实践，成长为德智体美劳全面发展的社会主义建设者和接班人。"[②]

[①] 李芳.新时代中小学民族团结进步教育政策的创新与发展[J].民族教育研究,2019,30(03):54-61.
[②] 四部委.《深化新时代学校民族团结进步教育指导纲要》,2021,4.

续表

编号	开放编码	原始内容示例（部分）
KF46	家长与学校积极合作、协同育人。	"我们学校邀请家长参加亲子活动共庆节日。"① "民族团结教育不能光是学校，还有家庭参与，各族人民的团结要从社会方面开始。"②
KF47	在社区、社会上拥有广泛的好评。扩大学校民族团结进步教育的社会影响力。	民族团结的教育不局限于学生群体，还要让社会其他成员参与和受益。提升全社会的民族团结进步创建水平。利用社会一切有利因素办教育的同时也要双向互动，使社会群体广范围受益是教育资源共建共享的内涵。③
KF48	学校把民族团结进步教育置于发展的重要位置。	学校把民族团结进步教育作为学校教育的一项重要任务，通过各种活动开展工作。④
KF49	统一的多民族国家的认识	"学生的理想信念中应存在这样统一思想：中国是各族人民的中国，我们国家除了我的民族，比如说汉族以外，还有很多民族，这个认识非常重要，这样才能够各民族的团结，各民族互相尊重。"⑤
KF50	学校具有民族团结进步教育的浓厚氛围。学校教室、展览馆，宣传板等区域，积极展现表现民族团结的作品。	在实地调研的观察记录中，22所小学在校园环境创设中均具有民族团结的手抄报、板报、民族团结作品展示墙、民族文化长廊等多种形式的体现民族团结进步教育内容的作品。校园文化的创设是隐性课程的一部分，对学生起到潜移默化的影响。

---

① 访谈20210618XZ02。
② 访谈20210404ZJ01。
③ 褚远辉.民族地区学校民族团结进步教育资源研究[J].中国教育科学(中英文),2020,3(05): 62-76.
④ 万明钢,王婕.铸牢中华民族共同体意识与学校民族团结进步教育课程建设[J].西北师大学报(社会科学版),2021,58(03):26-34.
⑤ 访谈20210406ZJ07。

（四）学校民族团结进步教育评价指标体系主轴编码

主轴编码是编码工作的第二个阶段，在此阶段将开放性编码中形成的概念进行归纳和合并，建立概念与范畴的内在逻辑关系。[①]主轴编码过程的重点旨在提炼出开放式编码的关键词，并得到更有意义的类别和概念。[②]通过研究者对开放编码的系统分析，得到以下主轴编码和开放编码的逻辑关系，具体如表所示。

表 4-2　学校民族团结进步教育评价指标体系主轴编码

编号	主轴编码	开放编码
ZZ01	A 办学方向	A1 学校要坚定政治立场、坚持党对民族团结进步教育工作的全面领导，以培养社会主义和民族团结接班人为根本任务。 A2 学校应把民族团结置于重要发展地位，作为德育的重要部分。 A3 学校要将民族团结进步教育融入教育教学全过程，引导各族师生铸牢中华民族共同体意识。 A4 学校将民族团结进步教育对象面向各民族学生。 A5 学校全面推进普及国家通用语言文字教育。
ZZ02	B 课程教学	B1 学校开设民族团结进步教育专门课程，小学四五年级每学年不少于 12 课时。 B2 学校开展民族团结进步教育专题教育。 B3 学校在各个学科或主题教学中有机融入民族团结进步教育内容。 B4 学校在教学中要实施正确的历史认知、文化认知教育，树立文化自信。 B5 学校必须使用国家统一编写、统一审核的民族团结进步教育教材、教参。 B6 学校应积极创新民族团结进步教育教学方式。 B7 学校要拓展、丰富教育资源，积极利用新形式新媒体新载体。

---

① 潘慧玲.教育研究的取径：概念与应用[M].华东师范大学出版社,2005:21.
② 陈向明.扎根理论的思路和方法[J].教育研究与实验,1999(04):58-63+73.

续表

编号	主轴编码	开放编码
ZZ03	C 工作机制	C1 学校设置民族团结进步教育分管领导小组。 C2 学校制定民族团结进步教育总体实施方案或指南。 C3 学校具有与家庭、社会的民族团结进步教育协同育人机制。 C4 学校具有民族团结进步教育地域间、校际联动机制、教育工作联盟机制。 C5 学校具有民族团结进步教育相应的经费投入与教学设施、器材的保障制度。 C6 学校具有混合编班、各民族联谊活动、友好班级共建等交往交流机制。 C7 学校具有对民族团结进步教育育人效果的考察监测机制。 C8 从校管理具有统筹规划意识。教育系统内协同创新,各主体各负其责、资源共享。
ZZ04	D 队伍建设	D1 学校构建民族团结进步教育整体育人团队。 D2 学校严格考察教师师德师风思想、政治素质、责任意识。 D3 学校强化师资培训,将民族团结进步教育培训纳入教师继续教育 整体规划。 D4 授课教师须具备民族团结进步教育专业能力、专业素养、积极情感。 D5 授课教师的国家通用语言文字水平达标。
ZZ05	E 校园文化	E1 学校依托少先队、学生社团等组织开展丰富的校园文化活动。 E2 学校具有民族团结进步教育的浓厚氛围。 E3 学校在日常活动中增强国家符号和民族文化的感知。 E4 学校积极开展主题教育实践活动。 E5 学校能够利用条件开展校外社会实践活动。 E6 学校注重净化校园网络环境。

续表

编号	主轴编码	开放编码
ZZ016	F 学生发展	F1 学生能够掌握、使用国家通用语言文字。 F2 学生了解统一的多民族国家和民族团结的基本常识。 F3 学生形成了自己是中华民族一员的认识与民族团结一家亲的观念。 F4 学生具有爱国主义情怀，树立了较强的爱国观念，能够践行爱国行为。 F5 学生愿意积极、主动参与各种民族交流交往交融活动。 F6 学生具备初步国家意识、公民意识、法治意识。 F7 学生能够与各族同学、教师互敬互爱、友好相处。 F8 学生能够坚决反对破坏民族团结、分裂祖国的言行。

(五) 学校民族团结进步教育评价指标体系选择性编码

选择性编码是核心范畴化的过程[①]，旨在筛选出具有较强解释性和更普遍性的概念。这个阶段对已经归纳出的主轴编码继续归纳、提炼出研究主题最核心的概念或范畴，同时分析其内在联系与建构的合理性。[②]在选择编码阶段，本文以"学校民族团结进步教育评价指标体系"作为统领所有主范畴的核心范畴。

表 4-3 学校民族团结进步教育评价指标体系选择性编码

编号	主轴编码	开放编码
XZ	学校民族团结进步教育评价指标体系	办学理念 课程教学 工作机制 队伍建设 校园文化 学生发展

---

① 方华梁.通识教育与专业教育如何相互促进:基于课程层面的扎根理论研究[J].复旦教育论坛,2016,14(04):5-11.
② 沈永辉.质性研究方法在国外教育政策研究中的应用与价值[J].比较教育研究,2018,40(08):54-60+77.

(六) 学校民族团结进步教育评价指标体系饱和度检验

对理论饱和度的检验是确保构建理论完整的必要步骤，理论饱和度的检验是指不管再继续收集多少资料都不会出现新的类属，当达到饱和时就可以停止进行收集。如果对比现有文献没有产生新的指标类属，那我们就可以在理论的层次上面认为已经饱和。因此在进行完三级编码后，研究者又选择了20篇文献与访谈资料结合，围绕文献内容进行编码分析，来将上述的三级编码的饱和度进行简要分析，通过比照文献中的重要概念，未找到可以影响三级编码的含义，所以我们可以理解为，目前形成的理论（初拟学校民族团结进步教育评价指标框架）已经达到阶段性理论饱和。

三、研究结果与讨论

(一) 扎根理论三级编码的最终结果

本阶段研究采用扎根理论的质性研究方法，在对学校民族团结进步教育评价的质性资料进行初步整理后，提取出各部分资料中反复出现的现象以及可以解释这些现象的概念，将四部分文本资料中含义基本相同的资料归属于同一类别，并将归属的类别赋予概念。通过对全部收集资料的归类分析，对学校开展民族团结进步教育整体运行的各个方面的要素进行系统整合，形成清晰直观的评价学校民族团结进步教育工作的层级网络与结构，构建学校民族团结进步教育评价的初步理论。

主要步骤是对原始资料"贴标签"，从学校民族团结进步教育政策文本、学术文献、专家、学校管理者、教师访谈中发掘656条代码，并将其抽象化处理为50个开放编码。基于概念之间的内在关系，将本质属性相同的概念归纳为39个初始评价要素。在主轴编码过程中，通过分析范畴之间的内在关系，进行层次梳理和类别归纳，形成了6个关键评价要素。在选择编码阶段，本文以"学校民族团结进步教育评价"作为统领所有主范畴的核心范畴，借助教育评价理论中学校评价的基本原理和关键要素,将办学方向、课程教学、工作机制、队伍建设、校园文化、学生发展6个主范畴按照合理的逻辑关系形成完整的评价体系,构建了学校民族团结进步教育评价理论模型。

学校民族团结进步教育评价指标体系的建构既要关注学校实际工作开展的情况、又要注重工作开展的实际成效,还要考察学校是否具有保障工作开展的常态化组织、相应的工作制度,并将评价指标统一于指标体系的设计建构之中。以建构主义教育评价理论、发展性学校教育评价模式为基础,从政策文本、学术文献、专家、学校管理者、教师访谈中广泛地选取指标内容,借鉴教育评价的理论基本要素与相关指标体系设计的研究经验,合理地进行指标的归纳与合并,由此确立评价基本指标,建构学校民族团结进步教育评价指标体系的基本框架。

表 4–4 根据扎根理论建立的评价指标模型

编号	一级指标	二级指标
学校民族团结进步教育评价指标	A 办学方向	A1 学校要坚定政治立场、坚持党对民族团结进步教育工作的全面领导,以培养社会主义和民族团结接班人为根本任务。 A2 学校应把民族团结置于重要发展地位,作为德育的重要部分。 A3 学校要将民族团结进步教育融入教育教学全过程,引导各族师生铸牢中华民族共同体意识。 A4 学校将民族团结进步教育对象面向各民族学生。 A5 学校全面推进普及国家通用语言文字教育。
	B 课程教学	B1 学校开设民族团结进步教育专门课程,小学四五年级每学年不少于 12 课时。 B2 学校开展民族团结进步教育专题教育。 B3 学校在各个学科或主题教学中有机融入民族团结进步教育内容。 B4 学校在教学中要实施正确的历史认知、文化认知教育,树立文化自信。 B5 学校必须使用国家统一编写、统一审核的民族团结进步教育教材、教参。 B6 学校应积极创新民族团结进步教育教学方式。 B7 学校要拓展、丰富教育资源,积极利用新形式新媒体新载体。

续表

编号	一级指标	二级指标
学校民族团结进步教育评价指标	C 工作机制	C1 学校设置民族团结进步教育分管领导小组。 C2 学校制定民族团结进步教育总体实施方案或指南。 C3 学校具有与家庭、社会的民族团结进步教育协同育人机制。 C4 学校具有民族团结进步教育地域间、校际联动机制、教育工作联盟机制。 C5 学校具有民族团结进步教育相应的经费投入与教学设施、器材的保障制度。 C6 学校具有混合编班、各民族联谊活动、友好班级共建等交往交流机制。 C7 学校具有对民族团结进步教育育人效果的考察监测机制。 C8 从校管理具有统筹规划意识。教育系统内协同创新，各主体各负其责、资源共享。
	D 队伍建设	D1 学校构建民族团结进步教育整体育人团队。 D2 学校严格考察教师师德师风思想、政治素质、责任意识。 D3 学校强化师资培训，将民族团结进步教育培训纳入教师继续教育整体规划。 D4 授课教师须具备民族团结进步教育专业能力、专业素养、积极情感。 D5 授课教师的国家通用语言文字水平达标。
	E 校园文化	E1 学校依托少先队、学生社团等组织开展丰富的校园文化活动。 E2 学校具有民族团结进步教育的浓厚氛围。 E3 学校在日常活动中增强国家符号和民族文化的感知。 E4 学校积极开展主题教育实践活动。 E5 学校能够利用条件开展校外社会实践活动。 E6 学校注重净化校园网络环境。

续表

编号	一级指标	二级指标
学校民族团结进步教育评价指标	F 学生发展	F1 学生能够掌握、使用国家通用语言文字。 F2 学生了解统一的多民族国家和民族团结的基本常识。 F3 学生形成了自己是中华民族一员的认识与民族团结一家亲的观念。 F4 学生具有爱国主义情怀，树立了较强的爱国观念，能够践行爱国行为。 F5 学生愿意积极、主动参与各种民族交流交往交融活动。 F6 学生具备初步国家意识、公民意识、法治意识。 F7 学生能够与各族同学、教师互敬互爱、友好相处。 F8 学生能够坚决反对破坏民族团结、分裂祖国的言行。

（二）运用扎根理论构建评价指标体系整体特征

学校民族团结进步教育评价指标是根据评价目标与需求分解出来的，是具体的、可操作的评价内容，其中涵盖了办学理念、工作机制、课程教学、队伍建设、校园文化、学生发展等范畴。它是评价结果的形成基础，为解释目标在何种程度被完成提供了一种途径。而学校民族团结进步评价指标体系实际上是一系列学校评价指标的集合，所以在学校评价指标体系中应该具有整体性与层次化以保证对学校民族团结进步教育工作的评价系统、全面、科学、客观。基于此，在学校民族团结进步教育评价指标体系的构建方面，注意到了以下几点：一是指标的表述。将学校评价指标转化为陈述性语言，通过详细又具体的解释来准确表述评价指标，以提升学校民族团结进步教育评价指标的可执行性。二是指标之间的相互关联。尽管学校民族团结进步教育各层级评价指标依据内在特性被归于不同的领域，比如课程教学、校园文化等，但它们从属于学校评价这个中观的评价范畴之中，学校场域开展民族团结进步教育工作是需要各部门、主体以及关系结构互相配合协调，才能顺利运行。三是指标体系的导向性。学校民族团结进步教育评价指标体系确立明确了考察目标，引导学校按照考察目标对相应领域进行改进。叶继元认为评价目的是评价要达到的预期希望和原则要求，是评价的龙头。①学校民族团结进步教育评价目标旨在促进各族师生民族团结方面的认知、情感、态度、行为的协同发展，使受教育者树立正确的"五观"、不断增进"五个认同"，各族师生内心深处树立爱国主义情感、铸牢中华民族共同体意识，促进完善学校民族团结进步教育长效机制，实现学校民族团结进步教育常态化发展。而评价目的是指标的精细化和操作化过程，表达了对学校开展民族团结进步教育各个方面需要达到的标准。

本研究借助扎根理论将学校民族团结进步教育复杂的文本资料抽取出简化的概念和清晰的联系，探索了其中的逻辑关系和内在机理，为学校民族团结进步教育评价活动的开展提供了较为全面的评价指标框架。学校民族团结进步教育是以学校教学为中心，以课程为主要载体，以多种活动、社会实践为延伸，学校、家庭、社会共同参与的多维一体教育活动。学校民族团结进步教育评价以国家民族团结进步教育政策为导向，以提高学生民族团结进步教育认识为整体发展目标，对学校民族团结推进系统的发展全过程及取得的基本成效进行评价，包含在学校场域进行民族团结进步教育的各个要素，教育者、教育媒介，以及对教育对象所产生的，稳定、持续的思想道德变化。全面的教育质量观认为，评价学校教育质量就要对影响学校教育质量发展的诸多因素进行全面评价，涵盖学校的办学理念、发展规划、领导管理、课程实施、师资配备、学生发展和办学条件等多方面，通过评价指标导向和评价结果反馈，引导学校实践科学发展观，促进学校教育质量全面、和谐与可持续发展。②

1. 突出学校民族团结进步教育办学的方向性

学校民族团结进步教育首先要呼应时代与实践的基本要求，明确学校民

---

① 叶继元.人文社会科学评价体系探讨[J].南京大学学报(哲学.人文科学.社会科学版),2010,47(01):97-110+160.
② 王薇.应用模糊数学方法构建学校教育质量评价模型的研究[J].教育科学研究,2011(02):42-46.

族团结进步教育评价指标体系立足于中国特色社会主义发展的新时代，需要与时代发展相契合，与新时代同向同行。我国民族团结进步教育工作一直备受党和国家的高度关注，党的十八大后颁布了多项与民族团结进步教育直接相关或者嵌套在民族教育方针政策中的文件，并在多次有关民族教育工作的重要论述中，明确提出了新时代推进民族团结进步教育、铸牢中华民族共同体意识的重大历史使命，在理论与实践中为学校民族团结进步教育工作的科学发展提供了坚实基础和科学依据。近十年来民族教育进入了持续深化的阶段。2014年中央民族工作会议召开，系统阐述了"三交"理念；2015年《关于加快发展民族教育的决定》明确提出要建立民族团结教育常态化机制，并将其工作开展纳入督导评估；2017年党的十九大报告中提出"共同团结奋斗、共同繁荣发展"[1]；2019年中共中央办公厅、国务院办公厅印发《关于全面深入持久开展民族团结进步创建工作铸牢中华民族共同体意识的意见》指出把民族团结进步教育纳入国民教育、干部教育、社会教育全过程，构建课堂教学、社会实践、主题教育多位一体的教育平台[2]；2021年教育部、中央宣传部、中央统战部、国家民委联合印发了《深化新时代学校民族团结进步教育指导纲要》，在明确教育目标的基础上提出了学校民族团结进步教育的主要任务、各个学段的主要教育内容、实施途径以及保障措施；2021年8月中国共产党召开了第七次中央民族工作会议，习近平总书记深刻总结了党在民族工作中的丰富经验，再次为开展民族教育工作坚定了信念、总结了经验、提出了要求、指明了方向；2021年12月《关于全面加强新时代语言文字工作的意见》提出了落实国家通用语言文字作助理教育教学基本用语用字的法定要求。这些体现新时代理论与实践发展要求的政策文件助力我国各项事业发展迎来新局面，民族团结教育的政策环境发生了根本变化。

基于上述文件的规定和要求，在办学方向的指标中，设置了学校要坚定

---

[1] 习近平. 决胜全面建成小康社会夺取新时代中国特色社会主义伟大胜利 [N]. 人民日报，2017,10(28):001.

[2] 中办国办印发《关于全面深入持久开展民族团结进步创建工作铸牢中华民族共同体意识的意见》[N].人民日报,2019,10(24):001.

政治立场、坚持党对民族团结进步教育工作的全面领导，以培养社会主义和民族团结接班人为根本任务；把民族团结置于重要发展地位，作为德育的重要部分；要将民族团结进步教育融入教育教学全过程，引导各族师生铸牢中华民族共同体意识；要将民族团结进步教育对象面向各民族学生并全面推进普及国家通用语言文字教育。办学的方向性表明评价首先要坚持正确的政治立场，坚持党对一切工作的领导，民族团结进步教育的根本目的是要为党和国家、我国社会主义事业建设、民族团结发展培养合格的、可靠的接班人。国家的政策和法规是评价指标选取的首要依据，是教育评价学的基本理论要求。因此，依据党和国家关于民族团结进步教育的总体要求，在设计指标中，核心要素和主要条款需落实国家教育方针、主要监测学校落实思想建设工作的制度与措施，以凸显学校民族团结进步教育评价工作鲜明的政治导向。

学校民族团结进步教育是一项思想政治教育类的专项教育，一些学者将其定义为德育课程的一部分，肩负着培养学生正确的国家观、民族观、历史观、文化观、宗教观，培养学生对伟大祖国、中华民族、中华文化、中国共产党、中国特色社会主义的认同、铸牢中华民族共同体意识的时代重任。学校要高度重视民族团结进步教育，将其作为学校教育、学校德育的重要组成部分，实现学校民族团结进步教育常态化，让中华民族共同体意识根植各族师生心灵深处。办学方向的具体指标中列出了学校民族团结进步教育面向各族学生展开。新时代民族关系奠定了民族团结的现实格局与理论基础，要求中小学民族团结进步教育对象面前全体学生。我国五十六个民族在历史发展中共拓疆域、共创历史、共享文化，这是中华民族发展的客观结果，构成了民族团结的现实基础。

不少民族学教育学领域的专家学者通过理论论证，提出民族团结进步教育要纠正思想偏误，即民族团结进步教育不仅要在少数民族院校、师生中开展，更重要的是教育主体民族，是属于全体公民的教育。与此相应，各民族都需要掌握国家通用语言文字，这是实现民族团结的主要载体，是实现深入交往交流、交心交融、思想共通的重要路径。以上5项指标属于监测学校办学方向的核心指标与要求，属于开展民族团结进步教育的思想建设范畴，将办学方向明确成评价新时代学校民族团结进步教育的第一个关键指标,是学校民族团结进步教育的性质、功能和任务决定的,体现了评价的导向功能。

2. 明确学校民族团结进步教育课程教学的基础性

学校和课堂是民族团结进步教育开展的主要途径与渠道。课程与教学指标中设置了学校开设民族团结进步教育专门课程,小学四五年级每学年不少于12课时;学校开展民族团结进步教育专题教育;学校在各个学科或主题教学中有机融入民族团结进步教育内容;学校在教学中要实施正确的历史认知、文化认知教育,树立文化自信;学校必须使用国家统一编写、统一审核的民族团结进步教育教材、教参;学校应积极创新民族团结进步教育教学方式;学校要拓展、丰富教育资源,积极利用新形式新媒体新载体等具体指标。

设置开设学校民族团结进步教育专门课程并保证一定的课时的指标,目的是运用评价的导向性使民族团结进步教育真正走进课堂,通过学校教育的主导作用,对学生价值观与行为产生持续的、系统的影响。从我国民族团结进步教育实证研究与本研究进行的田野调查来看,很多学校并没有落实开设民族团结进步教育专门课程的政策,一方面是学校对教育内容的承载力有限,另一方面是师资缺乏的现实原因,还有一个原因是缺少统一的教材、教参。目前我国已经组织专家学者、研究团队编写了统编教材,从我国学校民族团结进步教育的统编教材内容来看,强化各民族共享的文化符号、国家象征,比如对国旗、国徽、国歌的启蒙和感知,对小学生培育中华民族共同体意识、启蒙国家公民意识、激发爱国主义情感都是极其重要的教育内容。教材是教育内容的载体,在很大程度上决定着对受教育者的教育影响,我国学者郝志军从国家事权的角度提出了教材建设的重大意义:教材是教育的核心媒介和关键载体,决定了为谁培养人才、培养什么样的人才,如何去培养人才。[①]为落实党中央关于爱国主义和铸牢中华民族共同意识的有关部署,2021年国家四部委共同颁发了《深化新时代学校民族团结进步教育指导纲要》,在确定教育目的的前提条件下为开展学校民族团结进步教育指明方向,包括根本任务、

---

① 郝志军.教材建设作为国家事权的政策意蕴[J].教育研究,2020,41(03):22-25.

主要原则、各个学段教学重点以及具体的实施路径与条件保障。《纲要》清晰指出新时代学校民族团结进步教育必须坚持全员全过程全方位育人，并且列出了开设专题教育、多学科融入的具体实施路径，提出注重从学生身心发展和思想实际出发，把握民族团结进步教育规律，运用学生喜闻乐见的教学方式，建设一批具有示范引领作用的民族团结进步教育精品课程。

目前小学阶段的《中华民族大家庭》和初中阶段的《中华民族大团结》教材，依据《纲要》的要求编写，已在部分学校投入使用。新版民族团结进步教育的小学教材《中华大家庭》，不仅体现了中华大家庭各民族共享的文化符号，比如长城、人民英雄纪念碑，也记载了多民族祖先共同开拓祖国的疆域的历史，各民族共同创造了灿烂的文化等，比如龙脊梯田的形成，成为国家形象的表征。在教材封面印有国旗、国徽，在学生启蒙意识中增强对国家符号的感知，在以往的教材中未曾全面体现，《纲要》规定民族团结进步教育的教材统一编写、统一审核、统一使用，保障了教材建设的专业性与权威性，是实施民族团结进步教育的重要载体。小学版《中华民族大家庭》课程目标具体为四个方面：第一，认识到中华民族是五十六个民族一起构成的大家庭，各民族都是中华儿女，初步树立中华民族共同体意识，增强中华民族认同；第二，了解中国是中华各族儿女共同生活的家园，初步树立公民意识，增强祖国认同；第三，了解灿烂多彩的中华文化是中华各族儿女共同创造的，增强中华文化认同；第四，懂得各民族应该互帮互助、平等相处，树立民族团结意识。新版教材的编写以习近平新时代中国特色民族理论为指导，将抽象理论以简明凝练的形式呈现，从基本认知到活动实践、思维拓展，遵循认知心理学基本规律，符合学生年龄阶段。比如《我们都是中国公民》一课，从抽象的"共同体意识"到具体的"共同体身份"开始，专门设计"我们都是中国公民"的专题教材内容，旨在让学生理解"爱国主义是中华民族精神的核心，将爱国主义贯穿民族团结进步教育全过程"的真正内涵，达到"教育引导学生深刻认识各民族相互尊重、手足相亲、守望相助、共同缔造中华大家庭"的教学目的。教材中设置有情景模拟、正文、讨论分享、探究体验、实践园地和开放空间等几个模块。相应的教参对每个单元、每课、每个模块的教学、设计、问题、板书、自评等环节都详尽地提出了教学建议和教学指导。教材编写十分注重学生的自主性学习与合作探究,以此给教师留有较大的发挥空间,需要教师在教学中注重培养学生进行自主性的合作探索学习。

从教学方法上,有学者提出存在学校开展民族团结进步教育课程教学时把政策法规作为教材的现状,导致课堂上仅仅是概念、理论的灌输。[1]因此教师要积极探索创新教学办法,积极开发和利用资源丰富的教学媒介。民族团结进步教育活动是与学生的生活非常接近的学习活动,单纯的讲授一不符合德育类课程的教学规律,二不符合学生身心发展与认知发展的普遍规律。激发学生的民族自豪感是民族团结教育课程设置的核心,通过该课程希望将书本上的知识变成学生内化于心的行为准则和学习态度,将其变成学生实现全面发展的内生动力。教师要创建多场景的学习方式,比如合作学习、自主学习、情景学习,实现教学方式的多元化,使学生变为课堂的主人,让学生能够沉浸式学习,多方面激发学生的学习兴趣。基于此种认识,教材通过情景模拟、讨论分享、探究体验等方式,希望小学生能从认识个人民族身份开始,理解共同的一体身份——中国公民,增进团结,培养爱国主义情怀。

在教育资源方面,要积极利用丰富的教育资源。当代社会互联网突破了时间空间的限制,多触角渗透人们日常生活的各个环节,在民族团结进步教育中既要利用实物资源、基地资源,也要积极利用拓展传播媒体的资源。特别要关注优质资源,比如2022年3月央视1套播出了中国航天员在中国的空间站为全国各族学生开设"天地对话"的直播课程,我国三位优秀的航天员进行了精彩的太空科学讲解,冬奥会吉祥物"冰墩墩"作为现场教具漂浮在太空舱。在这堂全国直播的课程中,央视直播间坐着来自北京、新疆、西藏等全国各族学生代表,各族学生共同探索太空、极大地激发了学生的科学热情。同时,各族学生根据地域特色、科学兴趣向航天员们提出问题,增进了

---

[1] 詹先友,杨继军.藏区高等学校开展民族团结教育的途径与方法[J].民族教育研究,2014,25(01):45–49.

彼此之间的交流与对话，我国航天科技的飞速发展令学生们从内心产生了极大的民族自豪感，体现了"中国航天力量""中国文化符号"，是党和国家为我国各阶段的受教育者提供的优质、精品教育课程。在日常教学中，教师也应该积极利用优质课程与教学资源，丰富学生的感官体验，激发学习兴趣、积极创建"互联网+民族团结"的教育模式。

以上7项指标从课程开设、课时规定、教材运用、教学方法、教学形式、教学资源等方面监测学校开展民族团结进步教育的实施情况。

3. 强调学校民族团结进步教育工作机制的规范性

学校民族团结教育工作机制的建立、规范和完善是实施教育的重要基础和保障。由此在工作机制指标下设置了：学校建立民族团结进步教育分管领导小组；学校制定民族团结进步教育总体实施方案或指南；学校具有与家庭、社会的民族团结进步教育协同育人机制；学校具有民族团结进步教育地域间、校际联动机制、教育工作联盟机制；学校具有民族团结进步教育相应的经费投入与教学设施、器材的保障制度；学校具有混合编班、各民族联谊活动、友好班级共建等交往交流机制；学校具有对民族团结进步教育育人效果的考察监测机制；从校管理具有统筹规划意识，教育系统内协同创新，各主体各负其责、资源共享等具体指标。考察范围包括学校各项工作是否目标任务明确，是否建立了协同育人、工作联动的相应制度，各级主体是否责任清晰、是否落实民族团结进步教育相应的经费投入与教学设施实际使用，是否创建交流机制，促进各民族学生共学共进。

《纲要》明确规定把学校是否开展民族团结进步活动纳入督导考核的内容，其中明确要将民族团结进步教育的开展情况纳入领导班子作为绩效考核中，要求学校管理中有明确的校领导责任制，设置专门的学校党政领导班子，规划和设置工作方案。通过上述措施表述，能够得知深化新时代民族团结进步教育对学校管理的要求逐步提升，对学校管理者的治理能力也是全新的挑战。各级教育行政部门、学校要以党为坚强的领导核心，进一步完善学校民族团结教育工作的各方面机制，在心理上和行动上重视民族团结进步教育，充分发挥学校领导核心的力量，明确和落实学校主体的相关责任。此外，对领导干部进一步强调民族团结进步教育工作要具有统筹规划意识、教育系统内协同创新，各主体各负其责、资源共享。学校建立与家庭、社会协同育人的作用，构建整体育人体系，极大地拓展了民族团结进步教育的空间范围和时间延续，比如一些学校邀请家长参加亲子活动共庆节日，增进情感交流。民族团结教育是依靠全社会力量共同参与的教育活动，与其他课程存在一定的区别，教育者需要对学生的有关情况进行更加全面的了解，因为课程的特殊性，其教学内容和学生的家庭环境、地理位置密切相关，在进行教学之前必须进行有针对性的重视和准备。学校所处的地理位置是多民族聚居区域还是少数民族较少的区域、学生的民族结构组成都会产生不同程度的影响。不同地域、民族的学生对于民族的认知存在较大差别，因此学校在开展相关课程时必须因材施教、因地制宜，充分利用学校提供的教学资源，有效扩大民族团结教育课程的影响力。在一个教学时段结束之后，需要有对学生学习成果相应的考察、考核，以保证教学过程的完整性，为下一阶段教育的改进提供真实有效的反馈。

以上 8 项指标监测的内容包括了开展民族团结进步教育必要的学校管理制度、具体工作方案、领导负责制、家校社会协同育人机制、校际联动机制、经费保障机制、学生交流机制、教育效果考察机制等具体的制度保障性指标。

4. 保证学校民族团结进步教育队伍建设的持续性

学校开展民族团结进步教育的核心力量是教师，是开展教育重要的人力资源。师资力量的强弱，很大程度上决定了教育的成功与否，无论是学生民族团结认知的培养、意识的启蒙、爱国热情的激发、还是民族自尊心和自豪感的培育、抑或是互相理解与尊重心理的养成、友爱互助行为的培养，无一不源自教师在各方面的积极引导。教师自身的知识水平、道德修养、言行举止，将直接或间接地影响教学、影响学生。民族学校的教师在推进多元文化一体教育的进程中，应帮助学生逐步培养跨文化学习和交往的能力。从学校来讲，民族团结进步教育一直以来是学校的一项重要工作，学校通过各种活动开展民族团结进步教育创建工作，积极对民族团结教育工作进行方法的创新，通过不断摸索，积累了丰富的实践经验。但是民族团结进步教育作为一门专项课程开设，是一项新的工作和挑战。因为民族团结进步教育并不是高等教育中的某一个专业，学校里没有专业对口的教师，老师的专业化水平十分不足，在过去没有统一教材和标准的条件下，教师进行民族团结教育存在盲目性和随意性，流于形式的教学不能真正达到预期的教育效果。就民族团结进步教育的知识体系来看，涉及的领域十分广泛，主要包括民族、政治、经济、历史、艺术、民俗等，新编教材是依据课程目标的要求，综合汇编了不同领域的知识，从而建构系统弘扬中华民族传统美德、促进民族交流团结的文化教育体系，需要老师们在备课时针对教材的内容要求，查找相关资源，整合相关学科的知识，凝练课程知识体系。

因此，在队伍建设的指标设置中，包含了学校构建民族团结进步教育整体育人团队；学校严格考察教师师德师风思想、政治素质、责任意识；学校强化师资培训，将民族团结进步教育培训纳入教师继续教育整体规划；授课教师须具备民族团结进步教育专业能力、专业素养、积极情感；授课教师的国家通用语言文字水平达标等具体指标。《深化新时代学校民族团结进步教育指导纲要》特别提出要加大师资培训力度，全面提高教师国家通用语言文字应用能力和教学水平。教师国家通用语言文字能力不仅是教学质量的基本保证，也是提高民族团结进步教育的基本方法和途径，作为学生成长过程中的"重要他人"，直接影响到学生掌握国家通用语言文字的能力，"以共同语言作为有效沟通和信息互换的载体"[1]，其重要程度不言而喻。民族团结进步教育教师上岗前不仅需接受一定课时的民族团结进步教育专业培训，还要进行国际通用语言文字能力水平的测试，并考核合格。强化师资培训，将民族团结进步教育培训纳入教师继续教育整体规划，同时要落实教师培训、轮训制度与计划，纳入在岗培训学时记录。落实教师轮训制度，每隔一定的周期对教师至少进行一次集中脱产培训，纳入在岗培训学时记录。以此制度的建立，保障师资队伍整体水平持续的发展。

---

[1] 王瑜,马小婷.论加强各民族交往交流交融的内涵辨析、理论释析与教育路径探析[J].广西民族研究,2020(05):32-39.

以上 5 项指标分别从学校育人团队建设、师德师风建设、师资培训与发展、专业能力与专业素养、国家通用语言文字能力等监测学校开展民族团结进步教育师资队伍的达标程度。

5. 重视学校民族团结进步校园文化氛围的感染性

新时代通过强化"三交"的实践路径增进民族团结，要求中小学民族团结进步教育形成多维立体、注重实践的教育教学体系。目前，民族团结进步教育除课堂之外还包括创建民族团结进步教育活动、注重校园文化建设等。从学术文献和实践调研中均可发现学校开展民族团结进步教育十分重视文化的濡化作用，以浓郁的文化氛围感染学生。校园文化建设指标设置了学校依托少先队、学生社团等组织开展丰富的校园文化活动；学校具有民族团结进步教育的浓厚氛围；学校在日常活动中增强国家符号和民族文化的感知；学校积极开展主题教育实践活动；学校能够利用条件开展校外社会实践活动；学校注重净化校园网络环境等具体指标。

《纲要》中明确提出对小学各阶段开展民族团结进步教育的要求：在小学低、中年级阶段，组织学生观看"中华民族全家福"图片、学唱儿歌等。观看民族传统服饰、建筑等图片、视频等，初步感知中华文化的多样性和交融性……小学高年级阶段，教育引导学生了解中华民族是一个血脉相连、团结互助的关系；了解中华大地是各民族共同生活的家园、共同团结奋斗的家园。小学低、中年级初步感知中华民族是多民族的大家庭，牢记自己是中国人；利用重大纪念日、中华民族传统节日等载体，初步感知各民族共享的中华民族形象和中华文化符号，让学生牢固树立自己是中华民族一员的意识。从文件要求来看，小学阶段更应注重校园文化建设、环境创建、活动开展等直观性、体验式的教学。校园文化的创设是隐性课程的一部分，能够对学生起到潜移默化的影响。

从环境布置上，学校应该有意营造学校民族团结和教育氛围。学校的教室、陈列室、图书馆、宿舍、墙壁、板报、橱窗都应该设置展现体现民族团结进步教育内容的作品。在实地调研的观察记录中，小学在校园环境创设中均具有民族团结的手抄报、板报、民族团结作品展示墙、民族文化长廊等多种形式的体现民族团结进步教育内容的作品。在日常活动中，鼓励各民族学生积极参加学校社团组织、文体活动和志愿者活动，开展友好班级共建活动，积极利用当地特色的教育基地开展社会实践。学生在活动课程的学习交流过程中，实现自身学习能力的提升、知识储备的增加、情感体验的强化，行为习惯逐步养成，将民族团结潜移默化为学生内心所认同的观念。在新的时代发展背景下，学校也要与时俱进，注意坚守网络意识形态阵地，净化校园网络环境，引导学生正确使用网络资源，警惕网络民族情绪与分裂势力渗透。很多学者也意识到了网络对现代教育的冲击，特别是在自媒体时代，极少数别有用心的人通过恶意剪辑、歪曲事实、散播谣言产生了一些负面舆论和不良影响。一些西方记者利用图片拍摄角度、光线或者恶意裁剪，营造出一种阴暗的视觉压迫感，使部分群众产生消极的联想。或者刻意歪曲解读民族差异性，使部分群众产生民族间疏离感。①由此可见，在互联网迅速发展的当代，网络媒体成为学生接收信息的重要来源之一。网络传播具有开放性与匿名性的特点，使得网络环境更加多样与复杂。很多学者敏锐地发现了网络媒体对学生身心健康、价值观形成的潜在影响，以此为研究对象，表明合理运用网络新媒体资源进行民族团结进步教育时，也要警惕互联网使用带来的风险。王卓认为传统民族团结教育主要有以下问题：教育对象范围不够大、教学者专业性不够、权威弱化、教学方式和手段单一、课程目标设置不明确等问题，并提出因为这些问题的存在，制约了网络时代的民族团结教育发展。②中小学生还处于身心发展的未成熟阶段，面对纷繁的网络信息，辨别信息真伪的能力不强，容易调动情绪，甚至滋生负面情绪，发表不当的言论，需要教育者自身提高媒体素养的同时积极正向地引导学生，逐步提升学生的媒介素养，提高获取信息与辨别信息的能力，及时纠正不当的言行。

---

① 倪佳瑜,刘焕明.论新时代中华民族命运共同体的构建与维护[J].广西社会科学,2019(04):43-48.
② 王卓.网络时代民族团结教育研究——铸牢中华民族共同体意识研究系列论文之一[J].广西民族研究,2021(01):11-16.

以上 6 项指标旨在监测校园文化建设中的各项内容，包括校园文化活动、环境创设、社会实践、主题教育、文化氛围、网络环境等对学生直观体验、潜移默化的影响因素。

6. 关注学校民族团结进步教育育人效果的实效性

育人效果的实效性主要对学校开展民族团结进步教育课程、活动所达到的效果进行考察，也就是评价学校民族团结进步教育的开展是否满足了预期目标。育人效果指标下设置了学生能够掌握、使用国家通用语言文字；学生了解统一的多民族国家和民族团结的基本常识；学生形成了自己是中华民族一员的认识与民族团结一家亲的观念；学生具有爱国主义情怀，树立了较强的爱国观念，能够践行爱国行为；学生愿意积极、主动参与各种民族交流交往交融活动；学生具备初步国家意识、公民意识、法治意识；学生能够与各族同学、教师互敬互爱、友好相处；学生能够坚决反对破坏民族团结、分裂祖国的言行等具体指标。

国家政策文件中提出民族团结进步教育的目的是要培养"两个接班人"，即社会主义事业、民族团结的接班人。《纲要》提出要激发学生的家国情怀，提升国家意识、公民意识法治意识，培育家国情怀，旗帜鲜明地反对分裂国家图谋和破坏民族团结的言行，自觉投身于共同团结奋斗、共同繁荣发展的伟大实践，成长为具有时代担当、敢于面对困难的新时代人才。这个教育目的宏观表述了民族团结进步教育究竟要培养什么样的人、为谁培养人。毋庸置疑，我国民族团结进步教育的目的是培养社会主义的人才、牢固树立共同体意识的人才，是推进共同体建设的后备力量。育人效果的各项具体指标是对教育目标预期实现结果的具体化表达，在语言文字能力方面，学生是否达到了要求和标准，在接受了学校民族团结进步教育以后，民族团结的认知、情感、意志、行为是否产生了实质性的变化和发展，思想上是否具备坚定的政治立场、积极拥护民族团结、牢固树立了中华民族共同体意识、情感上是否树立了较强的爱国观念、民族团结观念、法治与公民观念、意志上是否能坚决抵制破坏祖国统一的言行，行为上是否能与同学友爱相处、互帮互助、是否能够践行爱国行为等。

以上 8 项指标是不仅包括学校中观评价，也是更为细化的观测学生发展的评价，包括对受教育者在国家通用语言文字能力、民族团结认知、意识、情感、行为等各方面的监测。新时代学生的成长发展有着许多新情况、新特点，学校民族团结进步教育评价指标体系的构建，关注了学生的成长发展需求与学校民族团结进步教育工作需求的结合点。

第二节　德尔菲法评价指标修订

对初拟的评价指标体系进行合理的归并和筛选是指标收敛阶段的主要任务。①收敛是为了简化评价指标，最终目的是揭示事物的本质内涵，从而确保评价的真实性和有效性；与此同时，德尔菲法评价的重点是使评价更有针对性和可行性。这一阶段参与评价的人员应当有委托人、专家、管理者和其他相关人员。

初步构建小学阶段学校民族团结进步教育评价指标体系理论模型之后，运用德尔菲法，对扎根理论编码所初拟的学校民族团结进步教育评价指标体系进行内容和结构的进一步优化、归并，旨在修正和完善指标，以此构建较为完善的学校民族团结进步教育评价指标体系的理论模型。

一、研究方法与工具

运用德尔菲法进行专家意见征询是教育评价理论里常见的研究资料收集方法。这一方法以构建群组的方式进行交流，使得该过程有效地允许一组个体作为一个整体来处理复杂问题。②可以使用德尔菲法就相关问题询问专家意见，使用这种匿名交流的方法既能为专家提供交流的空间，又能够避免观点

---

① 金娣,王钢.教育评价与测量.第 2 版[M].北京:教育科学出版社,2007:108-109.
② 林秀清,杨现民,李怡斐.中小学教师数据素养评价指标体系构建[J].中国远程教育,2020（02）:49-56+75+77.

被权威左右，使得专家可以根据专业知识对某一问题提出自己的看法。为了进一步判断运用扎根理论编码形成的指标体系是否全面涵盖了学校民族团结进步教育评价的关键要素、是否存在不必要的指标、是否需要对指标进行进一步的归纳或者合并，本阶段研究采用德尔菲专家咨询法，对专家进行了两轮意见征询以优化指标，采用自编《学校民族团结进步教育评价指标专家咨询问卷》作为研究工具。运用《学校民族团结进步教育评价指标专家咨询问卷（德尔菲法）》（附录三）请专家对各层级指标的重要性程度进行打分，直至每个指标通过一致性检验，没有增加指标，专家意见基本统一为止。

二、专家选择

为了确保评价指标体系的学理性、合理性和可操作性，在对指标进行筛选步骤，基于目的抽样的原则，共邀请了17位民族教育领域研究专家进行意见征询。专家选择是德尔菲法开展的重要环节之一，参与本阶段研究的专家均为与学校民族团结进步教育研究和学校民族团结进步教育实践紧密相关的研究者和参与者。17位民族教育领域专家分别来自北京、云南、四川、青海、甘肃。其中有两位专家分别参与过2008年《学校民族团结进步教育指导纲要》、2021年《深化新时代学校民族团结进步教育指导纲要》的起草和修订，多位专家参与过学校民族团结进步教材、教参的编写，2位专家对学校评价指标有深入的研究，并参与编写了相关教材。同时，各位专家长期扎根民族教育领域的理论与实证研究，积累了丰富而宝贵的研究经验，为研究民族团结进步教育提供了生动的案例，同时对评价学校民族团结进步教育提出了来自理论研究和实践经验的相关建议。两轮德尔菲法的专家构成一致，专家信息见表4-5。

表 4-5 专家基本信息（N=17）

项目	分类	人数	占比（%）
性别	男	10	58.8
	女	7	41.2
年龄	40-49 岁	5	29.4
	50-59 岁	10	58.8
	60 岁以上	2	11.8
职称	副教授	6	35.3
	教授	11	64.7
研究领域	教育测量与评价	1	5.9
	民族教育	8	47.1
	民族教育与心理	3	17.6
	民族教育与政治	1	5.9
	民族理论与政策	1	5.9
	民族学前教育	1	5.9
	民族政治	1	5.9
	少数民族教育政策	1	5.9
硕博导	硕导	6	35.3
	博导	11	64.7

（一）专家基本信息

本研究第一轮选择专家函询的方式发放问卷，分别收取第一轮和第二轮有效问卷 17 份。参与本次专家函询的男性专家 10 人，女性专家 7 人。年龄在 40—49 岁专家占比为 29.4%，50—59 岁专家占比为 58.8%，60 岁以上专家占比为 11.8%。研究领域为民族教育的专家人数最多，占比为 47.1%，其次为民族教育与心理的专家，占比为 17.6%。硕导专家占比为 35.3%，博导专家占比为 64.7%。参与咨询的专家具有很高的专业权威性、具备丰富的理论基础和实践经验。

(二) 专家函询的可靠性评价

专家积极系数、专家权威程度是判断专家团队对该项研究的重视程度与专业化程度的标准。本研究设计中以专家自评的方法调查参与咨询专家的权威程度。专家权威程度对评价的可靠性具有较大影响。专家权威程度通常由两个因素决定，即专家对指标作出判断的依据（Ca）和专家对指标的熟悉程度（Cs）。[①]

1. 专家积极性系数（Cj）

专家积极性系数（Cj）用专家咨询问卷的回收率表示，公式表示为专家积极性系数（Cj）=应答专家/全部调查专家*100%。本研究中，两轮专家函询，均发放 20 份问卷，回收有效问卷均为 17 份，回收率为 17/20*100%=85.0%。说明专家对本研究积极性较高、关心与合作程度较高。

表 4-6 专家函询问卷回收情况

发放问卷	回收问卷	回收率%
20	17	85.0

2. 专家权威系数（Cr）

专家权威系数（Cr）是由专家熟悉程度系数（Cs）和专家判断依据系数（Ca）构成的，是二者的算数平均值，计算公式为 Cr=（Cs+Ca）/2。通常 Cr>0.7 为可接受程度范围。

3. 专家熟悉程度系数（Cs）

专家熟悉程度系数（Cs），是专家对函询内容的熟悉程度的自我评价，分

---

① 吴扬.融合幼儿班集体教学活动评价指标体系构建——基于德尔菲法的调查研究[J].中国特殊教育,2018(10):18-25.

为五个等级,分别为很熟悉、熟悉、一般熟悉、不太熟悉、不熟悉,等级赋值分别为 1.0、0.8、0.6、0.4、0.2。通过统计专家函询熟悉程度的频数,计算专家熟悉程度系数(C_s)为 0.953。

表 4-7 专家对指标熟悉程度量化表

熟悉程度	很熟悉	熟悉	一般熟悉	不太熟悉	不熟悉
量化值	1	0.8	0.6	0.4	0.2
频数	13	4	0	0	0

4. 专家判断依据系数(C_a)

专家判断依据系数(C_a),是专家对函询内容判断依据的自我评价,从实践经验、理论依据、同行了解、个人直觉四个方面进行判断,分为三个等级,分别大、中、小,专家对指标判断依据量化表见表 4.8。

表 4-8 专家对指标判断依据量化表

判断依据	大(1.0)	中(0.8)	小(0.6)
实践经验	0.5	0.4	0.3
理论依据	0.3	0.2	0.1
同行了解	0.1	0.1	0.1
个人直觉	0.1	0.1	0.1

专家函询判断依据自评频数,见表 4.9。通过表 4.7 和表 4.8,计算可得专家判断依据系数(C_a)为 0.976。

表 4-9 专家判断依据自评频数表

判断依据	大	中	小
实践经验	16	1	0
理论依据	15	1	1
同行了解	1	7	9
个人直觉	0	8	9

综合上述分析，专家函询专家熟悉程度系数（Cs）为 0.953，专家判断依据系数（Ca）为 0.976，因此，专家权威系数（Cr）=（0.953+0.976）/2=0.965>0.7，表明专家的权威程度较高。

5. 专家意见协调性系数（W）

专家意见协调性系数（W），反映的是所有专家对评价指标意见的协调程度，协调性系数 W 越大，表示协调程度越高，其值范围为 0—1。第一轮专家意见肯德尔协调系数为 0.258（显著性 P<0.05），说明第一轮专家意见趋于一致，专家评价意见协调程度较高。第二轮专家意见肯德尔协调系数为 0.288（显著性 P<0.05），说明第二轮专家意见趋于一致，专家评价意见协调程度较高。见表 4-10。

表 4-10　专家意见协调性系数

轮次	协调系数（W）	卡方值（x^2）	自由度（df）	显著性（P）
第一轮	0.258	192.975	44	0.000
第二轮	0.288	205.376	42	0.000

三、研究过程

采用李克特五级评分法，对体系各指标重要性进行评估，对重要程度进行赋值，非常重要=5 分，比较重要=4 分，一般重要=3 分，不重要=2 分，很不重要=1 分。采用均值、标准差、变异系数对调查结果进行描述统计。根据重要性得分均值≥3.5，标准差≤1，变异系数≤25%，同时满足三个条件的条目予以保留。

（一）第一轮一级指标专家函询结果

专家对第一轮一级指标评价中，均值范围为 4.71—5.00，均高于 3.5，说明专家对一级指标的重要性评价较高。标准差范围为 0.00—0.47，均小于 1，说明专家对一级指标的评价意见较为集中。变异系数范围为 0.00%—9.98%，均低于25%，说明专家意见协调性好。因此，所有第一轮一级指标予以保留。结果详见表4-11。

表4-11 第一轮一级指标专家函询结果

一级指标	均值	标准差	变异系数%
A 办学方向	4.88	0.33	6.80
B 课程教学	4.82	0.39	8.15
C 工作机制	4.71	0.47	9.98
D 队伍建设	4.71	0.47	9.98
E 校园文化	5.00	0.00	0.00
F 学生发展	4.88	0.33	6.80

（二）第一轮二级指标专家函询结果

专家对二级指标评价中，均值范围为3.71—5.00，均高于3.5，说明专家对二级指标的重要性评价较高。条目"B4 实施历史认知、文化认知教育，树立文化自信。""C8 学校管理具有统筹规划意识。教育系统内协同创新，各主体各负其责、资源共享。""F4 学生具有爱国主义情怀，树立了较强的爱国观念，能够践行爱国行为。"标准差大于1，且变异系数大于25%，说明该条目专家意见不集中且协调性差，所以将该条目删掉。结果详见表4-12。

表4-12 第一轮二级指标专家函询结果

二级指标	均值	标准差	变异系数%
A1 加强党对民族团结进步教育的全面领导，坚持社会主义办学方向、立德树人根本任务。	4.88	0.33	6.80
A2 学校高度重视民族团结进步教育，作为学校教育的重要部分。	4.71	0.47	9.98
A3 学校将民族团结进步教育融入教育教学全过程，引导各族师生铸牢中华民族共同体意识。	4.76	0.44	9.18

续表

二级指标	均值	标准差	变异系数%
A4 学校将民族团结进步教育对象面向各民族学生。	5.00	0.00	0.00
A5 学校全面推进普及国家通用语言文字教育。	4.53	0.51	11.36
B1 学校开设民族团结进步教育专门课程，小学四五年级每学年不少于12课时。	4.71	0.47	9.98
B2 学校开展民族团结进步教育专题教育。	4.12	0.49	11.78
B3 在各个学科或主题教学中有机融入民族团结进步教育内容。	4.71	0.47	9.98
B4 实施历史认知、文化认知教育，树立文化自信。	4.06*	1.03*	25.35
B5 学校使用国家统一编写、统一审核的民族团结进步教育教材、教参。	4.35	0.49	11.32
B6 创新民族团结进步教育教学方式。	4.41	0.51	11.50
B7 丰富教育资源，积极利用新形式新媒体新载体。	4.47	0.51	11.51
C1 学校设置民族团结进步教育分管领导小组。	4.71	0.47	9.98
C2 学校制定民族团结进步教育总体实施方案或指南。	4.47	0.72	16.05
C3 学校具有与家庭、社会的民族团结进步教育协同育人机制。	4.76	0.44	9.18
C4 学校具有民族团结进步教育地域间、校际联动机制、教育工作联盟机制。	4.24	0.44	10.32
C5 学校具有民族团结进步教育相应的经费投入与教学设施、器材的保障制度。	3.71	0.69	18.51
C6 学校具有混合编班、各民族联谊活动、友好班级共建等交往交流机制。	4.59	0.51	11.06
C7 学校具有对民族团结进步教育育人效果的考察监测机制。	4.53	0.51	11.36
C8 学校管理具有统筹规划意识。教育系统内协同创新，各主体各负其责、资源共享。	3.94*	1.03*	26.11

续表

二级指标	均值	标准差	变异系数%
D1 学校构建民族团结进步教育整体育人团队。	4.76	0.44	9.18
D2 学校严格考察教师师德师风思想、政治素质、责任意识。	5.00	0.00	0.00
D3 学校强化师资培训，将民族团结进步教育培训纳入教师继续教育整体规划。	4.88	0.33	6.80
D4 教师须具备民族团结进步教育专业能力、专业素养、积极情感。	4.88	0.33	6.80
D5 教师的国家通用语言文字水平达标。	4.65	0.49	10.60
E1 依托少先队、学生社团等组织开展丰富的校园文化活动。	4.76	0.44	9.18
E2 学校具有民族团结进步教育的浓厚氛围。	4.65	0.49	10.60
E3 日常活动中增强国家符号和民族文化的感知。	4.65	0.49	10.60
E4 开展主题教育实践活动。	4.53	0.51	11.36
E5 开展校外社会实践活动。	4.59	0.51	11.06
E6 净化校园网络环境。	5.00	0.00	0.00
F1 学生能够掌握、使用国家通用语言文字。	4.88	0.33	6.80
F2 学生了解统一的多民族国家和民族团结的基本常识。	4.76	0.44	9.18
F3 学生形成了自己是中华民族一员的认识与民族团结一家亲的观念。	4.88	0.33	6.80
F4 学生具有爱国主义情怀，树立了较强的爱国观念，能够践行爱国行为。	4.18*	1.29*	30.80
F5 学生愿意积极、主动参与各种民族交流交往交融活动。	4.88	0.33	6.80
F6 学生具备初步国家意识、公民意识、法治意识。	4.76	0.44	9.18
F7 学生与各族同学、教师互敬互爱、友好相处。	5.00	0.00	0.00
F8 学生反对破坏民族团结、分裂祖国的言行。	4.76	0.44	9.18

注：*表示不符合纳入标准的条目

综合上述分析，根据第一轮专家评分修改为：

第一轮一级指标所有条目重要性得分均满足均值≥3.5，标准差≤1，变异系数≤25%，经研究小组讨论，所有一级指标予以保留。

第一轮二级指标中，条目"B4 实施历史认知、文化认知教育，树立文化自信。""C8 学校管理具有统筹规划意识。教育系统内协同创新，各主体各负其责、资源共享。""F4 学生具备初步国家意识、公民意识、法治意识。"标准差大于1，且变异系数大于25%，标准差大于1，且变异系数大于25%，符合排除标准，暂时排除。

第一轮二级指标中，有3位专家建议增加"A6 各学校在发展愿景、制度文化、特色建设中的自设指标。"经研究分析，在第二轮专家函询中增加该指标。

（三）第二轮一级指标专家函询结果

专家对第二轮一级指标评价中，均值范围为4.71—5.00，均高于3.5，说明专家对一级指标的重要性评价较高。标准差范围为0.00—0.47，均小于1，说明专家对一级指标的评价意见较为集中。变异系数范围为0.00%—9.98%，均低于25%，说明专家意见协调性好。因此，所有第二轮一级指标予以保留。结果详见表4-13。

表4-13 第二轮一级指标专家函询结果

一级指标	均值	标准差	变异系数%
A 办学方向	4.88	0.33	6.80
B 课程教学	4.76	0.44	9.18
C 工作机制	4.71	0.47	9.98
D 队伍建设	4.71	0.47	9.98
E 校园文化	5.00	0.00	0.00
F 学生发展	4.88	0.33	6.80

(四) 第二轮二级指标专家函询结果

专家对第二轮二级指标评价中，均值范围为 3.65—5.00，均高于 3.5，说明专家对第二轮二级指标的重要性评价较高。第二轮二级指标评价中，标准差范围为 0.00—0.73，变异系数范围为 0.00%—17.42%，所有条目标准差均小于 1，且变异系数均小于 25%，说明第二轮二级指标专家意见集中且协调性良好，所有条目予以保留。结果详见表 4-14。

表 4-14 第二轮二级指标专家函询结果

二级指标	均值	标准差	变异系数%
A1 加强党对民族团结进步教育的全面领导，坚持社会主义办学方向、立德树人根本任务。	4.88	0.33	6.80
A2 学校高度重视民族团结进步教育，作为学校教育的重要部分。	4.53	0.51	11.36
A3 学校将民族团结进步教育融入教育教学全过程，引导各族师生铸牢中华民族共同体意识。	4.65	0.49	10.60
A4 学校将民族团结进步教育对象面向各民族学生。	4.94	0.24	4.91
A5 学校全面推进普及国家通用语言文字教育。	4.53	0.51	11.36
A6 各学校在发展愿景、制度文化、特色建设中的自设指标。	4.00	0.71	17.68
B1 学校开设民族团结进步教育专门课程，小学四五年级每学年不少于12课时。	4.71	0.47	9.98
B2 学校开展民族团结进步教育专题教育。	4.18	0.39	9.41
B3 在各个学科或主题教学中有机融入民族团结进步教育内容。	4.71	0.47	9.98
B5 学校使用国家统一编写、统一审核的民族团结进步教育教材、教参。	4.35	0.49	11.32
B6 创新民族团结进步教育教学方式。	4.41	0.51	11.50

续表

二级指标	均值	标准差	变异系数%
B7 丰富教育资源，积极利用新形式新媒体新载体。	4.47	0.51	11.51
C1 学校设置民族团结进步教育分管领导小组。	4.53	0.51	11.36
C2 学校制定民族团结进步教育总体实施方案或指南。	4.53	0.51	11.36
C3 学校具有与家庭、社会的民族团结进步教育协同育人机制。	4.76	0.44	9.18
C4 学校具有民族团结进步教育地域间、校际联动机制、教育工作联盟机制。	4.24	0.44	10.32
C5 学校具有民族团结进步教育相应的经费投入与教学设施、器材的保障制度。	3.65	0.49	13.51
C6 学校具有混合编班、各民族联谊活动、友好班级共建等交往交流机制。	4.59	0.51	11.06
C7 学校具有对民族团结进步教育育人效果的考察监测机制。	4.53	0.51	11.36
D1 学校构建民族团结进步教育整体育人团队。	4.76	0.44	9.18
D2 学校严格考察教师师德师风思想、政治素质、责任意识。	5.00	0.00	0.00
D3 学校强化师资培训，将民族团结进步教育培训纳入教师继续教育整体规划。	4.88	0.33	6.80
D4 教师须具备民族团结进步教育专业能力、专业素养、积极情感。	4.88	0.33	6.80
D5 教师的国家通用语言文字水平达标。	4.65	0.49	10.60
E1 依托少先队、学生社团等组织开展丰富的校园文化活动。	4.76	0.44	9.18
E2 学校具有民族团结进步教育的浓厚氛围。	4.65	0.49	10.60
E3 日常活动中增强国家符号和民族文化的感知。	4.65	0.49	10.60
E4 开展主题教育实践活动。	4.53	0.51	11.36

续表

二级指标	均值	标准差	变异系数%
E5 开展校外社会实践活动。	4.59	0.51	11.06
E6 净化校园网络环境。	5.00	0.00	0.00
F1 学生能够掌握、使用国家通用语言文字。	4.88	0.33	6.80
F2 学生了解统一的多民族国家和民族团结的基本常识。	4.76	0.44	9.18
F3 学生形成了自己是中华民族一员的认识与民族团结一家亲的观念。	4.88	0.33	6.80
F4 学生愿意积极、主动参与各种民族交流交往交融活动。	4.88	0.33	6.80
F6 学生具备初步国家意识、公民意识、法治意识。	4.18	0.73	17.42
F7 学生与各族同学、教师互敬互爱、友好相处。	5.00	0.00	0.00
F8 学生反对破坏民族团结、分裂祖国的言行。	4.76	0.44	9.18

综合上述分析，根据第二轮专家评分结果为：

第二轮一级指标和二级指标所有条目重要性得分均满足均值≥3.5，标准差≤1，变异系数≤25%，经研究分析，所有第二轮一级指标和二级指标予以保留。

四、研究结果与讨论

（一）专家对评价指标体系的整体建议

17位专家不仅对各层级评价指标进行了重要性程度判断，同时对指标的适切性、全面性和可行性进行了分析、讨论和判断，即指标内容是否科学客观，是否符合学校民族团结进步教育的要求和定位、评价指标的全面性，指标内容是否有所遗漏、评价指标的可行性，指标评价内容在实践中是否可以操作等。

针对指标体系的构建和具体指标的表述，各位专家给出了非常中肯的意见，并结合自身的理论分析与实践经验对指标修改提出了合理的建议。根据专家的反馈情况，专家意见征询后针对各部分意见进行了专家访谈。

第一，专家认为对指标体系的维度划分比较合理，6 大维度基本涵盖了评价学校民族团结进步教育的主要方面，认为指标体系整体结构清楚、维度合理。从评价指标的具体内容来看，专家认为评价指标的内容相对比较全面，基本上包含了评价的关键要素，指标间具有较好的区分度，适合评价小学学段的民族团结进步教育开展情况。同时指出要注意指标体系要突出民族团结进步教育特殊内涵，避免外延无限扩大，导致与思想政治教育等重合的建议。

第二，不足之处：指标内容全面但有所重复，需要进行进一步的归并、精简。具体评价指标的内容表述还需要再修改，与思想政治教育、爱国主义教育区别开来。所有学校教育活动的评价最终还是要落到学生的发展和变化，这应该是评价的落脚点。当前大多数学校非课程形态的民族团结教育的效果到底怎么样理应是评价关注的重点。

第三，具体删除、归并指标。第一轮专家意见征询中，三个二级指标符合删除标准。B4"实施历史认知、文化认知教育，树立文化自信"、C8"从校管理具有统筹规划意识。教育系统内协同创新，各主体各负其责、资源共享"、F4"学生具有爱国主义情怀，树立了较强的爱国观念，能够践行爱国行为"标准差大于 1，且变异系数大于 25%，说明该条目专家意见不集中且协调性差。经过与专家的讨论，认为 B4 指标"实施历史认知、文化认知教育"，与 B1"设立民族团结教育专业课程"、B2"开展民族团结专题"、B3"在各个学科或主题教学中有机融入民族团结进步教育内容"这三项指标在指标内涵上重复，历史认知、文化认知教育属于学校开展民族团结进步教育的内容，各学科融入民族团结进步教育也包括历史认知、文化认知教育，建议与前三项指标归并即可。C8"从校管理具有统筹规划意识。教育系统内协同创新，各主体各负其责、资源共享"指标过于笼统，在评价实践中不宜操作。该指标可以作为 C2"学校制定民族团结进步教育总体实施方案或指南"的指标具体表述，不宜单独作为一个指标，建议删除。F4"学生具有爱国主义情怀，树立了较强的爱国观念，能够践行爱国行为"指标意在测量学生接受民族团结进步教育后的爱国主义情感和行为方面的变化，与 F8 测量的内容相似，建议与 F8 归并。指标表述应更加侧重民族团结进步教育作为专项教育、专项评价，与思想政治教育、爱国主义教育有所区别。

第四，具体增加指标。专家建议指标体系区分民族学校和普通学校，两类学校的指标体系应有所区别。各地区、学校的具体情况不同，预留特色指标能够为不同地域的学校保留弹性评价的空间。

（二）针对专家意见的指标修改

目前为止，在对指标的筛选归类上，国内外使用理论和统计相结合、专家评价互相印证的方式。教育评价理论对指标的筛选和归类原则做出了规定。[①]

第一，指标必须有意义。这是指该指标对教育活动产生深远持久的影响。在对指标进行筛选的时候，应当剔除掉那些影响较小、次要的、冗杂的指标，这样才能更好地体现指标的引导作用。

第二，评价必须是独立的。这是指在评价体系中各项指标没有冗余，互相独立，不存在重叠的现象。如果存在重叠，要对重叠的指标进行删除，这样有利于发挥指标的导向作用，体现指标体系的科学性和可行性。

第三，指标要体现出反映对象的根本内容。对象的特征通过指标来体现，但是在这个过程中可能会丢失其本质内容，即指标没有反映出目标的本质内容。可以根据实际情况删除那些不能反映目标根本内容的指标，这样才能提高评价的有效性。

第四，指标应当尽可能体现可观察、可测量的特点。提高评价的可操作性。

针对专家对评价指标体系的整体修改建议及专家打分的量化结果，结合国内教育评价理论对指标归并与筛选的基本原则，做出如下修改：

---

① 金娣,王钢.教育评价与测量.第 2 版[M].北京:教育科学出版社,2007:108–109.

首先，指标体系对课程形态与非课程形态的学校民族团结进步教育都列出了具体指标，其中的权重比例根据专家打分后确定。

其次，根据专家反馈的意见，研究在以下方面对评价指标体系进行了修订：删除 B4 "实施历史认知、文化认知教育，树立文化自信"、C8 "从校管理具有统筹规划意识。教育系统内协同创新，各主体各负其责、资源共享"，从而使评价的目标更加聚焦和集中。F4 "学生具有爱国主义情怀，树立了较强的爱国观念，能够践行爱国行为"结合实际情况，与 F8 进行了归并，表二级指标 F8 内涵的描述为："学生具有爱国主义情怀，树立了较强的爱国观念，能够践行爱国行为。能够旗帜鲜明地反对分裂国家图谋和破坏民族团结的言行"表述更加明确规范。

再次，增设各学校设置特色指标 A6，具体表述为：各学校在发展愿景、制度文化、特色建设中的自设指标。对于自设指标，专家依然有不同的意见，一部分专家认为应该增加学校自设指标，为不同地域的学校保留弹性评价的空间。一部分专家认为没有必要。结合实地调研情况，各地区、学校的具体情况确实有很大差异，综合专家学者、学校管理者、教师意见，研究者经过反复斟酌，决定在专家为指标赋值权重阶段及指标应用阶段再增加自设指标。

表 4–15

二级指标
A1 学校要坚定政治立场、坚持党对民族团结进步教育工作的全面领导，以培养社会主义和民族团结接班人为根本任务。
A2 学校应把民族团结置于重要发展地位，作为德育的重要部分。
A3 学校将民族团结进步教育融入教育教学全过程，引导各族师生铸牢中华民族共同体意识。
A4 学校将民族团结进步教育对象面向各民族学生。
A5 学校全面落实国家通用语言文字教育教学。
A6 各学校在发展愿景、制度文化、特色建设中的自设指标。
B1 学校开设民族团结进步教育专门课程，小学四五年级每学年不少于 12 课时。

续表

二级指标
B2 学校开展民族团结进步教育专题教育。
B3 学校在各个学科或主题教学中有机融入民族团结进步教育内容。
B4 学校在教学中要实施正确的历史认知、文化认知教育，树立文化自信。
B5 学校必须使用国家统一编写、统一审核的民族团结进步教育教材、教参。
B6 学校应积极创新民族团结进步教育教学方式。
C1 学校设置民族团结进步教育分管领导小组。
C2 学校制定民族团结进步教育总体实施方案或指南。
C3 学校具有与家庭、社会的民族团结进步教育协同育人机制。
C4 学校具有民族团结进步教育地域间、校际联动机制、教育工作联盟机制。
C5 学校具有民族团结进步教育相应的经费投入与教学设施、器材的保障制度。
C6 学校具有混合编班、各民族联谊活动、友好班级共建等交往交流机制。
C7 学校具有对民族团结进步教育育人效果的考察监测机制。
D1 学校构建民族团结进步教育整体育人团队。
D2 学校严格考察教师师德师风思想、政治素质、责任意识。
D3 学校强化师资培训，将民族团结进步教育培训纳入教师继续教育整体规划。
D4 教师须具备民族团结进步教育专业能力、专业素养、积极情感。
D5 教师的国家通用语言文字水平达标。
E1 依托少先队、学生社团等组织开展丰富的校园文化活动。
E2 学校具有民族团结进步教育的浓厚氛围。
E3 日常活动中增强国家符号和民族文化的感知。
E4 开展主题教育实践活动。
E5 开展校外社会实践活动。
E6 净化校园网络环境。
F1 学生能够掌握、使用国家通用语言文字。
F2 学生了解统一的多民族国家和民族团结的基本常识。

续表

二级指标
F3 学生形成了自己是中华民族一员的认识与民族团结一家亲的观念。
F4 学生愿意积极、主动参与各种民族交流交往交融活动。
F5 学生具备初步国家意识、公民意识、法治意识。
F6 学生与各族同学、教师互敬互爱、友好相处。
F7 学生树立了较强的爱国观念，能够践行爱国行为。反对破坏民族团结、分裂祖国的言行。

(三) 德尔菲法的不足之处

首先，本研究使用德尔菲法对民族团结教育评价指标进行了增删、归并、进一步合理化。德尔菲法为评价搭建了平等交流的桥梁，使评价具有匿名性、即时性和统计性的特点，能够为各位专家提供发表自己观点的空间，集中各位专家的看法，避免权威人士影响大众判断，具有较高的准确性。但是任何研究方法都具有一定的局限，德尔菲法也不例外，比如专家分别只与研究者保持密切互动关系，而各位专家互相之间缺乏探讨和交流，所以得出的结论可能存在片面性；研究者对专家的意见进行梳理的时候可能会根据自身的理论基础和学科背景加入主观的判断，导致结果可能存在一定的片面性和失真的现象。另外，德尔菲法是一种匿名的思想交流方法，使用问卷的方式询问权威专家的看法，要求所选择专家是某一领域的权威，具备该领域深厚的理论基础。本研究使用"目的抽样"的方法选取具有极高权威性的17位专家参与德尔菲法的专家意见征询。研究邀请的17位专家学者所研究的领域涵盖了民族教育领域、民族政策与理论领域、民族心理领域、教育测量学领域，研究以专家自我判断的方式对其专业上的权威进行了统计分析，不过与此同时非随机抽样难免带来一些对推广性的质疑。最后，德尔菲法的征询第一轮一般是开放式的，即只提出对研究范围的预测问题，请专家围绕这些问题提出预测事件。但是因为关于学校民族团结进步教育评价的研究较少，因而在此阶段，本研究是基于扎根理论形成的评价指标体系为德尔菲法的判断基础，提出了初拟评价指标体系，可能会对专家的判断产生一定程度的影响。

第三节 学校民族团结进步教育评价模型验证

一、研究设计

（一）研究对象

表 4-16 教师基本信息（N=344）

项目	分类	人数	占比（%）
性别	男	149	43.3
	女	195	56.7
年龄	20—30 岁	67	19.4
	31—40 岁	177	51.5
	41—50 岁	79	23.0
	51 岁及以上	21	0.06
学校类型	普通小学	102	29.7
	民汉合校	144	41.9
	民族小学	98	28.5
民族	汉族	136	39.5
	蒙古族	55	16.0
	回族	52	15.1
	藏族	67	19.5
	维吾尔族	31	0.09
	东乡族	3	0.01

样本描述：共收取有效问卷 344 份。教师总人数的性别结构为：男性教师 149 人，占总人数 43.3%，女性教师 195 人，占总人数 56.7%；教师总人数的年龄结构为：20—30 岁年龄段 67 人，31—40 岁年龄段 177 人，41—50 岁年龄段 79 人，51 岁及以上 21 人；其中所在学校类型为普通小学的教师人数为 102 人，民汉合校的教师人数为 144 人，民族小学的教师人数为 98 人；教师民族组成结构为汉族 94 人，蒙古族 76 人，回族 73 人，藏族 67 人，维吾尔族 31 人，东乡族 3 人。

（二）研究工具

研究采用自编问卷《学校民族团结进步教育评价问卷》（附录四），问卷根据扎根理论得到的初拟指标，经过两轮德尔菲法专家意见征询后，进行了进一步归并、优化。邀请专家论证确定量表维度和题目，对具体题目的表述进行了完善。通过德尔菲法确定学校民族团结进步教育评价的包括由办学方向、课程教学、工作机制、队伍建设、校园文化、学生发展 6 个维度的测量内容，每个维度 5—7 道题目，形成共计 36 道题目的学校民族团结进步教育评价的初始量表。在问卷设计上，研究使用李克特五分量表请教师对所在学校开展民族团结进步教育工作实际情况进行的判断，问卷分别用 5 分、4 分、3 分、2 分、1 分这 5 个分值来表示符合的程度，分值越大表示越符合，这 5 个分值可以用来表示"非常符合""比较符合""一般""不太符合""非常不符合"5 种基本态度等级划分。

（三）研究方法

本节采用莱尔·M·斯宾塞（Lyle M.Spencer）和塞尼·M·斯宾塞提出的模型有效性检验方法之一的"理论构想效度"进行模型验证，即依托已建的评价模型编制问卷，通过问卷因素分析，考察问卷结构与已建模型的吻合度。[1]分析数据运用 SPSS21.0、AMOS21.0 等统计软件进行统计分析。通过对《学校

---

[1] 俞亚萍.高职院校教学名师能力素质模型构建及应用研究[D].南京师范大学,2020:56.

民族团结进步教育开展情况调查问卷》进行项目分析、探索性因素分析、验证性因素分析、信效度分析，进而对学校民族团结进步教育评价模型进行合理性验证。

(四) 施测途径

将编制好的问卷题目录入网络问卷系统中，通过问卷星网络问卷系统发放。问卷结构包括研究目的介绍、问卷指导语、正式题目与答谢。

二、研究过程

本研究应用SPSS21.0数据分析软件对学校民族团结进步教育评价预测试量表的题项进行了项目分析、探索性分析和信度分析，然后对题目作出筛选，从而为正式测试量表确定统计学依据。

(一) 项目分析

本研究的项目分析主要采用独立样本t检验对总得分的极端组进行比较、相关性检验、同质性检验三种统计方法。

一用独立样本t检验对总得分的极端组（高分组的27%和低分组的27%）进行比较来观察和判断每个量表题项之间的差异是否显著（显著性＜0.05有统计学差异且决断值≥3），如果差异显著说明量表各题项之间区别明显。

二用相关性检验来分析每个量表题项与总分的相关，观察相关系数是否达显著水平（相关系数绝对值≥0.4），如果相关显著说明该题项可以测量出总量表需要测量的学校民族团结进步教育评价的内容，项目的区分度高。

三同质性检测有同一性和因素负荷量两方面。同一性表示问卷中题目对某一个共同特点的解释，同一性高说明题目与量表存在的共同特征多。（同一性≥0.2）。因素负荷量表示的是题目和因素之间的相关程度，这一数值越大题目和因素之间相关程度越高，表示题目与量表的同一性越高。（因素负荷量≥0.45）。

表 4-17 各题项的项目分析

题项	极端组比较 决断值	相关性检验 题项与总分相关	同质性检验 同一性	因素负荷量	保留或删除
A2	-19.163***	0.830**	0.546	0.769	保留
A3	-17.646***	0.814**	0.511	0.755	保留
A4	-19.301***	0.848**	0.588	0.801	保留
A5	-19.063***	0.848**	0.620	0.814	保留
B1	-21.186***	0.824**	0.569	0.788	保留
B2	-18.529***	0.760**	0.499	0.697	保留
B3	-17.599***	0.739**	0.400	0.665	保留
B4	-17.085***	0.737**	0.395	0.657	保留
B5	-19.512***	0.80**	0.505	0.761	保留
B6	-25.207***	0.871**	0.688	0.874	保留
C1	-23.716***	0.858**	0.636	0.835	保留
C2	-16.143***	0.759**	0.471	0.713	保留
C3	-15.391***	0.787**	0.508	0.738	保留
C4	-19.550***	0.841**	0.628	0.821	保留
C5	-14.788***	0.751**	0.455	0.693	保留
C6	-19.112***	0.802**	0.535	0.755	保留
C7	-22.343***	0.869**	0.680	0.862	保留
D1	-23.077***	0.865**	0.622	0.828	保留
D2	-19.254***	0.795**	0.489	0.725	保留
D3	-22.544***	0.841**	0.584	0.797	保留
D4	-26.634***	0.862**	0.607	0.820	保留
D5	-26.495***	0.877**	0.663	0.860	保留
E1	-20.593***	0.826**	0.588	0.790	保留
E2	-19.248***	0.805**	0.553	0.761	保留

续表

题项	极端组比较	相关性检验	同质性检验	因素负荷量	保留或删除
	决断值	题项与总分相关	同一性		
E3	−18.991***	0.800**	0.495	0.744	保留
E4	−19.310***	0.833**	0.576	0.799	保留
E5	−17.162***	0.796**	0.515	0.746	保留
E6	−19.406***	0.837**	0.593	0.804	保留
F1	−20.998***	0.818**	0.537	0.767	保留
F2	−16.194***	0.766**	0.510	0.729	保留
F3	−16.103***	0.718**	0.405	0.653	保留
F4	−22.021***	0.793**	0.489	0.732	保留
F5	−3.854***	0.295**	0.194	0.312	删除
F6	−19.816***	0.777**	0.468	0.720	保留
F7	−24.503***	0.819**	0.570	0.786	保留
判别标准	≥3.000	≥0.400	≥0.200	≥0.450	

*p＜0.05 **p＜0.01 ***p＜0.001

A（"办学理念"的简称）维度极端组检验结果显示各题项绝断值均符合判别标准，相关性检验和同质性检验结果均符合判别标准。A 的 5 个题项均都保留进行信度分析。

B（"课程教学"的简称）从极端组的检验中可以看出题目中的临界值在判定标准范围内，相关性和同质性检验结果也在判定标准范围内。B 的 6 个题项均可保留下来做信度分析。

C（"工作机制"的简称）从极端组的检验中可以看出题目中的临界值在判定标准范围内，相关性和同质性检验结果也在判定标准范围内。C 的 7 个题项均可保留下来做信度分析。

D（"队伍建设"的简称）从极端组的检验中可以看出题目中的临界值在

判定标准范围内，相关性和同质性检验结果也在判定标准范围内。D 的 5 个题项均可保留下来做信度分析。

E（"校园文化"的简称）从极端组的检验中可以看出题目中的临界值在判定标准范围内，相关性和同质性检验结果也在判定标准范围内。E 的 6 个题项均可保留下来做信度分析。

F（"学生发展"的简称）从极端组的检验中可以看出题目中的临界值在判定标准范围，F5 的相关性和同质性检验结果都不在判定标准范围内，对 F5 做删除处理，F 量表保留 6 个题项进行信度分析。

（二）信度分析

问卷的进度检验是指以问卷方式对调查对象进行多次重复的问卷调查，用调查结果来测试问卷的稳定性和可靠性，由此来反映问卷测试在多大程度上可以反映真实情况。信度可以分为两种，一种是内在信度，另一种是外在信度。内在信度可以反映问卷本身的问题，从中可以看出问卷中的概念在各个题目中的内在统一性达到什么样的程度。本研究使用 Cronbach's Alpha 的方法对问卷的内在信度进行测量。通过测量可以得出内在信度系数，这一数字越大说明问卷中的概念在各个题目中的一致性越高。相关研究认为该系数的标准值在 0.9，越接近 1，问卷中的概念在各个题目中的一致性越高。系数在 0.8—0.9 这个数值范围内，表示问卷中的概念在各个题目中的一致性一般。系数小于 0.7，说明问卷中的概念在各个题目中的统一性较差，问卷得到的结果不足以作为数据进行研究。本研究从 6 个角度对问卷中概念在各个题目的一致性进行了检验，检验结果见表 4-18。由表中数据可知，CA 系数都大于 0.7，说明该问卷中的概念在各个题目中一致性较高，问卷可以作为本研究的测量工具。

表 4-18 各变量的信度分析

变量	题项	CITC	项已删除的 Cronbach's Alpha 值	Cronbach's Alpha 值
办学理念	A1	0.773	0.865	0.895
	A2	0.722	0.877	
	A3	0.708	0.879	
	A4	0.750	0.870	
	A5	0.756	0.869	
课程教学	B1	0.728	0.851	0.879
	B2	0.645	0.865	
	B3	0.620	0.869	
	B4	0.617	0.869	
	B5	0.707	0.855	
	B6	0.801	0.838	
工作机制	C1	0.791	0.893	0.912
	C2	0.679	0.905	
	C3	0.702	0.903	
	C4	0.777	0.895	
	C5	0.662	0.907	
	C6	0.717	0.901	
	C7	0.813	0.891	
队伍建设	D1	0.776	0.877	0.902
	D2	0.685	0.895	
	D3	0.748	0.883	
	D4	0.772	0.877	
	D5	0.804	0.871	

续表

变量	题项	CITC	项已删除的 Cronbach's Alpha 值	Cronbach's Alpha 值
校园文化	E1	0.742	0.880	0.900
	E2	0.715	0.884	
	E3	0.700	0.886	
	E4	0.749	0.878	
	E5	0.703	0.885	
	E6	0.753	0.878	
学生发展	F1	0.715	0.844	0.873
	F2	0.651	0.855	
	F3	0.594	0.864	
	F4	0.683	0.849	
	F6	0.674	0.851	
	F7	0.73	0.842	

由上表可知，办学理念有 5 个题项、Cronbach's Alpha 是 0.895、课程教学有 6 个题项、Cronbach's Alpha 是 0.879、工作机制有 7 个题项、Cronbach'sAlpha 是 0.912、队伍建设有 5 个题项、Cronbach's Alpha 是 0.902、校园文化有 6 个题项、Cronbach's Alpha 是 0.900、学生发展有 6 个题项、Cronbach's Alpha 是 0.873、各个潜变量的 Cronbach's Alpha 系数都大于 0.8，大于基准值 0.7。所以本研究使用的问卷调查具有真实性和稳定性。除此之外，研究中 CITC 的数值范围在 0.6—0.8 之间，都大于标准数值 0.5，说明题目中潜在变量的设置情况好，问卷的稳定性和可靠性较高。同时，可以使用排除法对变量进行观察，具体做法是对每个变量进行删除，测试其他变量的信度指数，如果信度指数没有明显变化，就认为该变量的测量问项具有良好的可信度。

（三）效度分析

效度包括内容效度和建构效度两个方面。内容效度可以用来表示题目和测试内容之间的切实性与代表性。[①]本阶段研究所用量表是在政策文本、学术文献、专家、学校管理者、教师深度访谈等基础上生成，并且通过了两轮德尔菲法的专家意见征询，专家对指标项目与所涉及的内容进行适切性判断与重要性程度判断，因而可以认为具有一定的内容效度，问卷中的所有题目都能够真实可靠地反映变量的概念和含义。

建构效度可以表示量表能够正确测量理论构念的程度，在具体操作上有以下三个步骤：第一步，通过探索性因素分析（EFA），对题目问题之间的共同性进行测量，得到量表的构成层面，然后从中提取出能够更好反映量表结构的变量；第二步，检验测量变量与因素构面的契合度，计算各测项的因子载荷；第三步，对各变量的收敛效度和区分效度进行计算，从而对量表是否具备较好的建构效度进行判断。

1. 探索性因子分析

探索因子分析可以反映出测试的潜在变量是否具有稳定性和一致性，是评价量表结构效度的重要数据。本文应用SPSS.21软件从各个角度对量表效度进行分析。使用探索性因子分析时，首先要判断因子是否满足以下两个分析条件：第一，KMO值大于0.7；第二，Bartlett球形检验数值小于0.05。如果测量因子能够满足这两个条件，则观测的变量之间相关程度较高，适合做因子分析。

表 4-19 KMO 和 Bartlett 的检验

取样足够度的 Kaiser-Meyer-Olkin 度量。			0.920
Bartlett 的球形度检验	df	近似卡方	7111.498
			595
		Sig	0.000

---

① 吴明隆.结构方程模型—AMOS 的操作与应用[M].重庆:重庆大学出版社,2010:74-76.

检验结果表明：调查数据的 KMO 检验值为 0.920，大于 0.70，说明该问卷适合进行因子分析。Bartlett 球度检验结果显示，近似卡方值为 7111.498，数值较大，显著性概率为 0.000（P<0.01），因此拒绝 Bartlett 球度检验的零假设，认为量表适合做因子分析，表明效度结构较好。

表 4–20　因子旋转矩阵

变量	题项	1	2	3	成分	4	5	6
办学理念	A1						0.821	
	A2						0.754	
	A3						0.771	
	A4						0.771	
	A5						0.785	
课程教学	B1				0.767			
	B2				0.738			
	B3				0.680			
	B4				0.666			
	B5				0.772			
	B6				0.862			
工作机制	C1	0.775						
	C2	0.709						
	C3	0.727						
	C4	0.770						
	C5	0.697						
	C6	0.746						
	C7	0.802						

续表

变量	题项	1	2	3	成分 4	5	6
队伍建设	D1					0.744	
	D2					0.740	
	D3					0.785	
	D4					0.712	
	D5					0.817	
校园文化	E1	0.797					
	E2	0.767					
	E3	0.797					
	E4	0.761					
	E5	0.741					
	E6	0.784					
学生发展	F1				0.791		
	F2				0.754		
	F3				0.694		
	F4				0.772		
	F6				0.768		
	F7				0.821		
特征值		10.977	3.417	2.81	2.536	1.996	1.626
方差贡献率		13.389	11.57	11.078	10.781	10.18	9.752
累计贡献率				66.75%			

使用成分分析法的方法进行分析，选择特征数值大于1的因素，最终获得了6个公因素，旋转累计平方和是67.85%，比标准数值61%大。可以将35个问题归类为6类因素，然后使用正交旋转法，以对每个题项的负荷进行计算，计算得到这6类因素的负荷都大于0.5，说明这6个因素能够全面反映题目信息，同时还说明了这6类因素在不同角度下都具有较高的聚合程度。综上分析可知，本文选取的量表具有良好的建构效度。

2. 验证性因子分析

验证性因子分析是对调查数据进行的一种统计分析，这种方法用于检验某一个因子与对应的观测变量之间的关系是否符合研究者预先设定的理论关系。瑞典统计学家首先系统提出了验证性因子分析的理论和方法，其基本思想表述如下：

研究者首先以已有的理论和知识为依据，提出假设并进行推理，逐步构建关于一组变量之间关系的模型。研究目的在于从理论假设出发，检验理论与数据的一致性，从而检验并最终发展理论。

本文使用验证性因子分析计算各潜变量的收敛效度和区分效度，一般要求观测变量的标准化载荷大于 0.5，才能认为量表具有较好的建构效度；组合信度（CR）也是判断量表效果的重要指标，它可以反映每个潜在的变量和所有测试的变量是否能够共同说明这个潜在的变量。CR 系数的标准值在 0.7，如果大于 0.7，说明每个潜变量中所有观测变量可以一致性地解释该潜变量。公式如下表，其中 λ 是所有测试变量的标准化因子载荷，θ 是所有测试变量的偏差。

$$CR=(\Sigma\lambda)^2[(\Sigma\lambda)^2+\Sigma(\theta)]$$
$$\theta=1-\lambda^2$$

平均方差萃取量用来表示各个潜在的变量之间的共同程度和差异程度，从中可以看出测量偏差对潜在变量变异量的影响，这一数值越大说明测量偏差越小。平均方差萃取量的标准数值在 0.5，在数值达到 0.5 的情况下，且算术平方根大于其他潜变量的相关数据，说明量表的具有良好的同一性和差异性，量表的建构效度较好。公式如下表，其中 λ 表示各观测变量的标准化因子载荷，θ 是观测变量的测量误差。

$$AVE=\frac{\Sigma\lambda^2[\Sigma\lambda^2+\Sigma(\theta)]}{\theta=1-\lambda^2}$$

使用 AMOS21.0 对本文量表进行验证性因子分析（CFA），根据探索性因子分析结果建立验证性因子模型，通过判断结构方程拟合指标判断本文所构建的验证性因子模型是否合适，若符合标准，则说明本文所建的模型可以有效测量相关潜变量。

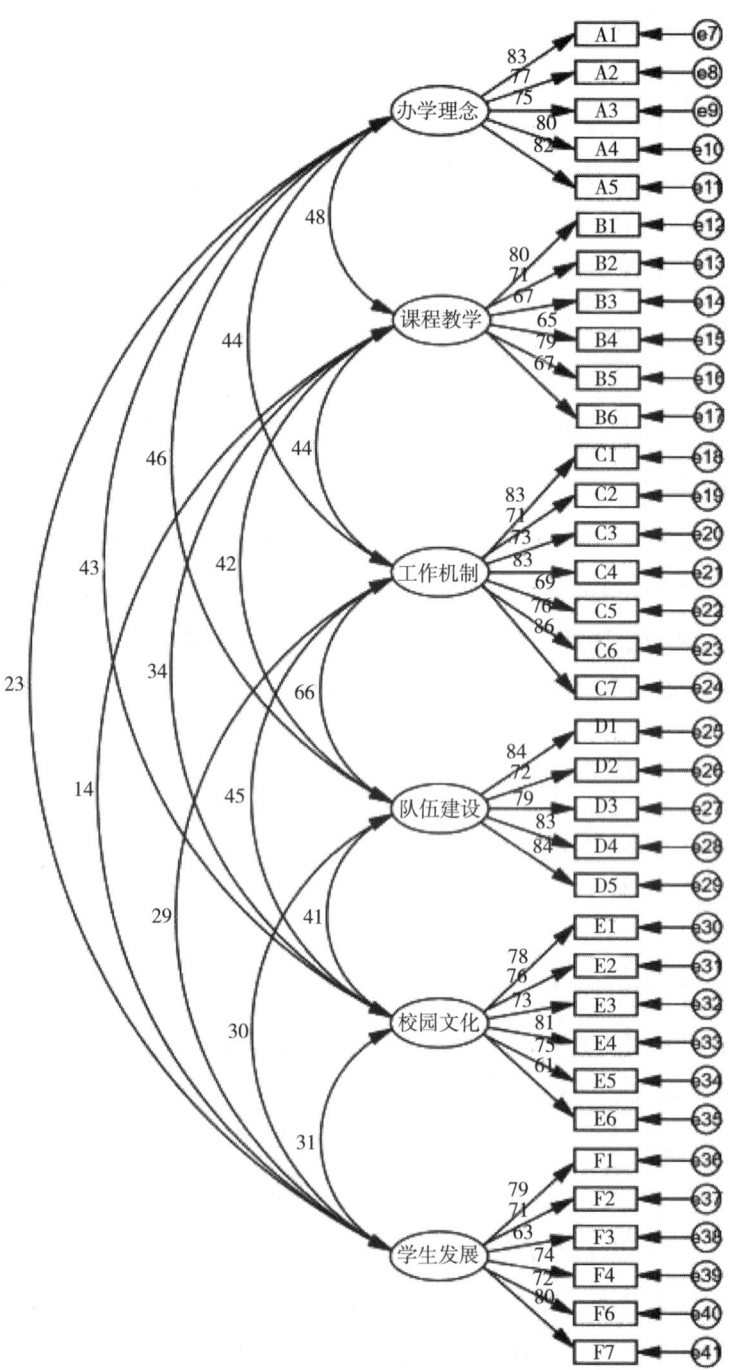

图 4-3 初始验证性因子模型图

表 4-21 初始验证性因子和实际情况的拟合程度指标

重要指标	标准	统计值	判断
x^2/df	1-3 这个数值范围内	1.431	是
AGFI	标准取值为 0.8，越接近 1 越匹配	0.878	是
GFI	标准取值为 0.8，越接近 1 越匹配	0.886	是
TLI	标准取值为 0.9，越接近 1 越匹配	0.973	是
NFI	标准取值为 0.9，越接近 1 越匹配	0.896	否
CFI	标准取值为 0.9，越接近 1 越匹配	0.976	是
RMSEA	小于 0.08	0.037	是

在判断结构方程模型是否成立时，主要通过对一些拟合指标的测算来衡量，其中 X^2/df 一般要求小于 3，GFI 是适配度指数、AGFI 为调整的适配度指数、NFI 规准适配指数、TLI 增值适配指数、CFI 比较适配指数，一般要求这些值均大于 0.9，表示模型适配能力较好，但是大于 0.8 表示模型可以接受。RMSEA 应小于 0.08 表示适配能力较好，模型拟合程度较好。由上表可知，拟合效果一般，需进行修正。

通过观察修正指数 MI 值，发现以下残差项的修正指数 MI 值较高，在某种意义说明这两个测量题项有一定的关联，需要进行增加相关关系：e30-e31（MI=27.958），e13-e17（MI=21.163）。修正后模型如下：

一般卡方与自由度之比要大于 1 小于 3，大于 3 时表示模型适配度欠佳，如果比值小于 1，说明模型和指标匹配度较高，本文的 X^2/df 为 1.318，在判断标准范围内，说明模型和指标匹配度较高。GFI 表示模型和指标匹配度指数，AGFI 表示调整之后的模型和指标匹配度指数，GFI、AGFI 的数值越接近 1，模型和指标的匹配度越高，一般来说 0.8 是标准指数值。本文的 GFI 为 0.895、AGFI 为 0.887，说明本文中模型和指标匹配度高。NFI 是基准适配指数，可以用一减去预设模型指数，得到的数值就是 NFI，NFC 越接近一说明，模型的拟合程度越高，模型和指标的适配度越好。NFI 的标准数值为 0.9，本文中的数值为 0.904，在标准范围内。TLI 的数值范围在 0—1，此数值越大，

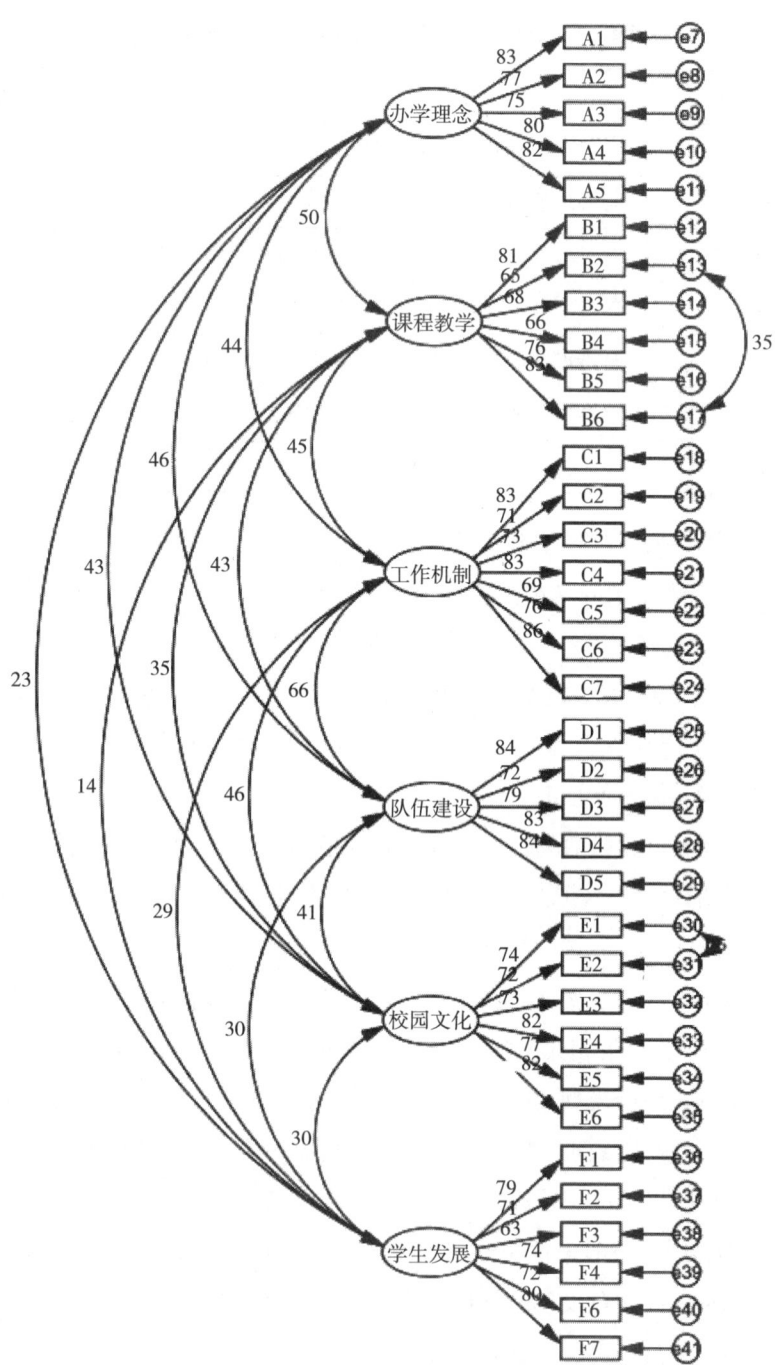

图 4-4 初始验证性因子模型图

第四章 学校民族团结进步教育评价指标体系构建

表 4-22 验证性因子模型拟合指标

指标	X^2/df	GFI	AGFI	NFI	IFI	TLI	CFI	RMSEA
统计值	1.31	0.894	0.877	0.903	0.975	0.972	0.975	0.031
参考值	<3	>0.8	>0.8	>0.8	>0.9	>0.9	>0.9	<0.08
达标情况	达标	达标	达标	达标	达标	达标	达标	达标

说明数据和模型的拟合程度越高，本文的 TLI 为 0.973。CFI 为比较适配指数，数值范围在 0—1，数值越大，说明数据与模型的拟合程度越高，标准数值为 0.9，本文中的数值为 0.976，在标准范围内。RMSEA 是均方根误差的近似值，数值范围在 0—1，标准数值为 0.08，本文中的数值为 0.032。综上分析，本文验证性因子分析各项指标均已达标，模型总体拟合度较好。

3. 收敛效度和区分效度检验

（1）收敛效度检验

收敛效度（Convergent Validity）是指当采用两种不同的测量工具来测量同一概念时所获得的分类是高度相关的。本研究通过建构信度（CR）和平均方差提取值（AVE）来检验收敛效度。建构信度通常>0.7，AVE>0.5 为达到标准。

表 4-23 收敛效度分析结果

变量	题项	标准化因子载荷	标准误	T 值	P	CR	AVE
办学理念	A1	0.832			***		
	A2	0.771	0.064	15.862			
	A3	0.754	0.059	15.398	***	0.896	0.632
	A4	0.798	0.062	16.622	***		
	A5	0.814	0.059	17.218	***		
课程教学	B1	0.818					
	B6	0.830	0.060	16.431	***	0.876	0.544
	B2	0.651	0.063	12.007	***		
	B3	0.684	0.060	13.007	***		

续表

变量	题项	标准化因子载荷	标准误	T值	P	CR	AVE
课程教学	B4	0.664	0.061	12.560	***		
	B5	0.760	0.058	14.818	***		
工作机制	C1	0.834					
	C7	0.864	0.049	19.450	***		
	C2	0.712	0.048	14.626	***		
	C3	0.732	0.053	15.217	***	0.913	0.602
	C4	0.826	0.049	18.130	***		
	C5	0.692	0.051	14.070	***		
	C6	0.755	0.056	15.887	***		
队伍建设	D1	0.838					
	D2	0.722	0.052	14.805	***		
	D3	0.795	0.052	16.958	***	0.903	0.652
	D4	0.830	0.054	18.070	***		
	D5	0.845	0.049	18.559	***		
校园文化	E1	0.742					
	E6	0.824	0.078	14.728	***		
	E2	0.718	0.059	15.957	***		
	E3	0.728	0.078	12.963	***		
	E4	0.819	0.077	14.650	***	0.896	0.589
	E5	0.767	0.073	13.694	***		
学生发展	F1	0.789					
	F7	0.796	0.059	15.039	***		
	F2	0.709	0.063	13.168	***		
	F3	0.632	0.062	11.548	***	0.874	0.537
	F4	0.741	0.065	13.849	***		
	F6	0.717	0.060	13.345	***		

整体量表的验证性因子分析结果如表 4–23 所示，办学理念、课程教学、工作机制、队伍建设、校园文化、学生发展 6 个变量下的题项标准化因子载荷数值分布较为集中，都在 0.6 以上，可以通过这 6 个变量预估团结进步教育潜在的变化量。CR 普遍大于标准数值零点 0.8，说明测试结果稳定可靠，并且不管从哪个角度观测这 6 个变量都能够很好地说明这个角度的情况。AVE 可以用来表示各个角度的聚敛效果，可以从这一数字中直接看出潜在变化量的变化在多大程度上是来自于测量偏差。这一数值越大，潜在变量对最终效果的决定越明显，测量偏差越小，标准取值范围要大于 0.5。由上表可知，AVE 的数值均大于 0.5，说明本文量表具有较好的聚敛效度。

(2) 区分效度检验

表 4–24 区分效度分析检验

	办学理念	课程教学	工作机制	队伍建设	校园文化	学生发展
办学理念	**0.794**					
课程教学	0.501	**0.737**				
工作机制	0.441	0.448	**0.775**			
队伍建设	0.460	0.430	0.661	**0.807**		
校园文化	0.429	0.348	0.459	0.410	**0.767**	
学生发展	0.226	0.140	0.291	0.304	0.303	**0.732**

** 在 .01 水平（双侧）上显著相关，注：标粗字体为 AVE 的算术平方根

由上表可知，各维度的 AVE 大于 0.5，且 AVE 的平方根大于相关系数，说明量表有很好的收敛效度和区别效度。

三、研究结果与讨论

学校民族团结进步教育评价量表是评价学校民族团结进步教育工作完成度的重要工具。此量表在大量实证研究的基础之上编制而成，前期运用扎根

理论的质性研究方法，以政策文本、学术文献、专家、学校管理者、教师访谈为扎根资料，对文本进行逐句分析，从中抽取初始概念进行编码，经过类属分析，形成了6个主要范畴的初拟评价指标体系，并运用德尔菲法邀请17位民族教育领域专家对初拟的评价指标进行重要性程度判断，以决定指标的增删、修改、归并，通过德尔菲法筛选出备选指标编制学校民族团结进步教育评价初始量表。在初步准备规模，项目分析，探索性因素分析和验证分析等之后，其中学生发展因子中"F5学生初步具备国家意识、公民意识、法治意识"的相关性检验和同质性检验的结论都不符合判别标准，同时考虑到学生接受民族团结进步教育的发展变化，属于价值观评价，具有不易测量的特征，不宜直接表述为国家意识、公民意识、法治意识，因此在评价指标与最终量表中均删除该题项。对F5做删除处理后，F量表保留6个题项进行信度分析。

量表最终确定了以办学方向、课程教学、工作机制、队伍建设、校园文化、学生发展6个因子，共计36个项目的民族团结进步教育评价量表（删除一项不符合项目检验的指标，根据专家意见增设各学校特色指标A6，具体表述为：各学校在发展愿景、制度文化、特色建设中的自设指标）。整体量表指标设置既遵循了专家意见又考虑到了数据的特征，尽可能避免主观随意性，对可操作性不强的指标予以舍弃，从而确保筛选出来的指标具有科学性、客观性和独立性，并且更加符合专业解释。通过信度分析表明量表的内部一致性系数较高，量表是在政策文本、学术文献、专家、学校管理者、教师深度访谈等基础上生成，并且通过了两轮德尔菲法的专家意见征询，专家对指标项目与所涉及的内容进行符合性判断，因而可以认为具有一定的内容效度，问卷量表的所有题项能较好反映变量的概念和内涵。通过探索性因子分析表明选取的量表具有良好的建构效度，验证性因子分析各项指标均已达标，模型总体拟合度较好，验证了评价指标体系的理论构想效度，通过收敛效度和区分效度检验，表明量表有较好的收敛效度和区分效度。因此可以用来作为我国小学民族团结进步教育评价的测量工具。

对于量表的划分，探索性因子分析与验证性因子分析的检测结果与本研究的理论构想基本相一致，即学校民族团结进步教育评价量表从"办学方向、课程教学、工作机制、队伍建设、校园文化，学生发展"6个方面考察学校民族团结进步教育的开展情况。其中办学方向要求学校加强思想建设，加强党对民族团结进步教育的总领导，坚持学校管理的社会主义领导，把培养有德之士作为根本任务，学校高度重视民族团结进步教育，实现学校德育的常态化。学校将民族团结进步教育融入教育教学全过程、教育对象面向各民族学生、全面推进普及国家通用语言文字教育；课程教学中包含开设专门课程，完成规定课时、开展民族团结进步教育专题教育、各个学科或主题教学中有机融入民族团结进步教育内容、学校使用国家统一编写、统一审核的民族团结进步教育教材、教参，创新民族团结进步教育教学方式、丰富教育资源，积极利用新形式新媒体新载体；工作机制包含学校建立民族团结教育进步领导小组，学校制定民族团结教育进步教育的全面实施方案或指导方针，学校有与民族团结相协调的教育机制，教育促进家庭和社会进步。学校具有民族团结进步教育地域间、校际联动机制、教育工作联盟机制、学校具有民族团结进步教育相应的经费投入与教学设施、器材的保障制度、学校具有混合编班、各民族联谊活动、友好班级共建等交往交流机制、具有对民族团结进步教育育人效果的考察监测机制；队伍建设包括学校构建民族团结进步教育整体育人团队、严格考察教师师德师风思想、政治素质、责任意识，强化师资培训、将民族团结进步教育培训纳入教师继续教育整体规划，教师须具备民族团结进步教育专业能力、专业素养、积极情感，教师的国家通用语言文字水平达标；校园文化包含依托少先队、学生社团等组织在校园内开展了丰富的文化活动，学校具有浓厚的民族团结氛围和进步教育氛围、日常活动中增强国家符号和民族文化的感知、开展主题教育实践活动、开展校外社会实践活动、净化校园网络环境；学生发展包括学生能够掌握、使用国家通用语言文字、学生了解统一的多民族国家和民族团结的基本常识，学生形成了自己是中华民族一员的认识与民族团结一家亲的观念，学生愿意积极、主动参与各种民族交流交往交融活动，学生与各族同学、教师互敬互爱、友好相处，学生能够践行爱国行为，坚决反对破坏民族团结、分裂祖国的言行。

本研究编制的民族团结进步教育评价量表从"办学方向、课程教学、工作机制、队伍建设、校园文化，学生发展"6个方面考察学校民族团结进步教育开展的实际情况，其中办学方向、课程教学、工作机制、队伍建设、校园文化属于学校民族团结进步教育评价的过程评价和条件评价，是影响学生发展的主要因素，具有客观性。在评价与测量中能够依据师生访谈、实物资料、工作开展凭证、校园建设中得到较为客观的评价，学生发展属于结果评价，学生接受民族团结进步教育的发展变化，属于价值观评价，具有不易测量的特征，因此在评价量表中保留了能够体现认知、情感、行为变化的可测量指标。初始量表中的六者共同构成了学校民族团结进步教育评价的内容，完善了以往测量工具在评价内容上的不足、对结果评价的缺失，对于增强学校民族团结进步评价工作的针对性和实效性具有比较重要的价值。

第五章 学校民族团结进步教育评价指标体系的实证研究

教育评价与测量学基本理论认为评价实践是检验评价指标和基准体系的科学性和可行性与否的最终标准。[①]因而在学校民族团结进步教育评价指标体系的经过增删、优化、检验之后,还应制定相应的评价基准,选择适当的评价对象进行小规模检测,以实践检验评价指标体系与基准并进行修正、改进。根据测试结果,对评估指标体系和评估基准进行修订。基于教育评价学构建评价指标体系的基本要求,本研究选择了一所经过深入田野调查的小学作为一个整体评价对象。运用本研究构建的评价指标问卷进行试测,以教师自评的方式,对学校开展民族团结进步教育的整体情况进行打分。具体研究方法以层次分析法与模糊综合评价法相结合,构建评价的指标集与评语集,以此得出学校自评的评价结果。在得出评价结果之后,对评价结果与田野调查的资料进行对比,以分析讨论学校自评评价的优势与局限性。

---

① 金娣,王钢.教育评价与测量.第 2 版[M].北京:教育科学出版社,2007:110.

第一节 研究设计

一、样本选择

（一）S 学校概况

为了进一步检验本研究构建的评价指标体系与相应测量工具的实际应用效果，笔者选择了甘肃省临夏州一所规模较大的小学（简称为 S 小学）作为试测的研究样本，进行问卷调查。

甘肃省临夏回族自治州，是甘肃省辖自治州，全国两个回族自治州和甘肃两个民族自治州之一，成立于 1956 年 11 月。截至 2021 年 5 月，全州总面积 8169 平方公里，辖 1 个县级市、7 个县。州内有回、汉、东乡、保安、撒拉等 42 个民族，其中东乡族和保安族是以临夏为主要聚居区的甘肃特有少数民族。

S 小学始建于 1938 年。2008 年 5 月，临夏市委、市政府决定合并另一所小学，形成 S 小学教育集团。目前，集团现设有三个校区和两个分校，形成"三校两区"的办学格局。2021 年 8 月，在济南·临夏东西协作发展战略引领下，济南市市中区派三名专家到 S 校合作办学，为 S 校高质量发展注入了活力。集团目前有教学班 111 个，学生 5912 人，教师 303 人，专任教师 302 人，教师学历合格率为 100%。其中高级教师 20 人，一级教师 62 人。省、州级骨干教师 12 名，青年教学能手 7 名。近年来，临夏市委、市政府优先发展教育事业，S 校办学条件得到了极大改善，育人环境更加优美。学校功能齐全，建有音乐活动室、美术活动室、科学实验室、体育活动室、图书阅览室、录播室、校园广播站和科技活动室等功能室，各类教学仪器配备齐全。

经过不懈努力，S 学校近年来先后获得了"中国教育学会现代教学艺术实验学校""中国体育传统项目先进集体"、甘肃省乡村教师"金色教苑"培训基地、"临夏州德育示范校""临夏州民族团结进步示范校""临夏州先进基层党组织""临夏州、市教育先进集体""临夏州标准化学校""临夏市和谐校园、快乐校园"等荣誉称号。

（二）非参与式观察资料示例（部分）

1. 党建课堂

为深入贯彻落实上级领导部门有关党风廉政建设和反腐败工作的指示要求，深入推进我校党风廉政建设工作再上新台阶，有效促进学校各项工作稳步发展。11月29日下午，我校组织召开了2021年秋季学期党风廉政建设专题会议，会议由党支部书记、校长主持，全体教师参加了会议。校长首先组织大家学习了中央全面深化改革委员会第二十二次会议精神，重点对审议通过的《意见》相关内容进行详细学习。这次会议指出，加强党对教育工作的全面领导是办好教育的根本保证，要在中小学校建立党组织领导的校长负责制，把政治标准和政治要求贯穿办学治校、教书育人全过程各方面，坚持为党育人、为国育才，保证党的教育方针和党中央决策部署在中小学校得到贯彻落实。要把党建工作作为办学治校的首要任务，切实发挥党支部的基层堡垒作用。全体教师要把抓好思政工作、德育工作，把弘扬革命传统、传承红色基因深刻融入学校教育，厚植爱党、爱国、爱人民、爱社会主义的情感。

校长带领全体教师学习了《临夏市教育局中小学教师违反职业道德行为处理办法》《教育部公开曝光6起教师违法违纪案例》。校长要求全体教师守好教育初心、牢记育人使命，牢固树立底线意识，持身守正，洁身自好，带头践行社会主义核心价值观，在工作中要时时刻刻敲响师德的警钟。会后全体教师表示，党风廉政建设、提高师德师风，既是对全体教师的要求，也是广大家长的心愿。我们要自觉加强党风廉政建设，提高师德，以身作则，增强自律意识，做一名新时代合格的人民教师。

——资料来源：S小学会议记录

2. 规范字书写活动

为贯彻中央"双减"文件精神，落实省、州、市、"双减"具体措施，大力弘扬中华民族的书法艺术，培养学生良好的书写习惯，提高学生规范、端正的书写汉字的能力，S小学继续围绕"大力推广和规范使用国家通用语言文字，自觉传承弘扬中华优秀传统文化"这一核心主题，举行了"写规范字，做最好的自己"为主题的11月份规范字书写活动。

此次活动，我校采用全员参与的形式，各年级组语文老师共同商定书写内容，在规定时间内，用统一的书写纸完成。一笔一画、一板一眼，每一笔、每一画都小心翼翼的，纸上留下了孩子们稚嫩而又工整的字迹。看，孩子们的书写横平竖直，端庄秀气。一张张让人赏心悦目的书写，是长年累月练习的成果。铿锵有力的运笔，是一次次精益求精的追求。每一个汉字，都展示了同学们的风采。活动结束后，同学们把本次作品与前几次的作品一同悬挂在楼道里，以便同学们随时观看、学习、比较。通过举行汉字书写大赛，培养学生规范书写汉字的意识，

提高学生规范书写汉字的水平，感受汉字书写的艺术魅力，体验汉字书写的愉悦，传承中华民族的传统文化，全面营造浓厚的校园文化氛围。"说普通话，写规范字"也是S小学多年以来持之以恒的常规性教学要求，是学校的办学特色之一。我们会不懈地将此项常规工作深入持久地开展下去，尽情展现同学们的书写风采。

——资料来源：S小学规范字书写活动记录

3. 经典诵读

学党史、悟思想、办实事、开新局，我们一直在路上。为进一步夯实党史学习教育内容，持续开展读书听书活动，少先队员通过诵读红色经典、分享红色故事，赓续红色血脉，传承红色基因，争做新时代好少年。

五3班马同学的《刘胡兰》、五3班郭同学的《赵一曼》红色故事耳熟能详，革命精神代代相传。五三中队的孩子们认真阅读红色经典，倾情讲述英雄故事，一起接受红色洗礼，抒发着满腔的爱国情怀，也表达着少先队员们对革命英雄的敬仰。通过诵读和分享，孩子们铭记红色历史、刻苦学习报效

祖国、做好社会主义建设者和接班人的决心变得更加坚定！

——资料来源：S 小学少先队活动记录

4. 主题班会

为庆祝临夏州成立 65 周年，进一步增进学生对伟大祖国、美丽家乡的了解，增强学生热爱祖国和家乡的感情，11 月 18 日，我校各班召开了以"爱国爱党爱临夏"为主题的班会。老师们根据学生的年龄特点和本班级实际情况，精心开展主题班会。各班利用多媒体，展示临夏州成立 65 年以来的繁荣发展、民族进步、文明开放、社会主义和谐崭新形象，深深感染着每一位同学。通过观看视频、图片、小组讨论、班主任老师宣讲等多种形式了解祖国，了解家乡，让同学们真实地感受到临夏的跨越式发展，为自己身为一名临夏人而感到骄傲和自豪！同学们纷纷表示他们以后一定要努力学习，用所学的知识为家乡的腾飞作出贡献。

——资料来源：S 小学主题班会记录

5. 校园文化

学校是学生放飞梦想，自由翱翔的天空，作为学校的重要组成部分，班级环境更是学生成长和发展的重要土壤。为促进学校校园文化建设，营造班级文化氛围，强化环境育人功能，新学期的班级文化建设检查评比活动圆满落幕。此次班级文化布置要求教师引导学生共同精心策划并让学生积极参与，保证让班级的墙成为会说话的宣传窗口。在建设评比中，各班都能做到主题突出、意义鲜明、构思巧妙，丰富的图文、艳丽的色彩展示着一个个班级的特色，呈现出一道道靓丽的风景。

——资料来源：S 小学校园文化建设记录

以上五项资料来自 S 小学活动档案记录，包括图片、视频、文字等多种形式的详细记录，并利用学校社交网络平台进行宣传和展示。其中常见的模块有党史学习、党建课堂、童心向党、经典诵读、红色故事、专题教育、中队活动、主题班会、家校共育、学校活动、影视推荐、实践体验等。学校活动体现出丰富性、全面性、动态性的特点。

案例研究具有如下特点：一是典型案例和普遍的诠释。案例研究旨在对问题成因进行剖析，从而为学校提供行之有效的对策。个案分析的对象是特定的学校，但是不同的学校在许多问题的表述上有相同之处，解读的视角也有共通性，因而，案例的分析也能体现出结论的普遍意义。第二，描述结果和跟踪进程。在学校评估成果的解读中运用案例方法，可以得出非常精细的诠释，形象地描述了学校真实的事件，并且可以对一时期中的各种评估变量的行为和改变进行彻底而深刻的、完整的描述。第三，多元的研究方式和科学的研究。案例分析要从多方面来理解和掌握学校发展的变迁，要与教学的观测相联系；通过文献分析和实物分析等各种分析手段进行分析和阐释。因此，在进行研究时要综合考量许多方面，不仅要讨论当前的问题，更要对问题的根源进行剖析。[①]

本章内容以发展性教育评价理论为指导，以层次分析法结合模糊综合评价法的量化分析所得的数据进行解释，为本研究模型建构得出的数据找到实例，用来描述和解释 S 学校民族团结进步教育工作的整体现象。

二、研究方法与工具

（一）研究工具

研究工具选择自编《学校民族团结进步教育评价指标专家评分问卷（层次分析法）》（附录五）和《学校民族团结进步教育教师自评问卷》（附录六）。《学校民族团结进步教育评价指标专家评分问卷（层次分析法）》的发放对象为17位民族团结进步教育领域专家与9位小学校长。调查的内容是比较各层指标元素的重要性程度，采用5—1的比例进行标度，5分到1分标度分别对应"非常重要""比较重要""一般""不太重要""非常不重要"以问卷星网络作为工具进行问卷发放，最后得到有效专家评分问卷26份。

---

① 王薇.学校评价结果解释的方法研究：描述、分析与模型[J].教育理论与实践,2018,38(19)：18-22.

《学校民族团结进步教育评价教师自评问卷》的发放对象为该小学的教师。教师自评问卷从 5 分到 1 分标度分别对应"很符合""比较符合""一般/不太清楚""不太符合""非常不符合",要求受访者对其所在的小学开展民族团结进步教育的实际情况进行评价。问卷通过问卷星网络发放,共回收有效教师问卷 78 份。

(二)研究方法

本文采用 AHP 层次分析方法对各个指标进行了权重计算。AHP 是一种将多个问题的量化与定性相结合的综合评价方法,将一个复杂的问题分成若干要素,按照它们的隶属度,构建简洁高效的层次,然后用二对一的方法来确定各要素的重要程度,再用等级序列来确定各要素的相对重要程度。AHP 可以把决策人的主观判断和思考过程量化、规范化,让他们的思想遵循某种规律,从而大大减少了不确定性。该算法既保证了决策者的思想与决策的一致,又极大地减少了复杂的计算和分析,特别是在复杂的决策问题中,因为复杂的系统很难完全定量地进行定量,因此 AHP 可以获得较好的决策结果。由于系统的复杂性难以完全量化,分析层次结构可以实现相对完备的决策。在评价指标的权重确定阶段,本研究采用研究工具是在前期研究中通过专家咨询法确定的评价指标体系的基础之上而编制的《学校民族团结进步教育评价指标体系专家评分问卷》(附录五),邀请 17 位民族教育领域专家、9 位小学校长按 5—1 级分制矩阵量表判断各层级指标的重要性程度,确定学校民族团结进步教育评价指标的重要性以此计算指标权重,形成较为客观的学校民族团结进步教育评价指标体系。请专家、学校管理者共同判断指标重要性程度,以计算各层次指标的权重,为评价我国学校民族团结进步教育的实施提供科学的测量。如能以此为工具对我国学校民族团结进步教育实施的现状进行较为客观、全面的了解和评估,将为今后各学段学校民族团结进步教育的实施发展提供导向和监测、明确学校民族团结进步教育的实施重点提供参考依据。

模糊综合评价法是美国著名的控制理论学者阿扎德尔在 1965 创建的一种

模糊数学的一个重要分支。这是一种应用模糊数学的综合评价法，对一些限制不确定和不能定量的因子进行定量。"模糊"是指没有严格区分的客体，具有中间过渡的"模糊性"。我们经常会遇到一些模糊不清的问题，这些问题都是要靠我们的判断力去加以分析和阐明。该方法的主要思想是：在对多个因子所确定的目标进行评估时，按照各个层次的权重来确定其影响因子的评判准则。采用隶属度来表示各个因素之间的模糊界限，构造出一个模糊判断矩阵，再用多层次合成操作综合评判各个因素，最后得出综合评判等级。

本研究将层次分析法与模糊综合评价法相结合，建立评价的指标集和评语集，选取个案学校对学校民族团结评价指标体系与测量工具进行应用与试测。首先运用层次分析法通过专家问卷评分求得其一级指标和二级指标的权重系数，以此建立模糊综合评价需要的评价指标集（见表5-10）。当评价指标集确定后，需要给各评价指标赋值，给各个评价指标赋予一定的有意义的量后，形成评价评语集。本文中将S学校教师对该学校民族团结进步教育情况评判数据经归一化处理作为评价评语集（见表5-11）。

第二节 研究过程

一、层次分析法

（一）建立评价指标层次

构建学校民族团结进步教育评价指标体系的层次，结果如表5-1。一级指标是目标层指标，即"学校民族团结进步教育评价"，本文将学校民族团结进步教育评价指标程度划分为很重要、比较重要、一般、不太重要、很不重要。二级指标是准则层指标，对应办学方向、课程教学、工作机制、队伍建设、校园文化、学生发展。三级指标是操作层指标，它们的选取依托于准则层指标得到细化的36个指标。

表 5-1 学校民族团结进步教育评价指标体系

目标层	准则层	操作层
学校民族团结进步教育评价	A 办学方向	A1 学校要坚定政治立场、坚持党对民族团结进步教育工作的全面领导，以培养社会主义和民族团结接班人为根本任务。
		A2 学校应把民族团结置于重要发展地位，作为德育的重要部分。
		A3 学校要将民族团结进步教育融入教育教学全过程，引导各族师生铸牢中华民族共同体意识。
		A4 学校将民族团结进步教育对象面向各民族学生。
		A5 学校全面推进普及国家通用语言文字教育。
		A6 学校在发展愿景、文化建设中的自设指标
	B 课程教学	B1 学校开设民族团结进步教育专门课程，小学四五年级每学年不少于 12 课时。
		B2 学校开展民族团结进步教育专题教育。
		B3 在各个学科或主题教学中有机融入民族团结进步教育内容。
		B4 学校使用国家统一编写、统一审核的民族团结进步教育教材、教参。
		B5 创新民族团结进步教育教学方式。
		B6 丰富教育资源，积极利用新形式新媒体新载体。
	C 工作机制	C1 学校设置民族团结进步教育分管领导小组。
		C2 学校制定民族团结进步教育总体实施方案或指南。
		C3 学校具有与家庭、社会的民族团结进步教育协同育人机制。
		C4 学校具有民族团结进步教育地域间、校际联动机制、教育工作联盟机制。
		C5 学校具有民族团结进步教育相应的经费投入与教学设施、器材的保障制度。
		C6 学校具有混合编班、各民族联谊活动、友好班级共建等交往交流机制。
		C7 学校具有对民族团结进步教育育人效果的考察监测机制。

续表

目标层	准则层	操作层
学校民族团结进步教育评价	D 队伍建设	D1 学校构建民族团结进步教育整体育人团队。
		D2 学校严格考察教师师德师风思想、政治素质、责任意识。
		D3 学校强化师资培训，将民族团结进步教育培训纳入教师继续教育整体规划。
		D4 教师须具备民族团结进步教育专业能力、专业素养、积极情感。
		D5 教师的国家通用语言文字水平达标。
	E 校园文化	E1 依托少先队、学生社团等组织开展丰富的校园文化活动。
		E2 学校具有民族团结进步教育的浓厚氛围。
		E3 日常活动中增强国家符号和民族文化的感知。
		E4 开展主题教育实践活动。
		E5 开展校外社会实践活动。
		E6 净化校园网络环境。
	F 学生发展	F1 学生能够掌握、使用国家通用语言文字。
		F2 学生了解统一的多民族国家和民族团结的基本常识。
		F3 学生形成了自己是中华民族一员的认识与民族团结一家亲的观念。
		F4 学生愿意积极、主动参与各种民族交流交往交融活动。
		F5 学生与各族同学、教师互敬互爱、友好相处。
		F6 学生树立了较强的爱国观念，能够践行爱国行为。反对破坏民族团结、分裂祖国的言行。

（二）层次分析法计算指标权重

依据表 5-1 所列的评价指标，以民族教育领域学者、民族团结进步教育示范校校长组成的 26 位专家判断为依据，运用调查表对其进行了重要程度的判定。问卷的主要目的在于：将各层次的指数元素进行比较，并以 5—1 级的比例进行评判，并将其与专业人员的定性分析相结合，形成一套比较的评判模型。

表 5-2　一级指标判断矩阵

	A	B	C	D	E	F
A	1	2	2	2	1/2	1
B	1/2	1	1	2	1/3	1/2
C	1/2	1	1	2	1/3	1/2
D	1/2	1/2	1/2	1	1/3	1/2
E	2	3	3	3	1	2
F	1	2	2	2	1/2	1

表 5-3　准则层 A 判断矩阵

A	A1	A2	A3	A4	A5	A6
A1	1	3	2	1/2	3	2
A2	1/3	1	1/2	1/3	1	1/2
A3	1/2	2	1	1/3	2	2
A4	2	3	3	1	2	2
A5	1/3	1	1/2	1/2	1	2
A6	1/2	2	1/2	1/2	1/2	1

表 5-4　准则层 B 判断矩阵

B	B1	B2	B3	B4	B5	B6
B1	1	4	1	3	3	2
B2	1/4	1	1/4	1/2	1/2	1/3
B3	1	4	1	3	3	2
B4	1/3	2	1/3	1	2	2
B5	1/3	2	1/3	1/2	1	1/2
B6	1/2	3	1/2	1/2	2	1

表 5-5　准则层 C 判断矩阵

C	C1	C2	C3	C4	C5	C6	C7
C1	1	1	1/2	3	5	1/2	1
C2	1	1	1/2	3	5	1/2	1
C3	2	2	1	4	6	2	2
C4	1/3	1/3	1/4	1	4	1/3	1/3
C5	1/5	1/5	1/6	1/4	1	1/5	1/5
C6	2	2	1/2	3	5	1	2
C7	1	1	1/2	3	5	1/2	1

表 5-6　准则层 D 判断矩阵

D	D1	D2	D3	D4	D5
D1	1	1/2	1/2	1/2	2
D2	2	1	2	2	3
D3	2	1/2	1	1/2	2
D4	2	1/2	2	1	3
D5	1/2	1/3	1/2	1/3	1

表 5-7　准则层 E 判断矩阵

E	E1	E2	E3	E4	E5	E6
E1	1	2	2	2	2	1/2
E2	1/2	1	1	2	2	1/3
E3	1/2	1	1	2	2	1/3
E4	1/2	1/2	1/2	1	1/2	1/3
E5	1/2	1/2	1/2	2	1	1/2
E6	2	3	3	3	2	1

表 5-8　准则层 F 判断矩阵

F	F1	F2	F3	F4	F5	F6
F1	1	2	1	1	4	1/2
F2	1/2	1	1/2	1/2	4	1/3
F3	1	2	1	1	4	1/2
F4	1	2	1	1	4	1/2
F5	1/4	1/4	1/4	1/4	1	1/5
F6	2	3	2	2	5	1

采用 Matlab 软件计算得到判断矩阵对应的权重值和一致性检验结果，结果如下（见表 5-9）。计算结果显示，CR＜0.1 通过一致检验，整理得出各个指标的权重和相对权重，结果见表 5-10。

表 5-9　一致性检验结果

判断矩阵	一级指标	A	B	C	D	E	F
一致性比例	0.0151	0.0346	0.0308	0.0258	0.0290	0.0388	0.0210

表 5-10　学校民族团结进步教育评价指标体系权重

目标层	准则层	权重	操作层	相对权重	权重
学校民族团结进步教育评价	A 办学方向	0.1863	A1	0.2693	0.0502
			A2	0.0975	0.0182
			A3	0.1620	0.0302
			A4	0.2467	0.0459
			A5	0.1100	0.0205
			A6	0.1145	0.0214
	B 课程教学	0.1117	B1	0.2841	0.0317
			B2	0.0589	0.0066
			B3	0.2841	0.0317

续表

目标层	准则层	权重	操作层	相对权重	权重
学校民族团结进步教育评价	B 课程教学	0.1117	B4	0.1445	0.0161
			B5	0.0883	0.0099
			B6	0.1401	0.0156
	C 工作机制	0.1117	C1	0.1399	0.0156
			C2	0.1399	0.0156
			C3	0.2731	0.0305
			C4	0.0656	0.0073
			C5	0.0307	0.0034
			C6	0.2110	0.0236
			C7	0.1399	0.0156
	D 队伍建设	0.0803	D1	0.1381	0.0111
			D2	0.3374	0.0271
			D3	0.1814	0.0146
			D4	0.2560	0.0206
			D5	0.0871	0.0070
	E 校园文化	0.3237	E1	0.2073	0.0671
			E2	0.1397	0.0452
			E3	0.1397	0.0452
			E4	0.0787	0.0255
			E5	0.1106	0.0358
			E6	0.3240	0.1049
	F 学生发展	0.1867	F1	0.1634	0.0305
			F2	0.0887	0.0166
			F3	0.1634	0.0305
			F4	0.1634	0.0305
			F5	0.1518	0.0284
			F6	0.2693	0.0503

二、模糊综合评价法

学校民族团结进度教育评价包括 1 个目标图层指示器、6 个标准层指示器和 36 个业务层指示器。将评论评级数设置为：$V=\{V_1, V_2, V_3, V_4, V_5\}=$ {很符合，比较符合，一般，不太符合，很不符合}。根据学校民族团结进步教育评价指标体系设计问卷并发放，收集到问卷 78 份。统计各指标评价级数量，进而得出各指标的隶属度。见表 5-11 所示。

表 5-11 学校民族团结进步教育评价指标隶属度

指标项目		隶属度				
准则层	操作层	很符合	比较符合	一般	不太符合	很不符合
A 办学方向	A1	0.72	0.23	0.05	0	0
	A2	0.69	0.26	0.05	0	0
	A3	0.77	0.19	0.04	0	0
	A4	0.80	0.19	0.01	0	0
	A5	0.86	0.13	0.01	0	0
	A6	0.86	0.1	0.04	0	0
B 课程教学	B1	0.01	0.24	0.41	0.32	0.02
	B2	0.64	0.29	0.07	0	0
	B3	0.67	0.26	0.07	0	0
	B4	0.1	0.35	0.41	0.14	0
	B5	0.76	0.18	0.06	0	0
	B6	0.65	0.26	0.09	0	0
C 工作机制	C1	0.63	0.26	0.11	0	0
	C2	0.69	0.23	0.08	0	0
	C3	0.69	0.24	0.07	0	0

续表

指标项目		隶属度				
准则层	操作层	很符合	比较符合	一般	不太符合	很不符合
C 工作机制	C4	0.65	0.29	0.06	0	0
	C5	0.65	0.22	0.13	0	0
	C6	0.64	0.24	0.12	0	0
	C7	0.65	0.27	0.08	0	0
D 队伍建设	D1	0.69	0.21	0.1	0	0
	D2	0.68	0.26	0.06	0	0
	D3	0.68	0.23	0.09	0	0
	D4	0.73	0.23	0.04	0	0
	D5	0.74	0.22	0.04	0	0
E 校园文化	E1	0.77	0.18	0.05	0	0
	E2	0.74	0.22	0.04	0	0
	E3	0.78	0.18	0.04	0	0
	E4	0.71	0.23	0.06	0	0
	E5	0.74	0.19	0.07	0	0
	E6	0.78	0.18	0.04	0	0
F 学生发展	F1	0.82	0.14	0.04	0	0
	F2	0.78	0.16	0.06	0	0
	F3	0.83	0.13	0.04	0	0
	F4	0.78	0.17	0.05	0	0
	F5	0.81	0.14	0.05	0	0
	F6	0.82	0.14	0.04	0	0

(一) 一级模糊综合评价

依据模糊理论，三级评价指标集就等于三级权重系数与评价变量集构成的矩阵的乘积，即三级权重系数与专家评分比例构成的矩阵的乘积。同理，二级评价指标集等于二级权重系数与三级评价指标集构成矩阵的乘积，一级评价指标集等于一级权重系数与二级评价指标集构成的向量的乘积。

1. 办学方向的模糊综合评价

根据表 5-11 可知，模糊综合评价矩阵 R_1 为：

$$R_1 = \begin{vmatrix} 0.72 & 0.23 & 0.05 & 0 & 0 \\ 0.69 & 0.26 & 0.05 & 0 & 0 \\ 0.77 & 0.19 & 0.04 & 0 & 0 \\ 0.80 & 0.19 & 0.01 & 0 & 0 \\ 0.86 & 0.13 & 0.01 & 0 & 0 \end{vmatrix}$$

由表 5-10 可知，办学方向各操作层指标的权重：$A_1=$（0.2693，0.0975，0.162，0.3612，0.1100，0.1145）$B_1 = A_1$ 根 $R_1=$（0.868，0.2125，0.0312，0，0）。

2. 课程教学的模糊综合评价

根据表 5-11 可知，模糊综合评价矩阵 R_2：

$$R_2 = \begin{vmatrix} 0.01 & 0.24 & 0.41 & 0.32 & 0.02 \\ 0.64 & 0.29 & 0.09 & 0 & 0 \\ 0.67 & 0.26 & 0.07 & 0 & 0 \\ 0.1 & 0.35 & 0.41 & 0.14 & 0 \\ 0.76 & 0.18 & 0.06 & 0 & 0 \end{vmatrix}$$

由表 5-10 可知，课程教学各操作层指标的权重：$A_1=$（0.2841，0.0589，0.1445，0.0883，0.1401），$B_2 = A_2$ 根 $R_2=$（0.4035，0.262，0.2176，0.1111，0.0057）。

3. 工作机制的模糊综合评价

根据表 5-11 可知，模糊综合评价矩阵 R_3：

$$R_3 = \begin{vmatrix} 0.63 & 0.26 & 0.11 & 0 & 0 \\ 0.69 & 0.23 & 0.08 & 0 & 0 \\ 0.69 & 0.24 & 0.07 & 0 & 0 \\ 0.65 & 0.29 & 0.06 & 0 & 0 \\ 0.65 & 0.22 & 0.13 & 0 & 0 \end{vmatrix}$$

由表 5-10 可知，工作机制各操作层指标的权重：A_3=（0.1399，0.1399，0.2731，0.0656，0.0307，0.211，0.1399），$B_3=A_3$ 根 R_3=（0.6617，0.2483，0.0901，0，0）。

4. 队伍建设的模糊综合评价

根据表 5-11 可知，模糊综合评价矩阵 R_4：

$$R_4 = \begin{vmatrix} 0.69 & 0.21 & 0.1 & 0 & 0 \\ 0.68 & 0.26 & 0.06 & 0 & 0 \\ 0.68 & 0.23 & 0.09 & 0 & 0 \\ 0.73 & 0.23 & 0.04 & 0 & 0 \end{vmatrix}$$

由表 5-10 可知，队伍建设各操作层指标的权重：A_4=（0.1381，0.3374，0.1814，0.256，0.0871），$B_4=A_4$ 根 R_4=（0.6994，0.2365，0.0641，0，0）。

5. 校园文化的模糊综合评价

根据表 5-11 可知，模糊综合评价矩阵 R_5：

$$R_5 = \begin{vmatrix} 0.77 & 0.18 & 0.05 & 0 & 0 \\ 0.74 & 0.22 & 0.04 & 0 & 0 \\ 0.78 & 0.18 & 0.04 & 0 & 0 \\ 0.71 & 0.23 & 0.06 & 0 & 0 \\ 0.74 & 0.10 & 0.07 & 0 & 0 \end{vmatrix}$$

由表 5-10 可知，校园文化各操作层指标的权重：A5=（0.2073，0.1397，0.1397，0.0787，0.1106，0.324），$B_5=A_5$ 根 R_5=（0.7624，0.1906，0.047，0，0）。

6. 学生发展的模糊综合评价

根据表 5-11 可知，模糊综合评价矩阵 R_6：

第五章　学校民族团结进步教育评价指标体系的实证研究　　229

$$R_6 = \begin{vmatrix} 0.82 & 0.14 & 0.04 & 0 & 0 \\ 0.78 & 0.16 & 0.06 & 0 & 0 \\ 0.83 & 0.13 & 0.04 & 0 & 0 \\ 0.78 & 0.17 & 0.05 & 0 & 0 \\ 0.81 & 0.14 & 0.05 & 0 & 0 \\ 0.82 & 0.14 & 0.04 & 0 & 0 \end{vmatrix}$$

由表 5-10 可知，校园文化各操作层指标的权重：$A_6=$（0.1634，0.1634，0.0373，0.2693），$B_6=A_6$ 根 $R_6=$（0.7173，0.129，0.0392，0，0）。

（二）二级模糊综合评价

根据以上计算结果建立模糊综合评价矩阵 R：

$$R_6 = \begin{matrix} B_1 \\ B_2 \\ B_3 \\ B_4 \\ B_5 \\ B_6 \end{matrix} \begin{vmatrix} 0.868 & 0.2125 & 0.0312 & 0 & 0 \\ 0.4035 & 0.262 & 0.2176 & 0.1111 & 0.0057 \\ 0.6617 & 0.2483 & 0.0901 & 0 & 0 \\ 0.6994 & 0.2365 & 0.641 & 0 & 0 \\ 0.7624 & 0.1906 & 0.047 & 0 & 0 \\ 0.7173 & 0.129 & 0.0392 & 0 & 0 \end{vmatrix}$$

由表 5-10 可知，准则层因素的指标权重：$A=$（0.1863，0.117，0.117，0.0803，0.3237，0.1867），$B=A$ 根 $R=$（0.7232，0.2401，0.07，0.013，0.0007）。最终的评价结果，如表 5-12 所示。78 位教师根据指标对 S 学校民族团结进步教育开展状况评价为：72.32%的可能性处于很符合状态，24.01%的可能性处于比较符合状态，7%的可能性处于一般性状态，1.3%的可能性处于不符合状态，0.07%的可能性处于很不符合的状态。根据最大隶属度原则，可以判断 S 学校整体评价状况处于很符合状态。同理可以得出学校民族团结进步教育评价各方面情况（见表 5-13）。

表 5–12　二级模糊综合评价表

评价目标	很符合	比较符合	隶属度一般	不太符合	很不符合
学校民族团结进步教育评价	0.7232	0.2401	0.07	0.013	0.0007

表 5–13　学校民族团结进步教育评价指标隶属度

目标层	评价结果	准则层	评价结果	操作层	评价结果
学校民族团结进步教育评价		A 办学方向	很符合	A1	很符合
				A2	很符合
				A3	很符合
				A4	很符合
				A5	很符合
		B 课程教学	很符合	B1	很符合
				B2	很符合
				B3	很符合
				B4	很符合
				B5	一般
				B6	很符合
		C 工作机制	很符合	C1	很符合
				C2	一般
				C3	很符合
				C4	很符合
				C5	很符合
				C6	很符合
				C7	很符合
		D 队伍建设	很符合	D1	很符合
				D2	很符合
				D3	很符合

续表

目标层	评价结果	准则层	评价结果	操作层	评价结果
学校民族团结进步教育评价		D 队伍建设	很符合	D4	很符合
				D5	很符合
		E 校园文化	很符合	E1	很符合
				E2	很符合
				E3	很符合
				E4	很符合
				E5	很符合
				E6	很符合
		F 学生发展	很符合	F1	很符合
				F2	很符合
				F3	很符合
				F4	很符合
				F5	很符合
				F6	很符合
				ZS	很符合

第三节　研究结果与讨论

一、学校民族团结进步教育总体评价结果

（一）基于层次分析法和模糊综合评价法的评价结果

1. 各层级指标权重赋值与总体评价结果

根据表的统计结果得出办学方向的总体权重为 0.1863，A1—A6 的权重分

别为 0.2693，0.0975，0.16200.2467，0.1100，0.1145；课程教学的总体权重为 0.1117，B1—B6 的权重分别为 0.2841，0.0589，0.2841，0.1445，0.0883，0.1401；工作机制的总体权重为 0.1117，C1—C7 的权重分别为 0.1399，0.1399，0.2731，0.0656，0.0307，0.2110，0.1399；队伍建设的总体权重为 0.0808，D1—D5 的权重分别为 0.1381，0.3374，0.18140.2560，0.0871；校园文化的总体权重为 0.3237，E1—E7 的权重分别为，0.2073，0.1397，0.1397，0.0787，0.1106，03240；学生发展的总体权重为 0.1867，F1—F6 的权重分别为 0.1634，0.0887，0.1634，0.1634，0.1518，0.2693。

层次分析法结合模糊综合评价法，将专家打分的权重与教师评价的结果经过公式计算，根据最大隶属度原则判断 78 位教师对 S 学校开展民族团结进步教育在"办学方向""课程教学""工作机制""校园文化""队伍建设""学生发展"等六个方面的模糊综合评价等级均为"很符合"，整体评价为"很符合"。在实际评价中也可以将一级评价指标集化成对应的百分制，如果分别给评价等级的名称从"很符合""比较符合""一般""不太符合"。"很不符合"转换为评价常用的等级"优秀""良好""中等""合格""不合格"则 S 学校的评价等级为"优秀"。之所以在量表中没有直接使用"优秀""良好"等明确的等级评价，旨在淡化教师在自我评价当中的主观态度，尽量得出较为客观的评价结果。

2. 教师自评情况描述（以 B 指标"课程教学"为例）

78 位教师自评的具体打分情况如图 5-11 所示，在此以 B 指标"课程教学"下指标打分为例对打分情况进行描述，B1 指标得分分别为 0.01，0.24，0.41，0.32，0.021%，表示 78 位中，有 1% 的教师认为 S 学校开设了民族团结进步教育课程，能够保证小学四五年级每学年不少于 12 课时的标准，24% 的教师认为比较符合，41% 的教师认为一般或者不确定，32% 的教师认为不太符合，2% 的教师认为完全不符合；这是一个较为少见的教师意见差异性较大的指标，表明民族团结进步教育课程开设还十分不足，大多数教师不明确、不了解课程开设的情况。B2 分别为 0.64，0.29，0.07，0，0，表示有 64% 的教师认为 S 校积极开展民族团结进步教育专题教育，能够结合地方课程、校本课程以及民族团结进步宣传月、班、队会、社会实践等活动统筹实施，29%的教师认为比较符合实际情况，7%的教师认为一般或者不确定，没有教师认为不太符合或者完全不符合；B3 分别为 0.67，0.26，0.07，0，0，表示67%的教师认为 S 校在各个学科或主题教学中有机融入民族团结进步教育内容，包括爱国主义教育、法治教育、公民道德教育、历史文化教育等，26%的教师认为比较符合，7%的教师认为一般或者不确定，没有教师认为不太符合或者完全不符合，可见在各学科内容中结合民族团结进步教育是目前学校民族团结进步教育课堂教学的重要形式；B4 分别为0.1，0.35，0.41，0.14，0，表示 10%的教师认为 S 校使用了国家统一编写、统一审核的民族团结进步教育教材、教参，未使用未经审定的教材、教参；35%的教师认为比较符合，41%的教师认为一般或者不确定，14%的教师认为不太符合，说明教材的统一使用还未落实到各级学校，一部分教师对民族团结进步教育教材没有太多了解；B5 分别为 0.76，0.18，0.06，0，0，表示 76%的教师认为 S 校能够坚持创新民族团结进步教育教学方式，增加情感体验，教学方法能够符合学生的年龄特征，并且增强课堂教育生动性，18%的教师认为比较符合，6%的教师认为一般或者不确定，没有教师认为不太符合或者完全不符合；B6 分别为 0.65，0.26，0.09，0，0，表示 65%的教师表示 S 校能够积极创建"互联网＋民族团结"的形式，丰富教育资源，积极利用新形式新媒体新载体等，26%的教师认为比较符合，9%的教师认为一般或者不确定，没有教师认为不太符合或者完全不符合。

A-F 各级指标的自评打分情况均在表 5–11 中一一列出。

（二）对量化评价结果的讨论

各级指标中唯有 B1 和 B4 两项指标在模糊综合评价的量化结果中呈现"一般"水平。其对应的测量指标 B1"您所在的学校开设了民族团结进步教育课程，能够保证小学四五年级每学年不少于 12 课时的标准。"24%的教师选择了"比较符合"，41%的教师选择"比较符合"，32%的教师选择"不太符合"，以及 2%的教师选择完全不符合，这项指标的差异非常大，究其原因，其一可能源于78位教师并非每位教师都了解学校民族团结进步教育，在打分时出现随意填选的情况，其二每位教师对民族团结进步教育规定课时的理解不统一，有的教师理解为专项课程的课时，有的教师理解为与民族团结进步教育有关的活动课程都可以纳入规定课时之中，鉴于指标的本意是考察专项课程，因此有必要在指标表述中加上专门课程以与活动、实践等区别开来，其三目前学校民族团结进步教育普遍主要以主题教育、学科融入的形式展开，比如S学校与安全教育、道德教育、社会等课程融合展开，课时不便统计。评价指标当中要求12课时的表述源于《深化新时代学校民族团结进步教育指导纲要》对小学学段课时的要求，《纲要》规定：开展专题教育，在小学高年级、初中开设民族团结进步专题教育课，各学段不少于12课时，学校可结合地方课程、校本课程以及民族团结进步宣传月、班、队会、社会实践等活动统筹实施。课程教学要遵循中小学生身心发展规律和民族团结进步教育规律，积极探索教育教学方法，形成一批具有示范引领作用的教育典型经验。在实地调研与专家、学校管理者、教师访谈中出现了对课时规定的较大争议。有专家明确提出12课时的规定对学校、教师、学生都是巨大的负担，建议更改为8课时。也有不同的观点认为12个课时分摊在一学年当中是可以接受的。从教育实践者的意见来看，学校管理者和教师普遍认为开设专门课程缺乏专业的师资，从课时标准上，12个课时开设专门课程对学校来说压力太大，如果与课外实践结合等共同完成12个课时则可以接受。经过审思与反复讨论，最终保留了12个课时的指标，课时是一个量化标准，如果开设专门课程没有一定课时保障，则专门课程的实施无法得到保障，具体12个课时如何在专门课程与校本课程、社会实践活动等统筹分配分配，有待课程全面开设、教材全面投入使用后更进一步研究检验。

B4对应的测量指标"您所在的学校使用国家统一编写、统一审核的民族团结进步教育教材、教参，未使用未经审定的教材、教参。"35%的教师选择了一般，41%的教师选择了不太符合。这个结果主要是源于当前国家统一规定的教材、教参还未正式投入使用的实际情况。首先，目前全国小学普遍没有开设专门的民族团结进步教育课程，国家统一编写的教材、教材还处于试用阶段，尚未全面投入使用。目前学校民族团结进步教育的开展主要依靠学科融入、主题教育、活动开展、社会实践等形式进行，与研究者运用非参与式观察方法对 S 校民族团结进步教育开展现状调研结果一致。部分学校地区编写了地方教材和校本教材，S 学校并没有自主开发教材，使用的教学材料由教师根据主题活动准备素材。

二、评价方法反思

在评价指标体系的权重赋值阶段，本研究采用 AHP 层次分析的方式，解决了各个因素在权重计算时存在的主观因素，避免了传统的因素权重依赖于统计学或专业人士的分数，而是采用了数理的方式，将两者的结果进行比较，这样才能确保各个因素的权重计算的准确性。采用 AHP 技术，从理论上对存在的一些不确定性进行筛选，从而避免了因人为因素造成的影响而造成的影响，从而为下一阶段的模糊综合评判打下坚实的依据。学校民族团结进步教育的评价从教育评价的类型分类属于是一个系统的中观评价，包含了教育实施过程所要考察和处理的一切对象，涉及学校办学理念、学校管理制度、工作制度、课程与教学、教师培养与专业化发展、校园文化建设、学生品德发展等子系统，每一个子系统又由多方面内容构成，其实施的进程与教育的效果受内外诸多因素的交互影响。诸多影响因素具有不宜明确赋分、评价主体态度的主观性等显著特点，是一项非常复杂的工作。学校民族团结进步教育评价应该受多因素影响制约，不可避免地存在着一些模糊不清、主观性，运用模糊综合评判可以尽可能地保证评估的客观性，从而达到更好的评估效果。基于此，本研究为了以更客观和公平的方式评估从调查问卷中获得的评估结果，结合定性和定量评估，尝试采用层次分析法与模糊综合评价方法相结合共同构建学校民族团结进步教育评价指标体系，包括了以专家对指标重要性判断来赋值权重与教师对学校教育工作整体情况对照评价指标体系进行符合程度判断，以此进行多因素综合评价。

模糊综合评价法基于模糊数学，对某些难以定性、难以定性的因子进行定性，并对其进行了全面的评估。"模糊"是一种介于中间转换的"不明确性"的不严谨的客观事实。人类的日常活动、思想活动中，有许多模棱两可的现象，必须加以分析，并加以分析，从而得到有益的结论。例如，在一些研究中用"很好""较好""一般""较差"和"很差"等不同的划分对中小学教育信息化水平进行了模糊的评判。教育评价当中，很多评价对象的特征没有明确的外延，但却在评价主体头脑里有"标准"。模糊综合评判的基本思想是：在对多个因子所确定的目标进行评价时，按照各个层次的权重来确定各个影响因子的评判准则。采用隶属度来表示各个因素之间的模糊界限，构造出一个模糊判断矩阵，再用多层次合成操作综合评判各个因素，最后得出综合评判结果。通过归属程度描述各因子的模糊边界，构建模糊判别矩阵，然后通过多层复合运算对所有因子进行全面评估，最终确定评价对象所属等级。

案例研究是对实际工作的简化和抽象，而实际评估则远没有这么简单。在实际工作中，为确保正确落实全国团结评价和学校进步教育，必须做好以下工作：一是获得主要领导的高度重视和人力物力支持；二是制定并严格执行相关考核规章制度；第三，明确民族团结教育管理部对学校进步的责任和分工；第四，做好学校民族团结进步教育评价结果反馈工作。

三、学校自评的局限性与评价建议

在评估的结果出现以后，评估人员在对评估的宏观上进行考察的时候，也不要忽略了一些微观的、较小的问题，也就是说，评估的结论不但要考察评估对象的实际状况，还要发掘其背后的成因，并进行总结，以便对评估对象进行改进。[1]

---

[1] 陆红如,阮选敏,成颖,陈雅.复杂性理论视角的学术评价理论建构——基于扎根理论的探索性研究[J].情报学报,2020,39(07):731-754.

(一) 教师的主观性与利益顾虑

从 S 小学整体评价结果来看，教师作为学校民族团结进步教育评价的利益相关者，在打分过程中出现了较强的主观倾向与利益顾虑。对于"工作机制"于"队伍建设"的评价与研究者调研的实际情况有较大差异，主要涉及学校是否制定了民族团结进步教育总体实施方案或指南、学校是否与家庭、社会共同开展民族团结进步教育以及学校是否建设了整体育人团队等。S 小学是当地民族团结进步示范校，工作开展较有影响力，在办学理念、学校管理、工作机制、课程教学中的成绩得到了上级教育行政部门的肯定。但是在实地调研、校长、教师访谈中，了解到 S 学校也存在缺乏民族团结进步教育总体实施方案、缺乏常态化工作机制、家长参与较少、师资紧缺的问题。这也是目前学校民族团结进步教育开展的共同问题。在教师打分中出于主观倾向或者利益考虑，依然有 69% 的教师表示 S 校制定了民族团结进步教育总体实施方案或指南。无法避免的主观倾向与利益相关者的顾虑无疑展露了学校自我评价的局限性，同时为学校民族团结进步教育实施多主体共同评价提供了思路。

(二) 协同自评的必要性

我国的学校自我评估的主要目的是准备外部监督的评估，并准备各种反映学校质量的材料。在这种类型的学校质量评估体系中，学校自我评估与外部评估之间缺乏互动与合作，学校在自我评估过程中处于被动地位。缺乏自我检查和持续改进的内在动力，导致自我评估往往成为形式，一些学校甚至在自我评估中出现舞弊行为以应对外部评估。这种对学校的自我评价不仅增加了学校的负担，也不利于外部评价客观分析学校的教育质量和需要改进的部分，影响了评价的可信度。

为了彻底有效地克服这一现象，必须在制度设计层面取得突破，纠正学术自我评价与外部评价的关系，建立互利互补的合作关系。借鉴国外相关经验，不仅要把学校自我评估作为外部评估的准备，还要要求学校在面对外部评估之前，采取相同或相似的指标，不断进行自我评估。此外，外部评估以学校自我评估为基础，评估人员在入校评估前通过查阅学校的自我评估数据来确定评估的目的，在现场评估中收集数据和信息，并与自我评估数据相印证，以提高评估的准确性和有效性。更重要的是，学校的自我评价状况也可以作为反映学校领导和管理水平的重要指标，考察学校是否对自己的长处和短处有清晰的认识，能否抓住机遇，利用各种有利资源做出优化。这种制度设计可以有效引导学校定期进行自我评估，使自我评估真正自主化、制度化，最终建立自我诊断和学校改进的新发展机制，促进学校发展可持续。

评价的目的是促进发展，改进行动是最终目的。逐步健全的评价方式与手段能够帮助学校衡量和及时纠正对国家最初制定的发展目标和质量标准的执行偏误。从宏观到微观，从过程到结果，从教育者到学习者，从其他不同的层次和角度去发现问题，分析阻碍质量提升的影响因素。一些研究人员主张通过问责制和激励机制来奖励和惩罚负责相关任务的各方主体，认为是纠正偏误、调整目标航向、巩固强化有效策略。[①]本文认为进行普遍的、常规的学校民族团结进步教育不仅应该考虑纠正偏误或者选拔评优，从学校民族团结进步教育要构建常态化的机制来看，同样需要关注的是源自学校自省的学校内部评价，建议采取"督导问责"与"自我改进"并重的方式。

学校自我评价之所以被认为是一种合理、有效的评估方式，是基于其学校管理者具有专业的评价水平和智慧，能够汲取教师和其他利益相关者的观点，使获得的结果具有较强的解释力。但是实际情况没有那么简单，单靠学校往往难以长期和以标准化的方式独自完成，需要专业评估人员的帮助和支持。通过较为明确的标准、有根据的、客观的态度进行学校自我评价，帮助学校对内部和外部观点之间的差异作出合理的判断，对于学校改进工作、提高学校管理的科学性和教育效果有效性十分重要。

在实际评价过程当中，首先需要多主体共同参与评价，最为理想的状态

---

① 黄越岭,韩玉梅,陈恩伦.新时代继续教育质量评价与提升:价值取向、指标体系和模型构建[J].中国电化教育,2020(09):96-104.

是结合教育行政部门督导评估、第三方中立评估与学校自我评价相结合。其次评价主体需要运用多种方法收集评价资料，比较常用的方法有实地调研、听取汇报，查阅档案，与学校领导和有关教师座谈，师生访谈、开展教师问卷等。评价指标的意义在于为上述评价提供一个"标准"，在评价开展中对照标准运用多种资料收集方法检验评价对象的真实状态，总结工作的经验。最后，开展多方协同自评要求各评价主体保持在整个过程中与学校的真正深度合作，真诚对话，能够通过深度交互、协同合作，才能有效反馈，持续改进学校民族团结进步教育。

第六章 新时代学校民族团结进步教育长效机制构建

结合第七次中央民族工作会议精神，通过学习习近平总书记讲话，对党的百年历程进行全面回顾，民族工作取得硕果，积极走出中国特色解决民族问题的道路。改革开放特别是党的十八大以来，党和国家不断强调中华民族大家庭、中华民族共同体、铸牢中华民族共同体意识等理论理念，既一脉相承又与时俱进贯彻党的民族理论和民族政策，积累了把握民族问题、做好民族工作的宝贵经验，形成了党关于加强和改进民族工作的重要思想。学校是民族团结进步教育的主阵地，民族团结进步教育是学校教育必不可少的教育内容。作为民族团结进步教育的重要场所，需要重视学校教育内容的合理设置、更需要积极建立相应的工作机制和条件保障机制。在《深化新时代学校民族团结进步教育指导纲要》等一系列指导性政策文件的引导下，基本构建了民族团结进步教育的工作机制，初步形成了课程体系，教育形式丰富多样。在党和国家及教育行政部门、统战部门等多方的推动下，学校民族团结进步教育全面深化，课程建设取得了积极的成效、教学方法不断创新、教师队伍规模和素质稳步提升、教师培训逐步常态化，多个地区根据地方条件有效运用爱国主义教育基地，丰富学校民族团结进步教育的资源。

与此同时，我们也应更加清醒地认识到，当前的民族团结进步教育还存在诸多问题，主要体现在如下几个方面：对民族团结缺乏足够的重视，忽视其现实价值，将民族团结进步教育与"民族团结进步月"进行对等分析，只需要在这样的特定时间段展开；一部分地区和学校未按国家要求开设民族团结进步教育专门课程，不能保证一定的课时、教学方式固化单一；教学内容过于陈旧死板，缺少实效性、可读性和针对性；民族团结教育的对象存在认识偏差①，认为学校民族团结进步教育只需要在民族地区展开；课程设置与内容单一②，缺乏科学性、系统性；③教育教学方法陈旧，缺乏专业的师资队伍；④这些因素最终导致民族团结教育存在形式化问题，效果不显著；⑤目前，中小学民族团结进步教育存在严重的不均衡性，一些省、市、自治区尚未进行普及，尤其是内地以及东部沿海地区亟待增强。这些问题的存在，都要求我们深入推进思政课教学改革，而在这其中，构建完善的评价指标体系是学校民族团结进步教育质量提升的内在要求。

第一节 学校民族团结进步教育是一项系统工程

学校民族团结进步教育是国家意识形态领域的精神凝聚工程、是培育祖国未来储备人才的铸魂工程、是涉及诸多社会要素、意义深远的复杂工程，因而体现出明显的战略性、基础性和长远性特征。新时代学校民族团结进步教育是对党的十八大以来民族团结进步教育丰富经验的科学总结和深刻把握，也是对新时代全新发展阶段进一步深入推进民族团结进步教育事业的系统部署，标志着党和国家对民族团结进步教育理论的深刻性与实践的规律性认识达到了新的高度。在系统论角度下，学校民族团结进步教育更显突出特点，集中体现在层次性，整体性，融通性以及动态性。整体性，主要基于诸多相关因素，在相互作用的前提下，拥有特定的功能，在此基础上构建整体性系统性质。在系统论中，整体观点占据首要位置，新时代学校民族团结进步教育系统是一个以学校为基本场域，由学校内部和学校外部的众多要素组成彼此关联、相互影响而形成的有机整体。

---

① 高长生.民族团结教育在中小学教育阶段的重要性[J].学校党建与思想教育,2009(33):41-42.
② 周瑾.多元文化视域下对我国中小学民族团结教育的思考[J].教学与管理,2014(12):68-70.
③ 万明钢.建立科学的民族团结教育常态化机制[J].中国民族教育,2015(10):13.
④ 欧阳常青,苏德.学校教育视阈中的国家认同教育[J].民族教育研究,2012,23(05):10-14.
⑤ 严庆,青觉.我国中小学民族团结教育工作回顾及展望[J].民族教育研究,2007(01):50-56.

党和国家对学校民族团结进步教育发挥主导性作用，隶属社会内聚工程范畴，以教育主导为基本路径，促使各民族之间实现相互尊重与信任、更加亲近友爱，互助合作、从而形成多民族和谐共处的良好社会环境。对学校内部教育系统结构进行研究，需要构建更加系统与完善的长效机制，构建质量保障体系，在实施中需要明确教育目标、拓展教育内容与完成培养任务，丰富实施途径与保障实施条件，合理实施质量监控评价，持续改进等四个基本环节。

学校民族团结进步教育既是民族教育也是国民教育。要重视积极构建长效教育机制，对学校民族团结进步教育进行不断深化与延伸，这也是铸牢中华民族共同体意识的重要手段和途径，对发展中国特色解决民族问题的道路具有长远意义。深化新时代学校民族团结进步教育，需要构建常态化的工作机制，通过专门课程、专题课程的开设，不断创新教育教学方法、创建整体育人团队、培养政治立场坚定和专业素养扎实的师资力量，从而不断提升教育教学质量，使教育效果实效化、长效化。学校民族团结进步教育需要各方面通力合作、密切配合，共同推进。学校在教育中发挥主导作用，应加强对民族团结进步教育活动的组织协调，推动相关教育活动有效开展。社会其他机构结合自己的职能，从实际出发，积极配合学校组织开展形式丰富多样的民族团结进步教育活动。学校、社区、乡镇、家庭，广泛吸收各方主体参与学生的民族团结进步教育活动，形成全立体、多维度、深层次的浸没式教学。

结合《深化新时代学校民族团结进步教育指导纲要提出》的分析可以发现，要坚持习近平新时代中国特色社会主义思想的指导地位，重视立德树人，发挥社会主义核心价值观的引导作用，构建民族共同意识体，将民族之间的交流交融作为根本出发点，落实爱国主义教育，将中华民族共同体意识教育作为重点，重视对传统文化进行传承和发扬，加强革命文化教育，重视先进文化，对学校民族团结进步教育长效机制进行优化与完善，全面服务于中华民族伟大复兴的中国梦，发挥强大的动力支撑作用。构建和完善学校民族团结进步教育长效机制，能够有力保障民族团结进步教育全方面、多层次、全覆盖地对受教育者产生深刻的影响，保障其教育效果的持续性和连贯性。建立科学的评价体系,加强规范性,是构建长效机制的核心。依托科学的评价系统,能够对学校管理制度是否完善、课程教学是否规范、师资队伍是否健全、校园文化建设是否教育效果是否显著等进行多方面的监测反馈,及时评价以总结经验,进而持续改进民族团结进步教育,使学校民族团结进步教育形成一个有效运转"目标—实施—评价—反馈"的完整闭环系统。学校民族团结进步教育评价理论的构建与评价工具的研制,能够帮助学校自我检视民族团结进步教育存在的问题,服务于教育督导评估,为民族团结进步教育工作提供评估标,保证有据可依,促使民族团结教育得到改善,构建长效机制,为强化民族团结进步教育提供动力支持。基于此,学校民族团结进步教育长效机制以及评价指标体系的构建和完善是提高学校民族团结进步教育针对性与实效性的必然要求。

第二节 构建学校民族团结进步教育长效机制基本环节

民族团结教育是学校德育教育的重要内容,并体现出一定的时代性特征。步入新时代,深化民族团结进步教育成为铸牢中华民族共同体意识的必然要求,民族团结朝向中华民族凝聚力、包容力的提升,民族进步朝向各民族繁荣发展和中华民族伟大复兴。①在有关德育评价的相关理论研究中,张蕴从生态整体论的视角阐释了德育生成的个体心理要素与德育共同体之间不同层次要素的互动关系。文章认为,要重构评估指标,健全评估标准,提高学校道德教育的全方面育人效果。指明德育评价目的并非得出有关教育对象或共同体的概括性结论,而是为德育活动过程提供可资借鉴的信息反馈,从而使道德评价从局部向整体性、代表性向普遍性转变,注重社区构建的过程参与者对整体系统必不可少的影响,注重不同层次因素在德育活动中的联动联结及其信息反馈作用。②品德测评是教育活动的一环,应当将品德测评与品德教育

---

① 严庆,梅丽.认知与作为:如何在新时代深化学校民族团结进步教育[J].民族教育研究,2021,32(03):32-39.
② 张蕴.高校德育生态共同体建构的理论逻辑与实践路径[J].社会科学家,2021(05):150-155.

与德育工作的关系紧密地联系在一起，从而使得品德测评既具有衡量和评价的功能，又具有教育促进功能。①

一、学校民族团结进步教育目标与定位

深化新时代民族团结进步教育的目标，以爱国主义为核心，以社会主义核心价值观为引领，以铸牢中华民族共同体意识为根本方向，以加强各民族交往交流交融为途径，实现民族团结进步教育长效机制的构建。引导学生树立正确的国家观、民族观、历史观、文化观、宗教观；践行爱国主义，增强爱国意识与爱国情感，夯实各民族民族团结进步的思想基础。其最终目标是要培养适应新时代背景下具有国家意识、公民意识、法治意识，拥有家国情怀，德智体美劳全面发展的社会主义建设者和接班人。

学校民族团结进步教育贯穿于各个学段，从基础教育到高等教育，教育内容内容体现出层次递进的特征。小学、初中学段以国家统编的教材为主要依据。小学阶段初步感知中华民族是多民族的大家庭，我国56个民族都是大家庭中的一员，树立民族团结一家亲的意识；初中阶段通过了解中华民族形成的过程，学习史实，增强维护祖国统一和民族团结的使命感和责任感；高中阶段则以多民族国情教育和学习我国的基本民族政策为主，铸牢各民族守望相助的共同体意识。在普通高校和职业院校，通过学习党的民族理论与政策，深入理解中华民族多元一体格局，了解中国特色社会主义解决民族问题的正确道路。

学校民族团结进步教育渗透在各个学习阶段，以基础教育为开端，一直延伸到高等教育，突出体现内容层次递进的显著特点。在小学初中时期，主要内容为国家教材。在小学阶段，促使学生感受到多民族大家庭的概念，各个民族都是其中一员，建立民族团结一家亲的思想；初中阶段要对民族形成的全过程进行深入了解，重点对史实进行学习与掌握，增强国家统一以及民

---

① 胡朝兵,张大均.国内外品德测评方法述评与展望[J].中国教育学刊,2008(03):40-44.

族团结责任感；高中阶段将多民族国情教育作为重点，深入了解民族政策，构筑守望相助的共同体观念。基于普通高校和职业院校，要让学生积极学习民族理论以及相关政策，对中华民族多元一体格局进行解读，尤其将中国特色社会主义解决民族问题作为研究的重点。

在课程定位上，学校民族团结进步教育属于学校德育的一部分，立德树人是新时代各级各类学校思想政治教育的根本任务。学校民族团结进步教育的具体任务包括：厚植爱国主义情怀，教育引导师生深刻认识中华民族是一荣俱荣、一损俱损的命运共同体，在历史发展中逐步形成了你中有我、我中有你、谁也离不开谁的多元一体格局，培育家国情怀；在学习与实践中践行社会主义核心价值观，内化为精神追求，实现个人、社会、民族、国家身份的内在统一；以"五个认同"为思想基础，弘扬和传承中华优秀传统文化，继承和发展革命文化、社会主义先进文化，增强各民族对中华文化的认同；增强法治意识，坚定不移地用法律来保障和巩固民族团结，旗帜鲜明地反对破坏祖国统一与制造民族分裂的言行。

二、丰富实施途径、保障实施条件

第一，学校要坚定政治立场、坚持党对民族团结进步教育工作的全面领导，推进依法办学，以培养社会主义和民族团结接班人为根本任务。健全学校民族团结进步教育的领导体制和工作机制，各级责任主体权责明晰，分工明确。切实履行校领导工作责任制，并将其纳入领导班子的评估考核。学校要把各族师生民族团结进步教育工作纳入学校发展的总体发展规划，同时在培养方案中应该体现相应内容。学校应努力构建全员全体全程、多维立体的育人格局，形成具体的制度，并予以落实。在教育对象上，学校要树立正确的思想认识，纠正民族团结教育只在少数民族或民族地区展开的思想偏误，将民族团结进步教育对象面向各民族学生。学校要落实国家关于加强国家通用语言文字教育的政策要求，在学校场域日常教学中运用国家通用语言文字，将"学好中国话，做好中国人"的思想渗透在教育教学和日常生活中，营造良好的国家通用语言文字学习环境，为各族师生交往交流交融提供坚实的语言基础。

第二，落实课程教学。青觉教授在中小学民族团结进步教育研究中提出，推进民族团结进步教育要利用好课堂作为主要途径，强化创新，增强亲和力、适切性，以适应发展需求和期望，使各类课程与思想政治理论课同向同行，形成协同效应[①]。落实课程教学包括三种形式：首先是开设专项课程，课堂是民族团结进步教育融入学校教育的主要载体，根据国家政策文本要求开设民族团结进步教育专门课程，保障一定课时；其次，开展专题教育，各级各类学校分阶段、分层次开展民族团结进步教育专题教育，小学、初中、高中开展民族团结进步专题教育，高校将民族政策与理论纳入思政课程，使中华民族共同体意识根植于学生内心；其三，运用多学科融入的形式，各个学科或主题教学中有机融入民族团结进步教育内容，从不同学科视角中选择相关知识，建构出具有中国特色的民族团结进步教育知识体系，将民族团结进步教育的内容融入语文、政治、历史、地理、音乐、美术、体育等多学科教学中。同时要注意教学中使用国家统一编写、统一审核的民族团结进步教育教材、教参是国家指导性文件的法定要求。无论何种课程形式，都要创新民族团结进步教育教学方法，以讨论互动补充传统讲授的不足，不断发掘和借鉴能够激发学生兴趣、增强学生情感体验的德育模式。在当代课程教学中，教学资源突破了传统纸质媒介为主要载体的形式，要重视"互联网+民族团结"教育模式的拓建，积极开发和利用网络资源新媒体等，充实学校的教育资源。

第三，建立工作机制。学校设置民族团结进步教育分管领导小组，落实好领导责任制，有规划有目标地制定民族团结进步教育总体实施方案；建立学校与家庭、社会之间和谐、促进、协调发展的教育体系；教育行政部门要积极协调，加大对学校民族团结进步教育协同工作与指导服务，做好正面宣传与引导，形成全社会共同推进民族团结进步教育的良好氛围；通过各种渠

---

① 青觉,吴鹏.使命、困境与超越:中小学民族团结进步教育研究——基于中华民族共同体意识视域的理论分析[J].黑龙江民族丛刊,2019(05):1-7.

道筹集资金，加强对民族团结进步教育经费投入，鼓励社会各界积极参加，包括高等院校、企业、科研机构、公益团体。在有条件的学校、地区推行民族汉合校、混合住宿、混班教学、建立友好班级、以"对口支援"为基础的研习，以结对帮扶等形式，推动各民族同学相互学习、共同进步。

第四，强化队伍建设。构建民族团结进步教育整体育人队伍，学校对教师的道德观念、政治素养、责任感等进行严格的考核；教授民族团结进步教育课程的教师必须具备坚定的政治立场、合格专业能力，良好专业素养，积极的正向情感；加强民族团结进步教育师资培训，建立准入与退出机制。根据政策文件的规定，要建立长期的民族团结师资培养机制，加强师资队伍建设，定期开展研修和轮训，以促进教师队伍的全面发展，把民族团结培养列入教师持续发展的总体计划中，把国家通用语作为评价重要指标。师范院校要将民族团结进步教育专题纳入人才培养方案。各地教育部门要将民族团结进步教育内容纳入"国培计划""省培计划"等师资培训专项计划，提高教师相关理论素养和教学能力。充分发挥地方教师培训机构的积极作用。

第五，丰富校园文化。依托少先队、学生社团等组织开展丰富的校园文化活动，丰富民族团结进步教育载体。日常活动中增强国家符号和民族文化的感知，开展形式多样的主题教育与实践活动，将价值观教育和行为规范以潜在的、内隐的形式，深入到学校的教学活动、实践活动、规章制度和学校生活的方方面面，使学生在潜移默化中形成民族团结的态度、观念和行为方式。加强学校的文化建设，通过开设专栏、刊发公益广告、刊发深度报道、采访身边典型、出版生动的小故事等多种方式进行舆论宣传，以弘扬社会主义核心价值观为主题，营造良好的校园文化氛围。学校教室、图书馆、宿舍、陈列室、板报、橱窗、墙壁等应展示反映热爱祖国、民族团结的教学内容。在宣传方法上要积极改革，将校园文化与民族团结进步教育融合统一起来。在学生中通过多种途径分享交往交流经验，以树立典型范例，引导学生理解、感受、体验，加深学生对国家统一与发展的认识。

第六，加强科研助力。发挥高等院校、社科类研究所、民族教育类研究中心在思想政治教育上的核心优势，加强民族团结进步教育与日常教学融合研究和专题培训。加大学校民族团结进步教育教学科研工作力度，为学校民族团结进步教育工作提供智力支持。发挥好铸牢中华民族共同体意识研究基地、教育部人文社会科学研究项目等研究平台作用，加大对相关专题研究支持力度，专家学者和教师开展理论政策研究、教学教法研究、教材研究，为深化新时代民族团结进步教育提供智力支持、理论支持与实践指导。

三、运用科学规范的评价标准进行监测

通过办学方向、课程教学、工作体制、队伍建设、校园文化建设、学生发展等多方面的有机融合与互动，为新时期的民族团结进步教育指明了方向、提供了依据、理清了思路、强化了重点，使得新时代民族团结进步教育体系的各要素构成一个规范有序、协调协调的有机整体，进而使民族团结进步教育取得整体效益。通过评价，可以更好地反映民族团结进步教育活动组织、实施与预期的目的是否一致，从而作出相应的预测，并施加相应的解决方案，为进一步实施民族团结进步教育工作提供了强有力的支撑和保证。根据国家制定的教育目标，建立学校民族团结进步教育的评价，是构建长效机制的一个重要环节，是我国民族团结教育发展的有效途径。通过对民族团结进步教育进行评价，使学校管理者、教师、学生明确民族团结与发展目标与目标，并发挥评价的导向功能；通过评价的实施，监测学校民族团结进步教育评价的质量，使评价的主体与客体共同了解民族团结进步教育在学校实施中获得的经验，起到评价的激励作用；通过评价结果的呈现，使评价主体与客体共同明确学校民族团结进步教育在实施中存在的问题，明确与教育目标存在的差距，进而持续改进教学质量。

本研究以学校为系统整体构建出了一套适用于小学学段的评价指标体系与测量工具，旨在运用这套指标测量小学开展民族团结进步教育的整体水平，有效检验学校民族团结教育的成效，帮助教育行政部门、管理部门发现学校民族团结进步教育存在的问题，通过评价结果使学校明确工作改进的方向，起到评价应有的导向、激励、监督、反馈的作用，全面提高学校民族团结进

步教育的质量。建立小学学段的评价指标之后，评价指标体系的研究还需要向学前教育、普通中学、高等院校两端延伸。各学段从培养目标、课程开设、校园文化、学生发展都要体现出层次递进的教育特征，对师资队伍建设也有不同程度的要求，各学段学校教育的工作重点、学校面对的升学压力等现实情况决定了不同学段评价指标应有的差异性。从学校类型划分，我国学校类型多样化，民族院校和与非民族院校、普通学校与职业学校在课程开设、校园文化建设中也存在差异性，要构建一套适用于各学段、各级各类学校的评价指标体系和方法难度较大，需耗费大量的人力物力。因此未来研究一方面需要评价指标体系向更高学段延伸，另一方面还要加强学校民族团结进步教育嵌套评价指标体系。比如构建民族团结进步教育学生发展评价指标体系、学校民族团结进步教育教师专业发展评价指标体系、学校民族团结进步教育课程评价指标体系。

以构建学校民族团结进步教育教师专业发展评价指标体系为例，主要是发挥评价对教师发展的促进作用。教育评价的一个重要功能是反馈教育教学信息、调控教育教学过程，增进教育成果的实效性，未来研究可以从三个方面展开：

第一，以师德师风为最首要的考核指标，民族团结进步教育教师肩负着形塑学生价值观的重任，不仅要符合教师职业道德的基本规范，在政治立场、价值观念上要求要更加严格。教师是一个特殊的职业，因其面对的教育对象是学生。在学龄阶段的青少年还处于价值观不成熟的阶段，容易受到错误价值观的侵害、遇到某些特殊事件容易形成偏见，在此情况中教师的一言一行都可能对学生产生深刻的影响，需要教师能起到思想引导、情感疏导、价值引领的作用。再者，发展心理学理论观点认为年龄较小的儿童有比较强烈的"向师性"，对教师的权威会比较容易认同，教师在此阶段是学生成长中的重要他人，学生表现出比较强烈的对权威的服从。教师应具有热爱祖国、民族团结的积极情感，并践行爱国行为，学生也非常容易受到教师积极情感的感召。

第二，是考核教师的专业发展。民族团结进步教育目前没有专门的教师，大多数由班主任兼任，"非专业"的师资更加需要对其专业水平进行考核，教师对民族团结进步教育课程的开展要有积极认同的态度，要具备民族团结进步教育的基本知识，能够熟练掌握教材的核心内容，并运用自主创新的能力对教材进行延伸，具有相应的课堂组织管理的能力，同时具备运用新媒体新资源的技能。

第三，评价主体对教师知识、技能评价应由单一的考核评估等终结性评价向促进发展为主导的过程性评价相结合、注重发挥教师评价的促进和激励功能。充分发挥评价对教育的促进作用。民族团结进步教育教师的特殊性在于，教师职业活动是由多个方面的活动和多个环节共同构成的。教学任务、日常仪式、校园活动、社会实践、组织竞赛以及多学科融入教育内容等。从空间上，由课堂延伸至校园、家庭、社区、社会，其彼此联系、相互渗透、相互作用育人环境都需要教师作为中介连结，共同构成学校民族团结进步教育的系统。

四、持续改进学校民族团结进步教育

新中国民族工作最重要的一项成绩，在于铸造了一种"中国精神"，它以求真正的民族平等，精心维护各民族的大团结，孜孜不倦地追求各民族共同的繁荣和发展。①学校民族团结进步教育是我国民族团结进步事业的重要组成部分，也是民族团结进步"中国精神"的重要体现。在习近平新时代中国特色社会主义思想的引领下，学校民族团结进步教育长效机制和评价体系的构建与完善，是提高学校民族团结进步教育针对性与实效性的必然要求。建立目标监控系统并非单纯的运用问题，它包含了对教育制度和其组成的理论理解；由于教育发展的实际要求，从概念到框架，从指标到数据，再从研究到

---

① 刘宝明.论促进民族团结进步的"中国精神"[J].中央民族大学学报（哲学社会科学版），2020,47(03):31-39.

实际运用，是一个循环往复的过程。①在学校场域进行民族团结进步教育，必须在总体上遵守教育发展的基本原则，以一种常态化长效化的工作体制来保证民族团结进步教育的整体运行与发展。构建起一套科学化、标准化的评价制度，不断完善校民族团结进步教育，重视教育中的各个要素，使之成为一种良性运行的闭环系统。学校民族团结进步教育是一项具有战略性、基础性和长期性的工作，具有极其重大和深远的战略意义，需要及时评价以总结经验，有效推进。

根据国家政策本文对学校民族团结进步教育的规范要求，对基础教育与高等教育、职业教育开展有侧重、分阶段、分层次、全覆盖的民族团结进步教育。学校民族团结进步教育的目的是要通过课程的实施、活动的开展、交往交流交融的途径，使学生在认知、情感、意志、行为等各方面能够获得整体发展。通过学校民族团结进步教育评价的构建与完善，对学校民族团结进步教育的质量体系进行评价，对校园文化建设、学校课程实施、教材使用、教师道德素养和教学能力、学生发展水平等各方面进行监测和反馈，使教育行政部门、学校管理者、教师和学生都能明确了解学校民族团结进步教育的实施效果，有助于教育行政部门进行政策目标的改进、学校管理者完善校园文化建设、一线教师不断地提升教学水平和改进教学方法、学生进一步提高自身的思想道德素养，践行民族团结行为，铸牢中华民族共同体意识。使民族团结进步教育在学校场域通过目标—实施—评价—反馈的循环系统持续改进，逐步形成长效教育机制。学校民族团结进步教育效果的整体呈现，既有赖于每一组成部分的有效运转，更得益于各组成部分和各要素之间的有序配合与良性互动。严庆教授在研究中提出新时代学校民族团结进步教育要求"目标—任务—内容"的具象化，要求"区域—学段"覆盖的完整性，要求"实施途径—组织保障"的操作性。贯穿于全部学段的新时代学校民族团结进步教育，是铸牢中华民族共同体意识的有效途径和举措。②

---

① 杨向东,朱虹.教育指标系统构建的理论问题[J].清华大学教育研究,2013,34(03):16-28.
② 严庆,梅丽.认知与作为:如何在新时代深化学校民族团结进步教育[J].民族教育研究,2021,32(03):32-39.

综上，学校民族团结进步教育是一种系统教育活动，涵盖教育的各个要素，是在思想建设、工作开展、课程实施、师资培训、实践活动等各方面常态化发展，从而使教育效果持续改进。学校民族团结进步教育长效机制的构建，是学校民族团结进步教育逐步规范化的过程，包括学校民族团结进步教育目标的设定、工作开展和课程教学过程实施、教育效果的监测与评价、反馈和持续改进等各个环节。学校民族团结进步教育评价体系的构建能够提供评价标准，系统检视教育实施的不足之处，推进学校民族团结进步教育工作长效机制的发展和完善，为推动学校民族团结进步教育持续发展、有效运转提供不竭动力。

第七章 研究结论、建议与反思

第一节 研究结论

　　学校民族团结进步教育评价在教育评价的类型分类属于一个系统的中观评价，包含了教育实施过程所要考察和处理的一切对象，涉及学校办学理念、学校管理制度、工作制度、课程与教学的实施、教师培养与专业化发展、校园文化建设、学生品德发展等子系统，每一个子系统又由多方面内容构成，其实施的进程与教育的效果受内外诸多因素的交互影响，诸多影响因素具有不宜明确赋分、评价主体态度的主观性等显著特点，是一项非常复杂的工作。学校民族团结进步教育评价必须对多因素影响制约的事物或对象作出总评价。本研究所建立的学校民族团结进步教育评价指标体系基于国家政策的规定要求、学术文献的学理研究、实地调研的丰富资料、问卷访谈的翔实反馈，运用教育评价学较为成熟的指标构建路径研究小学阶段的民族团结进步教育评价指标体系与测量工具，构建指标体系过程中借鉴、参考了学术界构建教育评价指标的教育评价理论与具体操作方法，遵守质性研究与量化研究的基本逻辑，运用扎根理论对政策文本、学术文献、实地调研资料、专家咨询、学校管理者和教师的问卷及访谈进行编码，归纳评价内容的核心类属，运用德尔菲法对评价指标体系进行修订，之后研制出相应测量工具并运用统计学方法进行验证。邀请专家、校长共同判断各级指标的重要性程度，运用层次分析法确定权重，最终构建出一套完整的包括 1 项一级指标，6 项二级指标，36 项三级指标的学校民族团结进步教育评价指标体系（表 7-1）。指标体系构建完成之后选择较为合理的测量方法进行个案试测，通过评价结果反馈对评价方法与指标体系进行讨论与反思。提出对学校民族团结进步教育进行评价的合理建议，最后较为系统地论述了构建学校民族团结进步教育评价指标体系与长效机制的关系。

表 7-1 学校民族团结进步教育评价指标体系（完整）

	一级指标	权重	二级指标	权重
学校民族团结进步教育评价指标	A 办学方向	0.1863	A1 学校要坚定政治立场、坚持党对民族团结进步教育工作的全面领导，以培养社会主义和民族团结接班人为根本任务。	0.2693
			A2 学校应把民族团结置于重要发展地位，作为德育的重要部分。	0.0975
			A3 学校组织民族团结进步教育进入课堂，提高整体师生的引导各族师生铸牢中华民族共同体意识。	0.1620
			A4 学校将民族团结进步教育对象面向各民族学生。	0.2467
			A5 学校全面推进普及国家通用语言文字教育。	0.1100
			A6 学校在发展愿景、文化建设中的自设指标	0.1145
	B 课程教学	0.1117	B1 学校开设民族团结进步教育专门课程，小学四五年级每学年不少于 12 课时。	0.2841
			B2 学校开展民族团结进步教育专题教育。	0.0589
			B3 在各个学科或主题教学中有机融入民族团结进步教育内容。	0.2841
			B4 学校统一采取国家规范化的、标准化的民族团结进步教育教材、教参。	0.1445
			B5 创新民族团结进步教育教学方式。	0.0883
			B6 丰富教育资源，积极利用新形式新媒体新载体。	0.1401

续表

	一级指标	权重	二级指标	权重
学校民族团结进步教育评价指标	C 工作机制	0.1117	C1 学校设置民族团结进步教育分管领导小组。	0.1399
			C2 学校健全和完善民族团结进步教育实施的制度体系。	0.1399
			C3 学校、社会和家庭三者之间的民族团结进步教育协同育人机制。	0.2731
			C4 学校具有民族团结进步教育地域间、校际联动机制、教育工作联盟机制。	0.0656
			C5 学校具有民族团结进步教育相应的经费投入与教学设施、器材的保障制度。	0.0307
			C6 学校具有混合编班、各民族联谊活动、友好班级共建等交往交流机制。	0.2110
			C7 学校具有对民族团结进步教育育人效果的考察监测机制。	0.1399
	D 队伍建设	0.0803	D1 学校构建民族团结进步教育整体育人团队。	0.1381
			D2 学校严格考察教师师德师风思想、政治素质、责任意识。	0.3374
			D3 学校强化师资培训，将民族团结进步教育培训纳入教师继续教育整体规划。	0.1814
			D4 教师须具备民族团结进步教育专业能力、专业素养、积极情感。	0.2560
			D5 教师的国家通用语言文字水平达标。	0.0871
	E 校园文化	0.3237	E1 依托少先队、学生社团等组织开展丰富的校园文化活动。	0.2073
			E2 学校具有民族团结进步教育的浓厚氛围。	0.1397
			E3 日常活动中增强国家符号和民族文化的感知。	0.1397

续表

一级指标		权重	二级指标	权重
学校民族团结进步教育评价指标	E 校园文化	0.3237	E4 开展主题教育实践活动。	0.0787
			E5 开展校外社会实践活动。	0.1106
			E6 净化校园网络环境。	0.3240
	F 学生发展	0.1867	F1 学生能够掌握、使用国家通用语言文字。	0.1634
			F2 学生了解统一的多民族国家和民族团结的基本常识。	0.0887
			F3 学生形成了自己是中华民族一员的认识与民族团结一家亲的观念。	0.1634
			F4 学生愿意积极、主动参与各种民族交流交往交融活动。	0.1634
			F5 学生与各族同学、教师互敬互爱、友好相处。	0.1518
			F6 学生树立了较强的爱国观念，能够践行爱国行为。反对破坏民族团结、分裂祖国的言行。	0.2693

一、构建学校民族团结进步教育评价理论

本研究对民族团结进步教育相关政策文本、学术研究理论和实践研究及专家、学校管理者与教师访谈进行了扎根理论编码，同时借鉴代表性的评价实践，通过对所有资料的分类归纳，厘清学校民族团结进步教育整体运行的各方面关系及结构，形成清晰直观的解释学校民族团结进步教育开展的层级网络，构建学校民族团结进步教育评价的概念结构。通过对原始资料"贴标签"，从学校民族团结进步教育政策文本、学术文献、专家、学校管理者、教师访谈中发掘656条代码，并将其抽象化处理为50个开放编码。基于概念之间的内在关系，将本质属性相同的概念归纳为39个范畴（初始评价要素）。在主轴编码过程中，通过分析范畴之间的潜在关系，根据范畴的内涵进行层次梳理和类别归纳，形成了6个主范畴（关键评价要素）。扎根理论分析的结

果显示，对标"问责"与"改进"的评价目的和发展性教育评价理念，学校民族团结进步教育评价的指标包括办学理念、课程教学、工作机制、队伍建设、校园文化、学生发展等六个核心类属。按照合理的逻辑关系形成完整的评价体系，完成了学校民族团结进步教育评价理论的建构。

学校民族团结进步教育评价指标是根据评价目标与需求分解出来的，是具体的、可操作的评价内容，其中涵盖了办学理念、工作机制、课程教学、队伍建设、校园文化、学生发展等范畴。它是评价结果的形成基础，为解释目标在何种程度被完成提供了一种途径。而学校民族团结进步评价指标体系实际上是一系列学校评价指标的集合，所以在学校评价指标体系中应该具有整体性与层次化以保证对学校民族团结进步教育工作的评价系统、全面、科学、客观。

本研究借助于扎根理论将学校民族团结进步教育复杂的文本资料抽取出简化的概念和清晰的联系，探索了其中的逻辑关系和内在机理，为学校民族团结进步教育评价活动的开展提供了较为全面的评价指标框架。评价指标体系突出学校民族团结进步教育办学的方向性、明确学校民族团结进步教育课程教学的基础性、强调学校民族团结进步教育工作机制的规范性、保障学校民族团结进步教育队伍建设的持续性、重视学校民族团结进步校园文化氛围的感染性、关注学校民族团结进步教育育人效果的实效性。

二、完善、验证学校民族团结进步教育评价指标体系

运用德尔菲法邀请17位民族教育领域、民族政策与理论领域、教育评价与测量领域的专家对初拟的学校民族团结进步教育评价指标体系进行筛选、修改、优化与归并。针对指标体系的构建和具体指标的表述，各位专家给出了非常中肯的意见，并结合自身的理论分析与实践经验对指标修改提出了合理的建议。根据专家的反馈情况，专家意见征询后针对各部分意见进行了专家访谈。根据专家反馈的意见，对评价指标两个指标项进行了删除，从而使评价的目标更加聚焦和集中。结合专家意见与实际情况，对一项不符合量化

标准的题项进行了归并，表述更加完整、明确和规范。同时根据专家意见在指标应用阶段增设各学校特色指标，具体表述为：各学校在发展愿景、制度文化、特色建设中的自设指标。

运用通过扎根理论构建、德尔菲法修订的评价指标体系编制《学校民族团结进步教育评价测量问卷（教师）》。量表根据扎根理论得到的初拟指标，经过两轮德尔菲法专家意见征询后，包括由办学方向、课程教学、工作机制、队伍建设、校园文化、学生发展6个维度的测量内容，每个维度5—7道题目，形成共计36道题目的学校民族团结进步教育评价的初始量表（不包括自设指标）。对344份问卷结果进行统计学检验，通过项目分析删除一项不符合相关性检验和同质性检验结果判别标准的题项，通过信度分析表明量表的内部一致性系数较高，问卷可以作为本研究测量的工具。量表是在政策文本、学术文献、专家、学校管理者、教师深度访谈等基础上生成，并且通过了两轮德尔菲法的专家意见征询，专家对指标项目与所涉及的内容进行适切性判断与重要性程度判断，因而可以认为具有一定的内容效度，问卷量表的所有题项能较好反映变量的概念和内涵。通过探索性因子分析表明选取的量表具有良好的建构效度，验证性因子分析各项指标均已达标，模型总体拟合度较好，验证了评价指标体系的理论构想效度，通过收敛效度和区分效度检验，表明量表有较好的收敛效度和区分效度。

三、确定指标体系的权重并进行试用

在评价指标体系构建的完成之后，选择了一所个案样本学校对评价指标与测量工具进行试测。引入层次分析法对指标体系进行权重赋值，解决了评价要素权重确定的主观性问题，克服了以往模型之中要素权重单纯依靠统计数据或专家评分的缺陷，用数学的方法将两两评价的结果进行综合，只要两两对比的结果大部分是准确的就可以保证各级指标权重确定的准确性。其次对选取的个案学校教师发放问卷，作为学校的自我评价。专家打分形成的指标集与教师打分形成的评语集共同计算S学校的民族团结进步教育工作的评价等级。运用层次分析法结合模糊综合评价法对个案样本学校进行试测。从多方面对事物进行评价难免会带有模糊性和主观性，采用模糊综合评价的方法能够使结果尽量客观，取得较好的评价效果。学校民族团结进步教育评价指标体系的建立，遵循了整体性、基础性、差异性、发展性和可操作性原则。整体性指向的对象是学生、教师和学校，以学校为对象，学校民族团结进步教育是一个整体运行的工作系统，以教师或学生为对象，是构成学校整体运行的子系统，统一于学校整体工作之中；基础性是人或事物成长和发展过程中起码应该具备和达到的基本要求，具体在学校民族团结进步教育开展中指向教师、学生、学校应该按要求达到的标准；差异性既指学生之间，教师之间，也指不同学校之间，在学校民族团结进步教育评价指标体系中考虑到各地区、学校间的差异，特制定了自设指标，并赋予一定权重，为各类学校在发展愿景与工作特色中提供了的弹性的展示空间；发展性强调评价对学生、教师和学校成长与发展的整体促进作用，发展性教育评价是构建学校民族团结进步教育一以贯之的理念；运用学校自评方式进行的个案试测结果与非参与式观察的结果基本一致，评价指标能够较好地测量学校民族团结进步教育开展的情况，可以表明评价指标体系具有可操作性。

四、学校民族团结进步教育评价与长效机制构建

学校民族团结进步教育本质上是一种教育活动，具有德育的基本属性，从德育在教育学理论中的规定性定义来看，是国家根据一定社会性质和发展的需求，制定有目的、有意识的规划，借助教育媒介对受教育者思想观念、道德素养、意志行为持续进行教育影响，使受教育者按照预期目标发展的教育活动，体现出显著的目的性、强制性、系统性、规范性和持续性。学校民族团结进步教育从属于德育的一部分，是以学校为主体，以各种活动和社会实践为延伸，学校、家庭、社会共同参与的多维一体教育活动。

评价是教育活动中不可或缺的必要环节，从功能上来说，能够锚定教育目标，设定相应基准，对教育全过程进行方向引导，通过评价，比对教育结

果与基准间的契合度，构成反馈机制，通过评价反馈，帮助学校、教育者、教育对象全面的、较为精准地改进和发展。学校民族团结进步教育评价的目的是为各级各类学校开展民族团结进步教育明确目标与任务、提出实施标准和考核要求、从整体上改进学校民族团结进步教育的各个环节，提高民族团结进步教育的针对性和实效性，助力民族团结进步教育落实全面育人、全员育人的多维度格局，最终促进学生与教师民族团结进步教育认识、情感、态度、行为的共同发展，使受教育者深刻理解各族人民"共同团结奋斗"与"共同繁荣进步"的根本内涵，树立正确的"五观"，推进"五个认同"，各族师生内心根植中华民族共同体意识。

本研究构建的学校民族团结进步教育评价指标体系以国家民族教育政策为导向，以该领域学术研究和实践经验为研究基础，以第四代评估理论的建构模式、发展性评价理念、教育评价学基本理论为依据构建评价指标体系，通过多种研究方法制定较为客观科学的评价基准，对小学校段民族团结进步教育整个发展进程及取得的基本效果进行评价，包括在学校场域进行民族团结进步教育的各个因素，教育者、教育媒介，以及对教育对象所产生的稳定、持续的思想和道德转变，坚持以评促教的基本观念，从整体上推动受教育者认识、情感、态度和行为的全面发展。

构建学校民族团结进步教育长效机制是对民族团结进步教育活动在各级各类学校开展的制度保障。学校民族团结进步教育作为一种系统教育活动，其长效机制的构建涵盖教育起点、过程、结果的各个要素，包括学校民族团结进步教育目标的设定、学校民族团结进步教育整体实施过程、教育效果的监测与评价、反馈和持续改进等环节。本研究构建学校民族团结进步教育评价指标体系，弥补了以往在评价学校开展民族团结进步教育过程中缺乏评价基准的不足，完善了长效机制构建的关键的评价环节，将目标、实施、评价与反馈紧密结合起来，形成有明确导向、有实施依据、有评价基准、有反馈机制的闭环系统，为实现学校民族团结进步教育常态化发展提供有力的理论支持、客观的评价依据、可行的评价标准和测量工具。

第二节　实施学校民族团结进步教育评价的建议

一、加强教育督导评估

教育行政组织评价和教育督导评价从评价主体分类上属于他人评价或者组织评价。最大的特点是评价的主体具有较高的权威性；组织评价又往往与某种利益直接关联，因此组织评价往往受到被评价者的高度重视。组织评价一般比较正式，有明确的目的，有严格的评价制度规范和明确的评价标准，也往往具有较强的评价队伍。但是，由于组织评价的利益相关性，容易引发被评价者的利益焦虑，或者出现过度粉饰现象，浪费人力物力，甚至干扰被评价者的正常工作，需要有严格的制度来规范。

《深化新时代学校民族团结进步教育指导纲要》中明确提出各级教育督导部门要将民族团结进步教育开展情况纳入教育督导内容，定期开展督导，强化督导结果运用，推动民族团结进步教育工作落地见效。将民族团结进步教育开展情况"纳入教育督导内容"，表明要求评价制度要"规范化"，"定期开展督导"，表明评价主体工作要"常态化"，强化督导结果运用，表明评价主客体要积极利用评价结果反馈的情况、凸显的问题，持续改进学校民族团结进步教育，即评价结果"长效化"要求各级教育领导部门要建立健全民族团结进步教育考核评价制度与工作细则。

各地教育行政部门将各级各类学校民族团结进步教育开展情况和学校制定民族团结进步教育总体实施方案或指南情况作为对领导班子考核的首要内容纳入评价指标，将学校民族团结进步教育课程开设和建设情况作为考核学校领导班子工作绩效的重要内容，纳入评价指标体系。实行定期考评和随机考评相结合的监督考评，建立健全的考评工作制度，加强对考评工作的专门训练，保证考评工作的科学性。进一步实现学校发展性督导评价的实践价值，要充分发挥教育督导部门和中小学等多主体的积极作用，就必须加强各级尤其是区县两级的督政督学工作。在督政层面，提出了在重视学校建设等基本因素的前提下，把重点放在加强基层党组织的管理体制和治理能力的现代化建设上；对督学而言，应不断完善监督评估评价手段，加强对学校、教师的专业支持和服务。

通过分析教育工作的质量以及推进情况，以评价结果作为激励手段，进一步推动学校民族团结进步教育工作的开展和实施。考核时可以采用上交报告、查询档案文件、与学校负责人进行面谈、调查学生意见等等方式来进行，严格按照考核评价标准进行奖惩，杜绝形式主义和官僚作风，要看到考核工作取得的实际效用，合理规划考核细则，推动评价体系的优化和完善。

二、鼓励学校自我评价

发展性教育评价理论可以被视为是第四代评估理论在本土的适应。鼓励学校自我评价是发展性教育评价理论的一个重要观点。自我评价是集评价主体与客体于一身的一种评价。这种评价的主体与客体既可以是个人，也可以是群体。如教师的自我评价，学校或班级的自我评价。自我评价当然可以有组织、有系统、规范地进行，如对年终的总结过程进行一次回顾与反思，就是一种自我评价。但是，自我评价更多的是随机的、非正式的、自主性地发生在工作的任何环节。自我评价的优点在于，一是对评价信息掌握的全面和深入，没有谁会比自己更了解自己行为产生的原因及其行为过程中各种相关情况的细节。二是组织方便，成本很低，甚至无需专门的费用。而自我评价最大的问题在于判断时对价值标准的掌握。由于心理因素和利益关系，人们在进行自我评价时对标准的掌握往往会出现偏差。

强化学校自我评价的意义和价值，从学校整体的办学理念、工作机制、课程教学、队伍建设、校园文化等中观系统评价到教师专业知识、技能、情感、素养、行为等微观评价，进一步聚焦到学生的学习成果评价，对标教育目的，对"学生到底形成了什么认知，是否形成了正确的价值观、是否形成了积极正向的情感、是否做出了预期行为"等学生知情意行各方面发展进行自我检视与自我评价。

不能忽视学生、教师以及学校在民族团结进步教育评价工作中的发挥的巨大作用，这三方面是学校民族进步教育的主体部分，因此教育部门和督导部门要加强与评价主体、评价对象、利益相关者的沟通和交流，最大限度地引导他们的积极性，形成交互性的评价体系。发展性教育评价过程中，最重要的就是评价主体对于自身的评价和反馈。与选拔性质以及水平性质的评价活动不同，发展性评价是在整个过程中进行的，旨在促进被评价者不断发展的评价。按照发展心理学的观点，任何有自我意识的主体都有着无限的发展空间，发展不是一个跳跃性的、阶段性的过程，而是持续的、不断进行量变积累同时螺旋上式的动态的过程。发展的根本推动力在于内在因素，外在因素为发展提供了条件，在两方面因素的共同作用之下，才能够实现真正的发展。根据这一理论，进行发展性教育评价活动的时候，也要以发展性的思维和角度对评价对象进行评估，明确评价主体之间的差异性，重视评价对象的主体意识和自我评价与反馈，将评价作为推动评价对象前进发展的一种手段或者方式。按照具体的实践经验来看，最了解评价对象真实想法和变化情况的其实是评价对象自身，而且评价对象在接收到外界评价反馈时能够对他人的评价做出是否合理的判断，只有被他们认可并且真正接受了的评价才是真正能够推动评价对象发展的合理评价。在发展性教育评价过程中也要重视多个主体共同参与和共同协商。因为仅靠督导评价等外部评价或者单纯依靠评价对象自我评价都有其明显的局限性。

三、合理引入第三方评估

"第三方教育评估"是指对教育现实价值和潜在价值做出判断，以实现教育价值增值的过程。多主体共同参与评价体现了第四代评估理论"回应—协商—共识"的理念，能够提升评价的客观性和科学性，将教育督导部门评估、第三方评估，学校自我评价相结合是较为理想的评价方式。

要实现真正的管理、实施、评价三者的分离，就需要一个合格的第三方机构对学校的教育活动开展评估。根据促进教育"管办评"分离的政策文件要求，除了学校开展自我评估之外，还要邀请第三方机构对学校的教育工作进行全面、合理、严格的评估与检查，并且评估结果会作为教育政府部门对学校行政负责人的业绩考评标准之一，之所以采取这样的方式来进行教育质量评估，是为了避免政府机关处于评价体系中同时又站在体系之外行使评价权力。教育质量监测是为学校发展提供基础的数据，是事实诊断，是为评估奠定基础，学校的评估是为了学校不断地改进。一个学校发展得好不好，是否符合办学愿景，不仅依靠教育督导部门的评估，更要倾听由家长、社区、专家或委托第三方评估机构共同参与评价的结果。只有把与评价相关的多主体的意见综合起来，在沟通交流和互动协商的基础上达成评价意见，才可能取得较好的评价效果。

当前第三方教育评估模式在部分地区和学校有一定的发展和探索，但是主要以行政部门和教育督导部门下设的机构为主，这样难免会有较大的行政因素影响从而削弱第三方机构评估的客观性。第三方机构是否具备专业素养、是否具备客观立场，是事关评价活动能否公正、科学的前提。因而在引入第三方评估模式时，也要对评估机构进行评估，属于教育评价学元评估的范畴。

第三节　研究反思

本研究在进行过程中严格遵守学术规范，运用了质性研究与量化研究相结合的研究范式，根据教育评价理论中指标体系构建的基本步骤在指标发散阶段选用了文献法、田野调查、访谈法问卷法进行了资料的广泛收集，在指标收集中通过对政策文本、学术文献、田野调查资料反复研究，解读文本。同时深入学校进行观察、访谈，尽可能穷尽指标，并且诚恳邀请民族教育领域专家、学校管理者、教师进行深度访谈和问卷调查，以共同修正指标，保证评价指标体系的科学性与内容效度。

指标来源于四部分资料，即政策文本、学术文献、专家访谈、学校管理者与教师访谈。研究初始阶段运用共词分析和系统聚类分析对收集资料的主题内容进行研究，明确了指标收集的关键词与其关联的基本主题方向。在资料分析阶段，运用扎根理论的方法，对资料进行贴标签、编码，逐步形成核心类属，构建了学校民族团结进步教育初拟评价指标模型。在指标修订阶段，运用德尔菲法对初拟指标体系进行优化、删改。修订评价指标体系之后，根据评价指标体系编制测量工具，并运用项目分析、探索性因素分析与验证性因素分析对测量工具的理论构想效度进行检验。在评价指标体系的应用阶段，运用层次分析法为指标赋值权重，并结合模糊综合评价法对指标体系进行了个案试测。

尽管运用了多种方法进行评价指标体系的建构，但是研究依然存在很多不足之处。首先，本研究缺少大样本的广泛调查，目前学术界对基于小样本扎根分析得到的研究结果的信度、效度以及通用性等尚存争议。[1]基于质性的扎根理论研究对研究者自身的理论基础有很高的要求。从指标的提炼到指标的表述，由于个人能力所限，未能尽善尽美。其次，尽管运用两轮德尔菲法邀请多位专家学者进行了修正与完善，指标的一致性检验在量化数据中最终通过，但是个别指标仍然在存在争议，比如对规定课时的讨论，进行了多番修改，总是无法在政策要求与实践需求中取得平衡。而德尔菲法本身也受到专家主观性的影响，在进行指标判断之前，已经给专家提供了初拟的评价指标体系，容易对专家的判断造成既定的影响。再次，在评价指标的应用阶段，本研究选取的个案样本处于多民族聚居区，民族团结进步教育开展广泛而深入，而对非民族聚居区的学校未能展开更进一步深入的研究，所得结论缺乏推广性。研究初次尝试了以学校自评的方式，运用层次分析法和模糊数学相结合的方法进行学校民族团结进步教育评价，虽在研究方法上有所创新，但在结果分析阶段发现了学校自评的局限性与指标权重的不均衡性。因此本研究构建的学校民族团结进步教育评价指标体系与相应的测量工具有待实践的进一步检验。

---

[1] 陈向明.社会科学中的定性研究方法[J].中国社会科学,1996(06):93–102.

参考文献

【专著类】

[1] 陈向明.质的研究方法与社会科学研究［M］.北京：教育科学出版社，2000.

[2] 陈晓宇.中国教育学四十年［M］.北京：商务印书馆，2019.

[3] 陈玉琨.教育评价学［M］.北京：人民教育出版社，1999.

[4] 费孝通著.乡土中国［M］.北京：北京大学出版社，2012.

[5] 高永久.民族学概论［M］.天津：南开大学出版社，2009.

[6] 高永久.民族政治学概论［M］.天津：南开大学出版社，2008.

[7] 高永久等.民族政治学概论［M］.天津：南开大学出版社，2008.

[8] 国家民族事务委员会.在中国特色社会主义道路上共同团结奋斗共同繁荣发展——改革开放30年民族工作成就［M］.北京：民族出版社，2008.

[9] 韩升.生活于共同体之中［M］.北京：中国社会科学出版社，2010.

[10] 胡德海.教育学原理［M］.北京：人民教育出版社，2013.

[11] 金娣，王钢编著.教育评价与测量［M］.北京：教育科学出版社，2007.

[12] 金生鈜.理解与教育［M］.北京：教育科学出版社，1997.

[13] 刘本固.教育评价的理论与实践［M］.浙江：浙江教育出版社，2000.

[14] 刘五驹.实用教育评价理论与技术［M］.浙江：苏州大学出版社，2008.

[15] 刘旭东.教育的学术品格与教育理论创新［M］.北京：中国社会科学出版社，2017.

[16] 马戎.民族社会学：社会学的族群关系研究［M］.北京：北京大学出版社，2004.

[17] 马戎.西方民族社会学经典读本［M］.北京：北京大学出版社，2010.

[18] 宁骚.民族与国家——民族关系与民族政策的国际比较［M］.北京：北京大学出版社，1995.

[19] 唐贤兴.近现代国际关系史［M］.上海：复旦大学出版社，2002.

[20] 万明钢.多元文化视野价值观与民族认同研究［M］.北京：民族出版社，2006.

[21] 习近平.决胜全面建成小康社会夺取新时代中国特色社会主义伟大胜利——在中国共产党第十九次全国代表大会上的报告［M］.北京：人民出版社，2017.

[22] 杨丽.怀特海的教育思想研究［M］.黑龙江：黑龙江教育出版社，2019.

[23] 郑晓云.文化认同论［M］.北京：中国社会科学出版社，1992.

[24] 庄孔韶.人类学概论［M］.北京：中国人民大学出版社，2015.

[25]［丹麦］玛丽亚·海默，曹诗弟.在中国做田野调查［M］.于忠江，赵晗译.重庆：重庆大学出版社，2012.

[26]［德］斐迪南·滕尼斯.社会学引论［M］.北京：中国人民大学出版社，2016.

[27]［德］斐迪南·滕尼斯著.共同体与社会［M］.北京：商务印书馆，1999.

[28]［德］哈贝马斯.交往行为理论［M］.曹卫东译.上海：上海人民出版社，2004.

[29]［德］哈贝马斯.交往与社会进化［M］.张博树译.重庆：重庆出版社，1989.

[30]［德］雅斯贝尔斯.什么是教育［M］.邹进译.北京：生活·读书·新知三联书店，1991.

[31]［法］阿里亚娜·舍贝尔·达波洛尼亚.种族主义的边界：身份认同、族群性与公民权［M］.钟震宇译.北京：社会科学文献出版社，2015.

[32] [加] 威尔·金里卡.多元文化的公民权 [M].杨立峰译.上海：上海译文出版社，2009.

[33] [加] 威尔·金里卡.少数的权利：民族主义、多元文化主义和公民 [M].邓红风译.上海：上海译文出版社，2005.

[34] [美] B.S.布卢姆等编，施良方，张云高.教育目标分类学第二分册情感领域 [M]. 教育目标分类学，第二分册，情感领域.上海：华东师范大学出版社，1989.

[35] [美] 艾伦·布卢姆.美国精神的封闭 [M].战旭英，冯克利译.南京：译林出版社，2011.

[36] [美] 安妮特·拉鲁.不平等的童年：阶级、种族与家庭生活 [M].宋爽，张旭译.北京：北京大学出版社，2018.

[37] [美] 保罗·拉比诺.摩洛哥田野作业反思 [M].高丙中，康敏译.北京：商务印书馆，2008.

[38] [美] 本尼迪克特·安德森.想象的共同体：民族主义的起源与散布 [M].吴睿人译.上海：上海人民出版社，2003.

[39] [美] 查尔斯·蒂利.身份、边界与社会联系 [M].谢岳译.上海：上海人民出版社，2008.

[40] [美] 戴维·波普诺.社会学 [M].译者：李强等.北京：中国人民大学出版社，1999.

[41] [美] 凯西·卡麦兹.建构扎根理论：质性研究实践指南 [M].边国英译.重庆：重庆大学出版社，2009.

[42] [美] 列奥·施特劳斯.自然权利与历史 [M].彭刚译.北京：生活·读书·新知三联书店，2003.

[43] [美] 罗伯特·K·殷.案例研究方法的应用 [M].齐心，周海涛译.重庆：重庆大学出版社，2004.

[44] [美] 乔·萨托利.民主新论 [M].译者：冯克利等.北京：东方出版社，1998.

[45] [美] 塞缪尔·亨廷顿.文明的冲突与世界秩序的重建 [M].周琪等译.

北京：新华出版社，1998.

[46]［美］莎兰·B·麦瑞尔姆.质化方法在教育研究中的应用：个案研究的扩展［M］.于泽元译.重庆：重庆大学出版社，2008.

[47]［美］斯蒂芬 L.申苏尔，琼·J.申苏尔，玛格丽特·D.勒孔特.民族志方法要义：观察、访谈与调查问卷［M］.康敏，李荣荣译.重庆：重庆大学出版社，2012.

[48]［美］威廉·富特·怀特.街角社会：一个意大利人贫民区的社会结构［M］.黄育馥译.北京：商务印书馆，1994.

[49]［美］沃尔特·迪克，卢·凯瑞，詹姆斯·凯瑞.系统化教学设计［M］.庞维国译.上海：华东师范大学出版社，2007.

[50]［美］约翰·罗尔斯.正义论［M］.译者：何怀宏等.北京：中国社会科学出版社，1988.

[51]［挪威］费雷德里克·巴斯.族群与边界——文化差异下的社会组织［M］.北京：商务印书馆，2014.

[52]［日］田中耕治著.教育评价［M］.北京：北京师范大学出版社.2011.

[53]［印］阿马蒂亚·森.身份与暴力——命运的幻象［M］.李风华，陈昌升，袁德良译.北京：中国人民大学出版社，2009.

[54]［英］安迪·格林.教育与国家形成：英、法、美教育体系起源之比较［M］.王春华译.北京：教育科学出版社，2004.

[55]［英］彼得斯.伦理学与教育［M］.朱镜人译.北京：商务印书馆，2019.

【连续出版物】

[1] 艾政文.对新形势下高校民族团结教育的若干思考［J］.黑龙江教育（高教研究与评估），2010（01）：45-47.

[2] 白亮，苏光正.民族团结教育研究三十年：经验、问题与展望［J］.民族教育研究，2016，27（05）：19-23.

[3] 本报评论员.铸牢中华民族共同体意识［N］.人民日报，2020，09（01）：002.

[4] 蔡晓良, 庄穆.国外教育评价模式演进及启示 [J].高教发展与评估, 2013, 29 (02): 37-44.

[5] 曹培英.试析课程编制过程中的落差——现象学视角 [J].课程·教材·教法, 2011, 31 (11): 23-29.

[6] 曾家延.学校教育质量评价指标体系的历史演进与建构——基于美国、新西兰和苏格兰的考察与启示 [J].国家教育行政学院学报, 2014 (01): 83-88.

[7] 陈锦均.民族高等院校在铸牢中华民族共同体意识中的时代使命 [J].中国高等教育, 2019 (20): 54-56.

[8] 陈蒙, 雷振扬.中华民族共同体意识的价值观基础探析 [J].西南民族大学学报 (人文社会科学版), 2021, 42 (02): 10-17.

[9] 陈向明.社会科学中的定性研究方法 [J].中国社会科学, 1996 (06): 93-102.

[10] 陈向明.扎根理论的思路和方法 [J].教育研究与实验, 1999 (04): 58-63+73.

[11] 陈瑛, 郎维伟.中华民族共同体意识与"五个认同"关系再探析 [J].北方民族大学学报, 2020 (01): 22-28.

[12] 陈永亮.关于"加强民族交往交流交融"理论的思考——中央民族工作会议精神学习体会 [J].民族论坛, 2014 (12): 71-74.

[13] 陈云.中东部城市学校民族团结教育的定位与推进 [J].中南民族大学学报 (人文社会科学版), 2017, 37 (02): 10-14.

[14] 程红艳.当前学校德育理论研究之反思与展望 [J].教育研究与实验, 2016, (01).

[15] 褚远辉.民族地区学校民族团结进步教育资源研究 [J].中国教育科学 (中英文), 2020, 3 (05): 62-76.

[16] 褚远辉.学校民族团结进步教育资源建构的趋势 [J].中国民族教育, 2020 (06): 18.

[17] 崔晓琰, 扎西.习近平关于民族团结重要论述的理论内涵与时代价值 [J].云南民族大学学报 (哲学社会科学版), 2020, 37 (01): 5-12.

[18] 邓卓明,宋明江.新时代思想政治教育质量评价的六个维度[J].思想理论教育导刊,2020(09):139-144.

[19] 冯建军.价值多元共生时代道德教育的新使命[J].教育科学研究,2009(05):5-9.

[20] 符琼霖,陈立鹏.民族院校章程建设的问题与突破——基于利益相关者理论的分析视角[J].民族教育研究,2019,30(01):30-37.

[21] 高继文.从"两个逻辑"的辩证统一认识新时代中国特色社会主义[J].中国高校社会科学,2018(03):16-24+157.

[22] 高永久,王子曦.中华民族多元一体格局形成的历史条件[J].广西民族研究,2020(05):1-6.

[23] 高永久.铸牢边境牧区各族民众中华民族共同体意识——理论意涵、外部影响与整体布局[J].西北师大学报(社会科学版),2021,58(01):39-45.

[24] 高长生.民族团结教育在中小学教育阶段的重要性[J].学校党建与思想教育,2009(33):41-42.

[25] 郭潇莹.英、日、澳中小学国际理解教育的特色与启示[J].中国德育,2020(15):25-29.

[26] 国务院关于加快发展民族教育的决定[N].中国民族报,2015,08(18):003.

[27] 郝时远.各民族共同建设中华民族共同体[J].中国民族,2020(10):18-19.

[28] 郝时远.文化自信、文化认同与铸牢中华民族共同体意识[J].中南民族大学学报(人文社会科学版),2020,40(06):1-10.

[29] 郝时远.重读斯大林民族(нация)定义——读书笔记之三:苏联多民族国家模式中的国家与民族(нация)[J].世界民族,2003(06):1-11.

[30] 何生海.习近平关于国家认同重要论述初探[J].北方民族大学学报,2020(01):5-13.

[31] 黄彩娥,邹罗萍,陈萃光.简论继续教育质量评估与保障体系[J].中国成人教育,2007(06):97-98.

［32］黄慧英.边境地区学校民族团结教育调查研究及建议——基于云南省L县学生调查问卷的分析［J］.黑龙江民族丛刊，2016（05）：55-61.

［33］黄艳.民族团结教育有效性研究［J］.贵州民族研究，2017，38（03）：18-24.

［34］黄钰，陈建樾，郎维伟.铸牢中华民族共同体意识的实践内涵、历史使命和目标任务［J］.贵州民族研究，2021，42（01）：7-12.

［35］黄越岭，韩玉梅，陈恩伦.新时代继续教育质量评价与提升：价值取向、指标体系和模型构建［J］.中国电化教育，2020（09）：96-104.

［36］黄越岭，朱德全.论网络学习情境性评价：理念与评价指标［J］.电化教育研究，2015（9）：36-41.

［37］蒋文静，祖力亚提·司马义.学校铸牢中华民族共同体意识的逻辑层次及实践路径［J］.民族教育研究，2020，31（01）：13-21.

［38］蒋珍莲.新时代民族团结进步教育内涵的文化审思［J］.民族教育研究，2021，32（02）：72-77.

［39］焦敏，黄德林.高校开展民族团结教育的保障机制研究［J］.学校党建与思想教育，2013（25）：90-91.

［40］焦敏."中国梦"视域下高校民族团结教育的路径选择［J］.中南民族大学学报（人文社会科学版），2014，34（05）：176-180.

［41］教育部办公厅国家民委办公厅关于印发《学校民族团结教育指导纲要(试行)》的通知［J］.小学德育，2009（01）：4-7.

［42］金娣，张远增.青少年法治教育效果评价的维度、标准及实施［J］.江西社会科学，2018，38（03）：247-253.

［43］靳文卿.澳大利亚中小学国际理解教育发展历程、特点及启示［J］.教育与教学研究，2017（02）：42-49.

［44］井祥贵.人类学视角下我国农村中小学教师培训问题探析［J］.民族教育研究，2015，26（04）：77-81.

［45］郎玉鸽.新时代加强西部地区国家通用语言文字培训路径探析［J］.北方民族大学学报，2020（06）：20-26.

[46] 李从浩,汪伟平.影响少数民族大学生"五个认同"的因素——铸牢中华民族共同体意识视角下的 29 所高校调查分析 [J]. 中南民族大学学报（人文社会科学版），2021，41（01）：46-54.

[47] 李芳.新时代中小学民族团结进步教育政策的创新与发展 [J]. 民族教育研究，2019，0（3）：54-61.

[48] 李静.铸牢中华民族共同体意识的历史与现实基础 [J]. 西北民族大学学报（哲学社会科学版），2021（01）：14-20.

[49] 李其瑞,古丽巴奴木·吾买尔江.爱国主义价值观融入少数民族大学生法治教育的内涵与路径 [J].民族教育研究，2021，32（03）：72-77.

[50] 李琴,何雄杰.新时期高校民族团结教育论纲 [J]. 广西民族大学学报（哲学社会科学版），2012，34（06）：87-92.

[51] 李祯妮."家园意识"：十八大以来中国民族理论创新发展的重要理念[J].四川省社会主义学院学报，2017（03）：39-42.

[52] 李政涛.把新时代教育评价改革深化到"评价能力"的提升那里去 [J].中国教育学刊，2020（12）：8.

[53] 李贽,金炳镐.理解和把握新时代中华民族共同体观的三个基本维度探析 [J].广西民族研究，2020（02）：1-10.

[54] 李资源,向驰.中国共产党对铸牢中华民族共同体意识的核心作用 [J].中南民族大学学报（人文社会科学版），2021，41（01）：1-9.

[55] 林钧昌,杜洁,赵民.大学生民族团结教育常态化机制研究 [J].黑龙江民族丛刊，2020（01）：151-160.

[56] 林钧昌,赵民,金炳镐.新中国 70 年民族领域的经验总结（上）[J].贵州民族研究，2019，40（11）：8-12.

[57] 林秀清,杨现民,李怡斐.中小学教师数据素养评价指标体系构建 [J].中国远程教育，2020（02）：49-56+75+77.

[58] 刘吉昌,曾醒.情感认同是铸牢中华民族共同体意识的核心要素 [J].中南民族大学学报（人文社会科学版），2020，40（06）：11-16.

[59] 刘佳.第四代评价理论视阈下高校教学评价制度的反思与重建 [J].

教育发展研究，2015，35（17）：56-61.

［60］刘美凤，李璐，刘希，吕巾娇.人际交往领域教育目标——教育目标分类理论的新发展［J］.中国电化教育，2017（01）：105-111+120.

［61］刘荣清."交往行为理论"语境下的"民族"概念［J］.世界民族，2010（02）：38-41.

［62］刘文倩.民族团结教育在初中教育阶段的困境与对策［C］.教育部基础教育课程改革研究中心.2019年"教育教学创新研究"高峰论坛论文集.教育部基础教育课程改革研究中心：教育部基础教育课程改革研究中心，2019：36-37.

［63］刘五驹.评价标准：科学性还是人文性——"第四代评估"难题破析［J］.教育理论与实践，2014，34（16）：23-26.

［64］刘岩.思想政治课教学中促进理论接受的策略［J］.教育评论，2013（02）：78-80.

［65］刘尧.教育评价是教育质量的守护神吗？——一个古今教育评价重心变迁的解析视角［J］.中国地质大学学报（社会科学版），2016，16（06）：145-151.

［66］刘瑜.我国民族高校民族团结教育的基本任务和特点［J］.黑龙江民族丛刊，2015（02）：155-159.

［67］刘志刚，杜敏.新时代国民语言能力提升与国家通用语言的普及［J］.新疆大学学报（哲学·人文社会科学版），2020，48（02）：46-54.

［68］卢家楣.教学领域情感目标的形成性评价研究［J］.教育研究，2007（12）：85-89.

［69］陆红如，阮选敏，成颖，陈雅.复杂性理论视角的学术评价理论建构——基于扎根理论的探索性研究［J］.情报学报，2020，39（07）：731-754.

［70］罗彩娟.民族交往交流交融的理论阐释与实践探索［J］.中南民族大学学报（人文社会科学版），2020，40（03）：22-26.

［71］麻国庆.民族研究的新时代与铸牢中华民族共同体意识［J］.中央民族大学学报（哲学社会科学版），2017，44（06）：21-27.

[72] 马俊毅.中华民族共同体与人类命运共同体视角下的民族研究[J].贵州民族研究，2019，40（11）：28-35.

[73] 麦然.浅谈中小学民族团结教育[J].民族论坛，2005（08）：61-62.

[74] 欧阳常青，苏德.学校教育视阈中的国家认同教育[J].民族教育研究，2012，23（05）：10-14.

[75] 欧阳明昆，钟海青.广西边疆地区双重认同的影响因素比较研究：基于中越三个民族县的实地调查[J].中国人民大学教育学刊，2018（03）：17-28.

[76] 裴圣愚，侯莹，金炳镐.新中国70年民族领域的经验总结（下）[J].贵州民族研究，2019，40（11）：13-19.

[77] 钱民辉.略论多元文化教育的理念与实践[J].北京大学学报（哲学社会科学版），2011（03）：136-143.

[78] 青觉，吴鹏.使命、困境与超越：中小学民族团结进步教育研究——基于中华民族共同体意识视域的理论分析[J].黑龙江民族丛刊，2019（05）：1-7.

[79] 青觉，徐欣顺.新时代深化民族团结进步教育的基本路向[N].中国民族报，2019，05（17）：006.

[80] 青觉，左岫仙.新媒体时代民族团结教育创新研究[J].民族教育研究，2016，27（06）：5-11.

[81] 青觉.从政治凝聚到心灵认同：新时代各民族共有精神家园建设——基于国家的分析视角[J].西北师大学报（社会科学版），2021，58（01）：31-38.

[82] 苏德，张良.民族地区教师培训的困境与突围：基于参训教师的视角——以内蒙古东、西乌珠穆沁旗四所蒙古族小学为个案[J].贵州民族研究，2018，39（11）：248-252.

[83] 孙河川，金蕊，黄明亮.英国2016年优秀学校督导评估指标研究[J].湖南师范大学教育科学学报，2017，16（06）：78-86+96.

[84] 孙壮，魏晓文.我国高校民族团结教育研究的追踪与述评——基于

权威期刊文献的科学计量与可视化分析［J］.西南民族大学学报（人文社会科学版），2020，41（12）：235-240.

［85］唐兴萍.大学生民族团结教育贯穿教育教学全过程研究［J］.黑龙江民族丛刊，2019（02）：157-161.

［86］陶佳.教师交往行为与网络学习共同体构建路径——基于哈贝马斯交往行为理论视角［J］.安徽师范大学学报（人文社会科学版），2018，46（03）：151-157.

［87］万明钢.建立科学的民族团结教育常态化机制［J］.中国民族教育，2015（10）：13.

［88］万明钢.中华民族多元一体格局与民族团结教育［J］.中国民族教育，2019（06）：20-21.

［89］王恩军，李如密.教学评价教育：基本认识与实施策略［J］.教育理论与实践，2016，36（19）：57-60.

［90］王晓杰，宋乃庆，张菲倚.小学劳动教育测评指标体系研究——基于 CIPP 评价模型的探索［J］.教育研究与实验，2020（06）：61-68.

［91］王馨曼，韩秋红.现代性视域下哈贝马斯民主理论的批判与重建［J］.学习与探索，2020（10）：24-31.

［92］王琰春.西方教育评价观的演进及对我国的启示［J］.教育与现代化，2003（01）：74-78.

［93］王彦智.西藏高校思政课教学的历史、成效与质量提升［J］.西藏大学学报（社会科学版），2020，35（04）：192-197.

［94］王瑜，马小婷.论加强各民族交往交流交融的内涵辨析、理论释析与教育路径探析［J］.广西民族研究，2020（05）：32-39.

［95］王志达，黎贵优，穆智，范强.新时代民族团结进步第三方评估的逻辑与实践［J］.云南民族大学学报（哲学社会科学版），2020，37（03）：17-22.

［96］王宗礼.国家建构视域下铸牢中华民族共同体意识研究［J］.西北师大学报（社会科学版），2020，(05)．

[97] 韦兰明.民族地区学校民族团结教育实效性的提升［J］.西北民族大学学报（哲学社会科学版），2015（03）：160-165.

[98] 韦兰明.民族团结教育逻辑论纲［J］.民族教育研究，2019，30（03）：37-45.

[99] 韦兰明.探索构建学校民族团结教育课程体系［J］.中国民族教育，2012（06）：24-25.

[100] 位涛.教学评价的基础性维度——基于赫尔巴特"教育性教学"的成人指向［J］.中国教育学刊，2019（05）：47-52.

[101] 文雯，李雪，王晶.第四代评估理论视角下的研究生项目评估［J］.高等工程教育研究，2015（03）：108-113.

[102] 吴春宝.文化自信视域下的民族团结进步教育：意义、内容及路径选择［J］.黑龙江民族丛刊，2019（02）：13-18.

[103] 吴钢.我国教育评价学研究的回顾与展望［J］.教育测量与评价（理论版），2010（03）：19-22.

[104] 吴钢.我国教育评价学研究的回顾与展望［J］.教育测量与评价（理论版），2010（03）：19-22.

[105] 习近平.决胜全面建成小康社会夺取新时代中国特色社会主义伟大胜利［N］.人民日报，2017，10（28）：001.

[106] 夏旭彦，王延隆.建党百年民族教育政策的发展特征与基本经验——基于党的重要政策文献的分析［J］.民族教育研究，2021，32（03）：15-22.

[107] 新时代爱国主义教育实施纲要［N］.人民日报，2019，11（13）：006.

[108] 徐柏才，崔龙燕.新形势下加强大学生民族团结教育的若干思考［J］.民族教育研究，2015，26（05）：5-11.

[109] 严庆，崔舒怡.践行知行合一：高校民族团结进步教育研究——基于5123份有效问卷的分析［J］.西南民族大学学报（人文社会科学版），2021，42（05）：1-10.

[110] 严庆，梅丽，李志刚.深化民族团结进步教育的"共情"视角［J］.

民族教育研究，2020，31（01）：5-12.

[111] 严庆,梅丽.认知与作为：如何在新时代深化学校民族团结进步教育[J].民族教育研究，2021，32（03）：32-39.

[112] 严庆,青觉.我国中小学民族团结教育工作回顾及展望[J].民族教育研究，2007（01）：50-56.

[113] 严庆,王锋,姜术容.关于我国中小学开展民族团结教育状况的调查分析——以对十五所高校本科一年级学生的抽样调查为例[J].黑龙江民族丛刊，2015（06）：157-163.

[114] 严庆.认知与把握中华民族共同体的内在有机性——铸牢中华民族共同体意识的一个思考视角[J].中央民族大学学报（哲学社会科学版），2020，47（05）：35-43.

[115] 严庆.探索与创新：中国共产党民族理论的百年发展管窥[J].湖北民族大学学报（哲学社会科学版），2021，39（01）：1-10.

[116] 严庆.政治认同视角中铸牢中华民族共同体意识的思考[J].北方民族大学学报，2020（01）：14-21.

[117] 严庆.中国特色民族理论话语中的"大家庭"解读[J].中南民族大学学报（人文社会科学版），2020，40（06）：22-26.

[118] 严宇,吴敏.国外民族认同实证研究述略[J].民族论坛，2016（06）：42-45.

[119] 阎耀军,陈乐齐,朴永日.建立我国民族关系评估指标体系的总体构想[J].中南民族大学学报（人文社会科学版），2009，29（03）：24-27.

[120] 杨鹍飞,刘庸.中国社会转型期民族关系评价指标研究综述[J].中央民族大学学报（哲学社会科学版），2013，40（02）：18-22.

[121] 杨璐.关于深化民族团结宣传教育的几点思考[J].中国边疆史地研究，2018，(01)：17-22.

[122] 杨向东,朱虹.教育指标系统构建的理论问题[J].清华大学教育研究，2013，34（03）：16-28.

[123] 杨须爱.马克思主义民族融合理论在新中国的发展及"民族交往交

流交融"提出的思想轨迹［J］.民族研究，2016（01）：1-13+123.

［124］姚云龙，胡弼成.他们为什么来三线城市高校做教师？——一项对青年博士的叙事探究［J］.大学教育科学，2020（04）：86-94.

［125］袁建林，刘红云.过程性测量：教育测量的新范式［J］.中国考试，2020（12）：1-9.

［126］詹万生.整体构建学校德育体系研究报告［J］.教育研究，2001，（10）.

［127］张福强.中国共产党铸牢中华民族共同体意识的成功实践——以中央民族访问团为中心的考察［J］.中南民族大学学报（人文社会科学版），2021，41（01）：10-18.

［128］张国芳.滕尼斯"共同体/社会"分类的类型学意义［J］.学术月刊，2019，51（02）：78-85.

［129］张琳.深化民族团结进步教育须着力把握的三个维度［J］.贵州民族研究，2019，40（12）：1-6.

［130］张伟，高睿.边疆地区高校民族团结教育实践路径研究［J］.北方民族大学学报，2020（03）：168-176.

［131］张文晓.习近平关于民族交往交流交融的思想研究［J］.内蒙古民族大学学报（社会科学版），2019（1）.

［132］张小军."中华民族共同体"的差序格局及其文化实践［J］.广西民族大学学报（哲学社会科学版），2020，42（01）：58-67.

［133］张学敏，石泽婷.民族教育发展与中华民族共同体意识建设的内生逻辑——新中国70年民族教育及其政策回溯与前瞻［J］.西南大学学报（社会科学版），2019，45（04）：5-18+197.

［134］张艳秋，程沫雷.新时代民族地区高校大学生政治认同提升研究［J］.中国民族教育，2020（12）：23-27.

［135］张旸，刘姣，张媛.小学道德与法治学科核心素养指标框架建构研究［J］.教育科学研究，2021（05）：77-83.

［136］赵刚，蒲俊烨.中华民族共同体教育：概念、价值、内容与路径

[J].民族教育研究,2020,31(04):12-18.

[137] 郑彩华,吕杰昕.我国中小学国际理解教育实践研究概述[J].上海教育科研,2010(08):51-52.

[138] 郑杭生.民生为重、造福于民的体制创新探索——从社会学视角解读"大民政"的本质和重大意义[J].新视野,2011(06):22-25.

[139] 中办国办印发《关于全面深入持久开展民族团结进步创建工作铸牢中华民族共同体意识的意见》[N].人民日报,2019,10(24):001.

[140] 中共中央国务院印发深化新时代教育评价改革总体方案[N].人民日报,2020,10(14):001.

[141] 周瑾.多元文化视域下对我国中小学民族团结教育的思考[J].教学与管理,2014(12):68-70.

[142] 周晔.学校实践性德育:概念与理论架构[J].西北师大学报(社会科学版),2021,58(01):126-134.

[143] 鲍嵘.歧见与共识:教育内外部关系论争及中国教育发展道路的哲学表达[J].苏州大学学报(教育科学版),2020,8(04):30-36.

[144] 朱筱煦,袁同凯.论教育与民族地区社会和谐稳定[J].西北民族研究,2019(02):97-105.

[145] 朱旭东.比较教育的"发展与教育"研究领域[J].比较教育研究,2004(12):1-7.

[146] 邹丽娟,伍佳.新时代云南跨境民族地区铸牢中华民族共同体意识论略[J].贵州民族研究,2019,40(11):36-43.

[147] 邹丽娟,赵玲.边疆民族地区实现高质量发展与铸牢中华民族共同体意识的辩证逻辑[J].云南民族大学学报(哲学社会科学版),2020,37(06):12-17.

[148] 祖力亚提·司马义,蒋文静.中华民族共同体意识的结构层级及其关系[J].中南民族大学学报(人文社会科学版),2021,41(01):19-28.

[149] Ashmore R D, Deaux K, Mclaughlin-Volpe T.*An organizing framework for collective identity: a rticulation and significance of multidimensionality.* [J].Psy-

chological Bulletin, 2004, 130 (1): 80–114.

[150] Constant A F, Zimmermann K F.*Measuring Ethnic Identityandits Impacton Economic Behavior* [J].Social Science Electronic Publishing, 2008, 6 (2-3): 424–433.

[151] Jean, S., Phinney.*The Multigroup Ethnic Identity Measure: A New Scale for Use with Diverse Groups* [J].Journal of Adolescent Research, 1992, 2 (07) .156–176.

[152] Karlsen S, Nazroo JY.*Agency and structure: the impact of ethnic identity and racism on the health of ethnic minority people* [J].Sociology of Health&Illness, 2002, 24 (1) .1–20.

[153] Mcnicol C.*Making our mark-teaching with a globalpers pective* [J]. ethos, 2013, 21 (01) .14–17.

【硕博论文】

[1] 崔晓琰.中国共产党少数民族文化政策发展研究 [D].西藏大学，2021.

[2] 董成伟.中国特色社会主义举国体制的显著优势研究 [D].吉林大学，2021.

[3] 郭松.改革开放以来马克思主义政治经济学中国化实践历程研究 [D].西北大学，2017.

[4] 黎志华.教师教育评价研究 [D].华东师范大学，2011.

[5] 谭玉林.我国民族团结教育理论与实践研究 [D].中央民族大学，2011.

[6] 王曼.新时代加强中国共产党人政治信仰建设研究 [D].山东大学，2020.

[7] 王曦.中国共产党国家认同建构的文化路径研究 [D].西北大学，2019.

[8] 巫倩雯.美国基础教育学校评价指标体系研究—兼与中国比较 [D].

南京：南京师范大学，2015.

［9］吴娜.社会主义核心价值观引领红色文化创新发展研究［D］.南昌大学，2020.

［10］谢春涛.改革开放新时期中国共产党对文化发展道路的理论探索(1978—2012)［D］.中国人民大学，2021.

［11］张玉玲.新中国成立以来党和国家监督体系研究［D］.东北师范大学，2021.

［12］赵轩.实践论思维方式中的爱国主义教育理论研究［D］.东北师范大学，2019.

［13］赵志朋.政治稳定视域下跨界民族认同差异的来源研究［D］.东北师范大学，2019.

［14］周茜.习近平关于党的政治建设重要论述研究［D］.贵州师范大学，2021.

致 谢

三年前，我下定决心，在工作五年后继续求学之路。在报考之初，回想起硕士阶段在民族地区调研的记忆，内心冥冥之中似有指引，毅然选择了热爱的民族教育学专业。2019 年，我非常幸运地考上尊敬的导师万明钢教授的博士生，再次以学生的身份回到母校，内心澎湃不已，深感在三十而立的年龄再度有机会求学实属不易。

深深感谢我的导师万明钢教授，不嫌弟子"鲁且愚"，收入门下。导师在民族研究领域是知名的专家，每次聆听导师在专业上的指导，内心总是无比震撼，是高山仰止之感，虽不能至，心向往之。三年来，在导师的指导下我系统学习本专业的前沿知识，与导师和调研组进入民族地区调研。从研究的选题、研究方案的设计、研究方法的讨论、小论文和毕业论文的撰写，导师不厌其烦地进行完善和修改。从思想引领到行文规范，字斟句酌中无一不凝结着导师的心血，我内心的感激无以言表，也无法言表。导师不仅学术成果丰厚令人崇拜，作为学生，对导师的感恩不止于对我学业的指引，还有精神的启迪，更感动于他为大学者的情怀与对名利的淡泊，重塑了我对科研工作的认知与对教师职业的思考。

感谢一直以来在西北师范大学的学习过程中进行指导的每一位老师，特别感谢刘旭东教授、周晔教授、王兆璟教授、张善鑫教授、白亮教授、熊华军教授、傅敏教授在专业授课、中期考核、开题报告过程中给予的指导和意见。感谢李金云教授、滕志妍副教授、高承海副教授、王明娣副教授、党宝宝副教授、崔欣副教授在专业学习、实践调研、论文撰写过程中给予的指导和建议。

此篇毕业论文的完成，离不开很多人的无私帮助和支持。感谢中央民族大学的董艳教授，董老师是我的硕士导师，尽管毕业多年，董老师的慈母般的关怀未减分毫，在调研中给予了我非常大的帮助和鼓励。感谢中央民族大学的金炳镐教授、严庆教授、王军教授、史大胜教授、海路副教授、许丽英副教授、钟志勇副教授、胡迪雅副教授，大理大学的褚远辉教授，云南民族大学的普丽春教授，青海师范大学的李晓华教授、达万吉副教授，青海民族大学的卓么措教授、马存芳教授、陈振宁副教授等多位专家在研究中提出的宝贵建议。感谢新疆师范大学赵建梅教授、宁夏大学周福盛教授在预答辩过程中给予的修改意见。感谢西北师范大学教务处的王刚科长和美术学院的马永真老师在实践调研中帮助我联系学校、校长与教师，使得调研能够顺利进行。感谢在调研中结识的每一位校长、教师，他们提供的实践经验不仅丰富了研究资料，也让我对民族教育有了更深刻的认识。

《礼记》有云：独学而无友，则孤陋而寡闻。能够得入师门是我莫大的荣幸，感谢同门的安洁师姐、王璇师兄、杨金香师妹、周晓彤师妹等各位同门对我的帮助。感谢同班的贾周芳、宋燕、窦秀玉、李琼、郜越、史红燕、王立平、张萍、鲁子箫、常笑雯、武银强各位同学在求学路上互相探讨与学习、互相支持与鼓励，共同度过了这段刻骨铭心的求学旅程。

时光倏忽而过，三年来能够安心求学，离不开我的父亲母亲、公公婆婆、我的爱人邢昊先生、我的女儿邢可妍小朋友在背后默默的支持与无怨无悔的付出，能够完成学业，除了感激更多的是对他们的深深亏欠，希望今后是长长久久的陪伴。

王婕
2022 年 5 月

附　录

附录一　学校民族团结进步教育评价专家访谈提纲

1. 访谈目的：采用专家咨询法收集指标，集思广益，吸收专家的意见、建议。
2. 访谈方式：一对一半结构访谈
3. 访谈对象：民族教育领域研究专家
4. 访谈开场语：

尊敬的专家：

您好！感谢您在百忙之中抽出时间参与本次研究的意见征集。本研究的研究内容是学校民族团结进步教育的评价体系，本研究前期将通过相关文献对民族团结进步教育的教育政策和评价指标。进行理论研究，结合现实情况对其进行梳理，现采用专家咨询法收集指标。研究的最终目的旨在构建我国学校民族团结进步教育评价指标体系（小学学段）、研制评价工具。通过评价指标体系的构建，对我国学校民族团结进步教育的实际工作进行监测和反馈，从而推动学校民族团结进步教育的可持续发展。

此次访谈目的是基于科研需要，您的回答对于我们的研究将很有价值。研究不会泄露个人隐私，在论文或研究报告中出现访谈内容时均进行匿名处理，请您放心。非常感谢您在百忙之中抽出宝贵时间给予本项研究的指导与帮助！

5. 访谈基本问题（包括但不限于以下问题）：

(1) 您认为目前的校内民族团结教育在落实的过程中存在哪些问题？

(2) 您认为可以从哪些方面来对学校的民族团结教育进行评价？

(3) 请您对如下列出的指标的合理性做出判断，如您认为需要补充重要指标，请您不吝赐教。

(4) 您认为以下哪些指标是学校民族团结进步教育评价的无关指标？

(5) 您认为以下哪些指标是学校民族团结进步教育评价的重要指标？

(6) 您认为以下哪些指标是学校民族团结进步教育评价需要修改的指标？

(7) 您认为如果要归并以下指标可以从哪些维度去划分？

(8) 您认为有必要设置负面清单吗？

(9) 您认为学校民族团结进步教育适宜的评价方式是什么？

表一　初拟评价指标列表

序号	指标	修改意见
1	按国家规定课时开设民族团结教育的相关课程，每周至少一节课。	
2	把民族团结教育纳入学校教育体系，学科教师每年至少召开一次专题会议，对民族团结教育的落实情况进行探讨和研究，同时要不断优化教育方案。在民族团结教育的落实过程中，要明确教育方针和制度，对学生进行全方位全环境、全过程的教育。	
3	把学习贯彻习近平总书记重要讲话精神作为民族团结教育的长期任务，为学生制定具体的学习计划并切实落实。坚持党委、团委在民族团结教育上的领导作用，在教育中要有计划、有记录、有考勤。	
4	多民族混合编班。	
5	多民族学生混合住宿。	
6	多学科结合自身特点融入民族团结、铸牢中华民族共同体意识的教学内容。	
7	鼓励发展学生社团，开展民族团结进步教育活动。	
8	观影教学活动：每名中小学生每学期至少免费观看两次优秀影片。	
9	国家通用语言是学校师生日常交流语言。	
10	合理有效地使用教材教参，内容设计符合民族团结进步教育主题。	

续表

序号	指标	修改意见
11	活动形式多样，利用博物馆、纪念馆、民族团结教育基地引导学生创造性开展活动。	
12	建立影视教育工作室。	
13	教师轮训制度：每3年对教师至少进行一次不少于5日的集中脱产培训，纳入在岗培训学时记录。	
14	教师培训与发展：民族团结进步教育教师上岗前需接受一定课时的培训。	
15	教学内容、时长符合学生身心发展情况。	
16	教学内容应以《深化新时代学校民族团结进步教育指导纲要》为基础，包括爱国主义、社会主义核心价值观、铸牢中华民族共同体意识、法治教育、公民意识教育等。	
17	在进行民族团结教育的时候，要结合区域文化特征和地方特色制作课程资料，最好有一些实践活动，让孩子们亲身感受民族团结的文化氛围。	
18	举办演讲比赛、朗诵、民族团结文化节、民族团结教育月、文艺展示、体育竞赛等相关活动。	
19	开展友好班级共建活动。	
20	课堂教学为主渠道与综合实践课程整合实施。	
21	落实《国旗法》和《关于规范国歌奏唱礼仪的实施意见》，在开学典礼、毕业典礼等重要活动中升国旗、唱国歌。在这些重要活动中要有礼仪规程，体现有礼貌、有礼仪、有礼节的教育效果。	
22	落实教研员示范授课、巡回评课制度。	
23	每学年至少开展一次师生思想政治状况调研，及时把握民族团结进步教育理论教育热点难点，提高民族团结进步教育针对性、实效性。	
24	培养目标符合民族团结进步教育政策、法规要求。	
25	培养目标符合学生身心发展特点及现实需要。	
26	培养专门的教师教授民族团结进步教育课程。	

续表

序号	指标	修改意见
27	认真贯彻党的教育方针，坚持教育为社会主义服务，依法办学。尽到教书育人的责任，并且在年终的时候实行考核。	
28	日常主题班会、班队会开展宣传、体验、志愿服务等。	
29	设置优秀传统文化、革命文化、历史故事、民族团结展示区。	
30	体现爱国主义精神。	
31	体现平等团结互助和谐的民族关系理念。	
32	在校内开设民族团结教育专栏，通过公益广告、民族团结故事、人物真实故事等方式进行舆论宣传教育，深入挖掘好人好事，培育选树一批信得过、看得懂、学得到的先进典型，围绕社会主义核心价值观开展教学，形成良好的校园文化氛围。	
33	统一使用国家统编教材、教参。	
34	校园网络建设管理机构落实、责任明确、保障有力。针对网络舆论制定相应的监管制度和应对措施，及时查看、快速应对、有效引导网络舆论，创造文明理性的网络文化氛围，积极传播社会正能量。	
35	信息化建设。	
36	选聘校内名师兼职担任班主任，定期评选表彰优秀班主任、民族团结进步教育课教师、并纳入学校教师表彰体系。	
37	学生具有与其他民族师生交流的愿望。	
38	学生理想信念、价值观等发生积极转变。比如初步树立中华民族共同体意识；对祖国、对中华文化、对中华民族的认同；民族团结意识；公民意识。	
39	学生养成了相应的良好行为习惯：比如与各族同学、教师互敬互爱、友爱相处。	
40	学生愿意参加民族团结进步教育相关活动。	
41	学生掌握了一定的民族团结常识。比如了解各民族同胞都是中华儿女；中华民族是 56 个民族组成的大家庭；中国是中华各族儿女共同生活的家园；中华文化是中华各族儿女共同创造的。	

续表

序号	指标	修改意见
42	学校参与社区民族团结进步事业创建活动。	
43	学校党政部门做好民族团结进步教育工作的专题研究，发挥领导核心作用，为学校民族团结进步教育指明方向，督促学校切实履行教育责任，提高群众满意度。	
44	学校积极利用博物馆、历史纪念馆、遗址、民族团结教育基地、青少年活动中心、少年宫等社会资源。	
45	学校积极利用网络资源：名师课堂；互联网+；联校网教；专递课堂等。	
46	学校要把民族团结进步教育放在学校教育中的重要位置。	
47	学校要努力培养民族团结的文化氛围。在学校教室、图书馆、黑板报、墙壁、橱窗等地方展现能够体现民族团结的作品，让学生在潜移默化中受到民族团结的文化熏陶。	
48	不断探索民族团结教育的路径和方式，与时俱进，采用新技术和新方法推进民族团结教育。	
49	学校吸引社会力量提供民族团结教育共建。比如高校、企业、科研院所、公益机构、志愿者团体等。	
50	学校制定民族团结进步教育总体实施方案或指南。	
51	严格考察教师师德师风思想、政治素质、专业能力，落实教师考核制度：严格执行准入、退出机制。	
52	营造弘扬中华优秀传统文化的氛围。	
53	与时俱进，增添时代元素。	
54	在家长、社区、社会上拥有广泛的好评，形成辐射效应。	
55	制订符合学校特点的师德师风建设规范性文件，并落实到位。	
56	重大纪念日、重大历史事件日组织爱国主义教育研学实践活动。	
57	信息化建设。	

附录二　学校民族团结进步教育评价教师访谈提纲

1. 访谈目的：了解学校民族团结进步教育课程任课教师在实施课程过程中的想法、困境、意见、建议。

2. 访谈方式：一对一半结构访谈

3. 访谈对象：小学教师

4. 访谈开场语：

尊敬的校长、老师：

您好！我是西北师范大学民族教育学专业的博士研究生，目前正在进行有关学校民族团结进步教育课程评价指标体系的研究。此次的研究不会泄露您的隐私，您的个人信息我们会进行匿名处理，通过访谈所获得的数据只用于科学研究，研究报告、论文中出现学校名称均以英文字母代替。请您放心！访谈时间大约为三十分钟到一个小时。希望得到您真诚的回答，感谢您的合作！

5. 访谈基本问题（包括但不限于以下问题）：

（1）教师基本信息（姓名、年龄、教龄、职务、教授课程），学校基本信息（学校规模、学校类型、师生比、各民族师生人数）

（2）请问您所在的学校有开设民族团结进步教育这门课程吗？一般以什么方式开展民族团结进步教育？

（3）请谈谈您所在学校使用民族团结进步教育课程教材的情况。

（4）民族团结进步教育选择什么教学内容、哪些教学方式比较恰当？

（5）请谈谈您所在学校开展民族团结进步教育课程的形式有哪些？

（6）学校展开过哪些关于民族团结的活动？

（7）学校行政管理方面对开展民族团结进步教育做了哪些工作？有没有具体的培养方案？

（8）学校师资队伍情况如何？有没有民族团结进步教育专任教师？有没有相关的教师培训？

（9）针对民族团结教育的教育效果，您是通过什么样的方法进行评价的？

（10）您认为有必要对学校的民族团结教育效果进行评价吗？请您谈谈本地的教育行政部门对学校开展民族团结进步教育的评价的频率、评价的方式和评价的内容（具体指标）。

（11）在学校日常生活中，教师和学生之间、各民族学生之间的交往交流交融是如何实现的？

（12）您认为在小学学段进行民族团结教育存在哪些难题需要解决？

（13）您是通过什么方式了解到学校的民族团结教育？您对这样的教育有什么看法？

（14）关于学校民族团结进步教育您能提一些自己的意见或建议吗？

（15）您对您所在的学校开展民族团结进步教育满意吗？有没有做过相关的评价？是来自学校外部的评价还是学校内部的评价？如果是外部的话，是哪些部门进行评价、评价的频率如何？有没有具体的指标。

6. 访谈结束语：谢谢您的配合，祝您工作顺利，生活愉悦！

附录三 学校民族团结进步教育评价指标专家咨询问卷
（德尔菲法）

尊敬的专家：

您好！感谢您对本研究的指导，在前期指标收集之后进行了指标的归并确定了学校民族团结进步教育评价体系的基本指标，共包含1项一级指标6项二级指标，37项三级指标。本次问卷的目的是通过收集各位专家意见，对该评价指标中的一致性程度进行判断。非常感谢您抽出宝贵的时间参与本次问卷。您回答的内容均进行匿名处理，请您放心填写。

第一部分 专家基本情况

填写说明：本部分均为单选题，请各位专家根据自身的实际情况，勾选对应的选项。

1. 您的性别：

A. 男　　　　　　B. 女

2. 您的职称：

A. 副教授　　　　B. 教授

3. 您的年龄：

A. 40岁以下　　B. 40–49岁　　C. 50–59岁　　D. 60岁以上

4. 您是否为硕/博导师（多选）

A. 硕导　　　　　B. 博导

第二部分 指标情况

填写说明：本部分内容调查相关指标在学校民族团结进步教育评价指标的重要性程度，请您对照表1的评分标准对各指标进行重要程度打分（在对应的分值上打√。）如果您对指标有其他的意见或建议，请在"建议"一栏填写。

附　录

表三（1）指标重要程度评分表

符合程度	非常重要	比较重要	一般	不太重要	非常不重要
评分	5	4	3	2	1

表三（2）二级评价指标专家意见

		一级评价指标	重要性程度	修改意见	
		A 办学方向	54321		
		B 课程教学	54321		
		C 工作机制	54321		
		D 队伍建设	54321		
		E 校园文化	54321		
		F 学生发展	54321		

表三（3）级评价指标专家意见

二级评价指标	重要性程度	修改意见
A1 加强党对民族团结进步教育的全面领导，将热爱祖国、民族团结等品德教育纳入培养目标。		54321
A2 学校把民族团结进步教育纳入教育体系，给予充分重视。		54321
A3 学校将民族团结进步教育融入教育教学全过程，引导各族师生铸牢中华民族共同体意识。		54321
A4 学校将民族团结进步教育对象面向各民族学生。		54321
A5 学校全面推进普及国家通用语言文字教育。		54321
B1 学校开设民族团结进步教育专门课程，小学四五年级每学年不少于12课时。		54321
B2 学校开展民族团结进步教育专题教育。		54321
B3 在各个学科或主题教学中有机融入民族团结进步教育内容。		54321
B4 实施正确的历史认知、文化认知教育，树立文化自信。		54321
B5 学校使用国家统一编写、统一审核的民族团结进步教育教材、教参。		54321

续表

二级评价指标	重要性程度	修改意见
B6 创新民族团结进步教育教学方式。	54321	
B7 丰富教育资源，积极利用新形式新媒体新载体。	54321	
C1 学校设置专门的小组对民族团结进步教育进行管理。	54321	
C2 学校针对民族团结进步教育制定教育方针或指南。	54321	
C3 学校与家庭、社会三方对学生协同进行民族团结教育。	54321	
C4 学校在地域间、校际对学生的民族团结进行联动教育、联盟教育。	54321	
C5 学校具有民族团结进步教育相应的经费投入与教学设施、器材的保障制度。	54321	
C6 学校具有混合编班、各民族联谊活动、友好班级共建等交往交流机制。	54321	
C7 学校具有对民族团结进步教育育人效果的考察监测机制。	54321	
C8 从校管理具有统筹规划意识。教育系统内协同创新，各主体各负其责、资源共享。	54321	
D1 学校构建民族团结进步教育整体育人团队。	54321	
D2 学校严格考察教师师德师风思想、政治素质、责任意识。	54321	
D3 学校强化师资培训，将民族团结进步教育培训纳入教师继续教育整体规划。	54321	
D4 教师对民族团结教育具有专业能力，专业素养，专业情感。	54321	
D5 教师的普通话水平达到规定标准。	54321	
E1 把民族团结教育纳入学生少先队、社团的活动中开展，可以丰富学生的校园文化活动。	54321	
E2 学校通过黑板报、文化墙等宣传活动，为民族团结教育创造文化氛围。	54321	
E3 在日常的学习活动中提高学生对民族文化的认知程度。	54321	
E4 开展校内民族团结文化教育实践。	54321	
E5 开展校外民族团结文化教育实践。	54321	
E6 净化校园网络环境，营造良好网络文化氛围。	54321	
F1 学生能够掌握并且使用普通话和汉字。	54321	
F2 学生对我国民族构成和民族团结有基本的认知。	54321	

续表

二级评价指标	重要性程度	修改意见
F3 学生形成了自己是中华民族一员的认识与民族团结一家亲的观念。		54321
F5 学生愿意积极、主动参与各种民族交流交往交融活动。		54321
F7 学生与各族同学、教师互敬互爱、友好相处。		54321
F3 学生形成了自己是中华民族一员的认识与民族团结一家亲的观念。		54321
F5 学生愿意积极、主动参与各种民族交流交往交融活动。		54321
F7 学生与各族同学、教师互敬互爱、友好相处。		54321

第三部分 判断依据及熟悉情况自评

填写说明：本部分内容系学校自评，均为单选题。请各位校长、教师对下列各项判断依据对作出上述判定的影响程度，同时评价对调查内容的熟悉程度。

1. 下列判断依据对您回答上述回答的影响程度：

（1）经历和经验：

A. 影响大　　　　B. 影响中　　　　C. 影响小

（2）理论和分析：

A. 影响大　　　　B. 影响中　　　　C. 影响小

（3）对于学界国内外相关研究者的了解：

A. 影响大　　　　B. 影响中　　　　C. 影响小

（4）个人感知能力：

A. 影响大　　　　B. 影响中　　　　C. 影响小

2. 您对以上问题的了解程度：

A. 非常熟悉　　　B. 比较熟悉　　　C. 一般

D. 不太熟悉　　　E. 非常不熟悉

本次问卷到此结束，感谢您的帮助与支持！

附录四　学校民族团结进步教育评价问卷

尊敬的老师：

您好！非常感谢您能抽出宝贵的时间来填写本问卷。本次调查的目的是对学校民族团结进步教育评价指标体系进行试测。请结合您所在学校的宝贵实践经验填写问卷，感谢您的参与和支持！您回答的内容均进行匿名处理，请您放心填写。

第一部分　校长/教师基本情况

填写说明：本部分均为单选题或填空题，请各位专家根据自身的实际情况，勾选对应的选项。

1. 您的学历：
   A. 研究生及以　　B. 本科　　C. 大专及以下
2. 您的职称：
   A. 高级　　B. 中级　　C. 初级　　D. 无
3. 您的年龄：
   A. 30 岁及以下　　B. 30—39 岁　　C. 40—49 岁　　D. 50 岁及以上
4. 您所在的学校类型：
   A. 普通小学　　B. 民汉合校　　C. 民族小学
5. 您的民族（填空）

第二部分　指标符合情况

填写说明：本部分内容调查相关指标在学校民族团结进步教育实施中的符合程度，请您对照表 1 的评分标准对各指标进行重要性程度判断（在对应的分值上打√。）如果您对指标有其他的意见或建议，请在"建议"一栏填写。

表四 (1) 指标重要程度评分表

符合程度	非常重要	比较重要	一般	不太重要	非常不重要
评分	5	4	3	2	1

表四 (2) 问卷测试项

序号	测试项	重要性程度	建议
1	您所在的学校在民族团结进步教育工作中坚持党组织的领导、坚持社会主义办学方向、立德树人的根本任务。	54321	
2	您所在的学校高度重视民族团结进步教育，将民族团结进步教育作为学校德育的重要组成部分。	54321	
3	您所在的学校将民族团结进步教育融入教育教学全过程，教育引导各族师生坚定中华民族共同体的意识。	54321	
4	您所在的学校面对全体学生进行民族团结教育，积极促进各民族师生交往交流交融。	54321	
5	您所在的学校全面推进普及国家通用语言文字教育，并取得了一定成果。	54321	
6	您所在的学校开设民族团结进步教育课程，能够保证小学四五年级每学年不少于12课时的标准。	54321	
7	您所在的学校积极开展民族团结进步教育专题教育，能够结合地方课程、校本课程以及民族团结进步宣传月、班、队会、社会实践等活动统筹实施。	54321	
8	您所在的学校在各个学科或主题教学中有机融入民族团结进步教育内容，包括爱国主义教育、法治教育、公民道德教育、历史文化教育等。	54321	
9	您所在的学校使用国家统一编写、统一审核的民族团结进步教育教材、教参，未使用未经审定的教材、教参。	54321	
10	您所在的学校能够坚持创新民族团结进步教育教学方式，增加情感体验，教学方法能够符合学生的年龄特征，并且增强课堂教育生动性。	54321	
11	您所在的学校积极创建互联网+民族团结的形式，丰富教育资源，积极利用新形式新媒体新载体等。	54321	
12	您所在的学校设置专门的领导小组，对民族团结教育进行引导和规范，并将民族团结进步教育纳入党建工作责任制和意识形态工作责任制。	54321	
13	您所在的学校制定了民族团结进步教育总体实施方案或指南。	54321	

续表

序号	测试项	重要性程度	建议
14	您所在的学校能够与家庭、社会共同开展民族团结进步教育。		54321
15	您所在的学校在进行民族团结进步教育时与不同地域间、校际有工作联动。		54321
16	您所在的学校能够保障民族团结进步教育相应的经费投入与教学设施、器材。		54321
17	您所在的学校实施混合编班、各民族联谊活动、友好班级共建活动等。		54321
18	您所在的学校会在一定周期考察做团结教育对学生的教育效果。		54321
19	您所在的学校建立专门的教育团队管理学生的民族团结教育。比如党组织组建有专门小组，分管学校的领导、各部门的负责人、学科老师、班主任，督促各学科老师共同参与民族团结教育。		54321
20	您所在的学校严格考察教师师德师风思想、政治素质、专业能力，落实教师考核制度。		54321
21	您所在的学校将民族团结进步教育培训纳入教师继续教育整体规划。		54321
22	您所在的学校教师具备民族团结进步教育专业素养、具有民族团结的积极情感。		54321
23	您所在的学校教师的国家通用语言文字水平达标。		54321
24	您所在的学校依托少先队、学生社团等组织开展丰富的校园文化活动。		54321
25	您所在的学校具有浓厚的民族团结教育氛围。在学校的文化墙、教室、图书馆、宿舍、橱窗等进行文化宣传，创造民族团结的文化氛围。		54321
26	您所在的学校日常活动中，如升国旗、奏国歌、庆祝纪念日、办墙报、板报等增强国家符号和民族文化的感知。		54321
27	您所在的学校积极开展主题教育实践活动。组建有关民族团结的讲座，宣传民族团结人物的故事；举办演讲比赛、歌唱比赛、知识竞赛、运动、艺术节等民族团结的文化活动。		54321
28	您所在的学校积极开展校外有关民族团结的实践，积极利用爱国主义、民族团结进步教育基地。		54321
29	您所在的学校注重净化校园网络环境，引导学生正确使用网络资源，警惕网络民族情绪与分裂势力渗透。		54321

续表

序号	测试项	重要性程度	建议
30	您所在的学校学生能够掌握、使用国家通用语言文字。		54321
31	您所在的学校学生了解统一的多民族国家和民族团结的基本常识。		54321
32	您所在的学校学生具有民族团结的积极情感，形成了自己是中华民族一员的认识与民族团结一家亲的观念。		54321
33	您所在的学校学生愿意参加民族团结进步教育相关活动，积极、主动参与各种民族交流交往交融活动。		54321
34	您所在的学校学生具备初步国家意识、公民意识、法治意识。		54321
35	您所在的学校学生养成了相应的良好行为习惯，与各族同学、教师互敬互爱、友好相处。		54321
36	您所在的学校学生能够践行民族团结。能够旗帜鲜明地反对分裂国家图谋和破坏民族团结的言行。		54321

本次问卷到此结束，感谢您的帮助与支持！

附录五　学校民族团结进步教育评价指标专家打分问卷
（层次分析法）

尊敬的专家、校长：

您好！感谢您对本研究的指导，在前期指标收集之后进行了指标的归并确定了学校民族团结进步教育评价体系的基本指标，共包含 1 项一级指标 6 项二级指标，36 项三级指标。本次问卷的目的是通过收集各位专家意见，构造层次分析法中的判断矩阵，以确定各层级评价指标的权重。请您通过比较，对同一层级指标相互间的重要性进行判断。您回答的内容均进行匿名处理，请您放心填写。

非常感谢您在百忙之中抽出宝贵的时间给予本项研究的指导与帮助！

第一部分　专家基本情况

填写说明：本部分均为单选题，请各位专家根据自身的实际情况，勾选对应的选项。

1. 您性别：

A. 男　　　　　　B. 女

2. 您的职称：

A. 副教授　　　　B. 教授

3. 您的年龄：

A. 40 岁以下　　B. 40—49 岁　　C. 50—59 岁　　D. 60 岁以上

4. 您的主要研究领域：（多选）

A. 民族教育　　　B. 民族心理　　　C. 民族政治

D. 少数民族文化传承　　　　　　E. 教育评价与测量

F. 教育基本理论

5. 您是否为硕/博导师（多选）

A. 硕导　　　　　B. 博导

第二部分 指标情况

填写说明：本部分内容调查相关指标在学校民族团结进步教育评价指标的重要性程度，请您对照表1的评分标准对各指标进行重要程度打分（对应的分值上打√。）如果您对指标有其他的意见或建议，请在"建议"一栏填写。

表五（1）指标重要程度评分表

符合程度	非常重要	比较重要	一般	不太重要	非常不重要
评分	5	4	3	2	1

表五（2）一级评价指标专家意见

评价指标	重要性程度	修改意见
A 办学方向	5 4 3 2 1	
B 课程教学	5 4 3 2 1	
C 工作机制	5 4 3 2 1	
D 队伍建设	5 4 3 2 1	
E 校园文化	5 4 3 2 1	
F 学生发展	5 4 3 2 1	

表五（3）二级评价指标专家意见

二级评价指标	重要性程度	修改意见
A1 在民族团结教育上，党发挥领导作用，坚持社会主义方向，为社会培养优秀人才。	5 4 3 2 1	
A2 学校把民族团结教育纳入教育体系，给予充分重视。	5 4 3 2 1	
A3 学校将民族团结进步教育融入教育教学全过程，引导各族师生铸牢中华民族共同体意识。	5 4 3 2 1	
A4 学校将民族团结进步教育对象面向各民族学生。	5 4 3 2 1	

续表

二级评价指标	重要性程度	修改意见
A5 学校全面推进普及国家通用语言文字教育。	54321	
A6 学校在发展愿景、校园文化中的自设指标。	54321	
B1 学校开设民族团结进步教育专门课程，小学四五年级每学年不少于12课时。	54321	
B2 学校开展民族团结进步教育专题教育。	54321	
B3 在各个学科或主题教学中有机融入民族团结进步教育内容。	54321	
B4 实施正确的历史认知、文化认知教育，树立文化自信。		
B5 学校使用国家统一编写、统一审核的民族团结进步教育教材、教参。	54321	
B6 创新民族团结进步教育教学方式。	54321	
B7 丰富教育资源，积极利用新形式新媒体新载体。	54321	
C1 学校设置民族团结进步教育分管领导小组。	54321	
C2 学校制定民族团结进步教育总体实施方案或指南。	54321	
C3 学校与家庭、社会三方协同教育，营造民族团结的文化氛围。	54321	
C4 地域间、校际的学校进行民族团结的联动教育、联盟教育。	54321	
C5 学校具有民族团结进步教育相应的经费投入与教学设施、器材的保障制度。	54321	
C6 学校具有混合编班、各民族联谊活动、友好班级共建等交往交流机制。	54321	
C7 学校具有对民族团结进步教育育人效果的考察监测机制。	54321	
C8 从校管理具有统筹规划意识。教育系统内协同创新，各主体各负其责、资源共享。	54321	
D1 学校构建民族团结进步教育整体育人团队。	54321	
D2 学校严格考察教师师德师风思想、政治素质、责任意识。	54321	
D3 学校强化师资培训，将民族团结进步教育培训纳入教师继续教育整体规划。	54321	

续表

二级评价指标	重要性程度	修改意见
D4 教师须具备民族团结进步教育专业能力、专业素养、积极情感。	54321	
D5 教师的普通话水平达到规定标准。	54321	
E1 把民族团结教育纳入学生少先队、社团的活动中开展，可以丰富学生的校园文化活动。	54321	
E2 学校通过黑板报、文化墙等宣传活动，为民族团结教育创造文化氛围。	54321	
E3 在日常的学习活动中提高学生对民族文化的认知程度。	54321	
E4 开展校内民族团结文化教育实践。	54321	
E5 开展校外民族团结文化教育实践。	54321	
E6 净化校园网络环境，营造良好网络文化氛围。	54321	
F1 学生能够掌握并且使用普通话和汉字。	54321	
F2 学生对我国民族构成和民族团结有基本的认知。	54321	
F3 学生形成了自己是中华民族一员的认识与民族团结一家亲的观念。	54321	
F4 学生愿意积极、主动参与各种民族交流交往交融活动。	54321	
F5 学生与各族同学、教师互敬互爱、友好相处。	54321	
F6 学生树立了较强的爱国观念，能够践行爱国行为。反对破坏民族团结、分裂祖国的言行。	54321	

本次问卷到此结束，感谢您的帮助与支持！

附录六　学校民族团结进步教育教师自评问卷

尊敬的老师：

您好！非常感谢您能抽出宝贵的时间来填写本问卷。本次调查的目的是对学校民族团结进步教育评价指标体系进行试测。请结合您所在学校的宝贵实践经验填写问卷，感谢您的参与和支持！您回答的内容均进行匿名处理，请您放心填写。

第一部分　校长/教师基本情况

填写说明：本部分均为单选题，请各位专家根据自身的实际情况，勾选对应的选项。

1. 您的学历：

   A. 研究生及以上　　B. 本科　　C. 大专及以下

2. 您的职称：

   A. 高级　　B. 中级　　C. 初级　　D. 无

3. 您的年龄：

   A. 30 岁及以下　　B. 40—49 岁　C. 30—39 岁　　D. 50 岁及以上

4. 您的民族　　（填空）

5. 您的岗位：

   A. 业务岗位　　B. 管理岗位　　C. 其他岗位

第二部分　指标符合情况

填写说明：本部分内容调查相关指标在学校民族团结进步教育实施中的符合程度，请您对照表1的评分标准对各指标进行符合程度打分（对应的分值上打√）。如果您对指标有其他的意见或建议，请在"建议"一栏填写。

附　录

表六（1）指标符合程度评分表

符合程度	非常符合	比较符合	一般/不确定	不太符合	非常不符合
评分	5	4	3	2	1

表六（2）问卷测试项

序号	测试项	符合程度	备注
1	您所在的学校在办学理念中能够坚持党对民族团结进步教育工作的全面领导，将热爱祖国、热爱中华民族等品德教育纳入培养目标。	5 4 3 2 1	
2	您所在的学校高度重视民族团结进步教育，将民族团结进步教育作为学校德育的重要组成部分。	5 4 3 2 1	
3	您所在的学校将民族团结进步教育融入教育教学全过程，教育引导各族师生坚定中华民族共同体的意识。	5 4 3 2 1	
4	您所在的学校面对全体学生进行民族团结教育，积极促进各民族师生交往交流交融。	5 4 3 2 1	
5	您所在的学校全面推进普及国家通用语言文字教育，并取得了一定成果。	5 4 3 2 1	
6	您所在学校使用新方法、新手段开展民族团结教育。	5 4 3 2 1	
7	您所在的学校设立民族团结教育专门课程，能够保证小学四五年级每学年不少于12课时的标准。	5 4 3 2 1	
8	您所在的学校积极开展民族团结进步教育专题教育，能够结合地方课程、校本课程以及民族团结进步宣传月、班、队会、社会实践等活动统筹实施。	5 4 3 2 1	
9	您所在的学校把民族团结教育融入各个学科或主题教学中，包括爱国教育、法律教育、道德教育、历史文化教育等。	5 4 3 2 1	
10	您所在的学校使用国家统一编写、统一审核的民族团结进步教育教材、教参，未使用未经审定的教材、教参。	5 4 3 2 1	
11	您所在的学校能够坚持创新民族团结进步教育教学方式，增加情感体验，教学方法能够符合学生的年龄特征，并且增强课堂教育生动性。	5 4 3 2 1	

续表

序号	测试项	符合程度	备注
12	您所在的学校积极创建互联网+民族团结的形式,丰富教育资源,积极利用新形式新媒体新载体等。	54321	
13	您所在的学校设置专门的领导小组,对民族团结教育进行引导和规范,并将民族团结进步教育纳入党建工作责任制和意识形态工作责任制。	54321	
14	您所在的学校制定了民族团结进步教育总体实施方案或指南。	54321	
15	您所在的学校与家庭、社会共同开展民族团结进步联动教育。	54321	
16	您所在的学校与不同地域间、校际的学校进行民族团结的联动教育、联盟教育。	54321	
17	您所在的学校能够保障民族团结进步教育相应的经费投入与教学设施、器材。	54321	
18	您所在的学校实施混合编班、各民族联谊活动、友好班级共建活动等。	54321	
19	您所在的学校会考察民族团结进步教育的育人效果。	54321	
20	您所在的学校具有民族团结进步教育整体育人团队。比如党组织组建有专门小组,分管学校的领导、各部门的负责人、学科老师、班主任,督促各学科老师共同参与民族团结教育。	54321	
21	您所在的学校严格考察教师师德师风思想、政治素质、专业能力,落实教师考核制度。严格执行准入、退出机制。	54321	
22	您所在的学校强化师资培训,将民族团结进步教育培训纳入教师继续教育整体规划。	54321	
23	您所在的学校教师具备责任意识、具有民族团结进步教育专业素养、具有民族团结的积极情感。能够引导学生形成正确的认知、培育正向的情感、养成良好的民族团结行为习惯。	54321	
24	您所在的学校教师的国家通用语言文字水平达标。	54321	
25	您所在的学校依托少先队、学生社团等组织开展丰富的校园文化活动。	54321	

续表

序号	测试项	符合程度	备注
26	您所在的学校具有民族团结进步教育的浓厚氛围。在学校的文化墙、教室、图书馆、宿舍、橱窗等进行文化宣传，营造民族团结的文化氛围。	54321	
27	您所在的学校日常活动中，如升国旗、奏国歌、庆祝纪念日、办墙报、板报等增强学生对国家符号和民族文化的感知。	54321	
28	您所在的学校积极开展主题教育实践活动。组建有关民族团结的讲座，宣传民族团结人物的故事；举办演讲比赛、歌唱比赛、知识竞赛、运动、艺术节等民族团结的文化活动。	54321	
29	您所在的学校积极开展校外社会实践活动，积极利用爱国主义、民族团结进步教育基地。	54321	
30	您所在的学校注重净化校园网络环境，引导学生正确使用网络资源，警惕网络民族情绪与分裂势力渗透。	54321	
31	您所在的学校学生能够掌握、使用国家通用语言文字。	54321	
32	您所在的学校学生了解统一的多民族国家和民族团结的基本常识。	54321	
33	您所在的学校学生具有民族团结的积极情感，形成了自己是中华民族一员的认识与民族团结一家亲的观念。	54321	
34	您所在的学校学生愿意参加民族团结进步教育相关活动，积极、主动参与各种民族交流交往交融活动。	54321	
35	您所在的学校学生养成了相应的良好行为习惯，与各族同学、教师互敬互爱、友好相处。	54321	
36	您所在的学校学生能够践行民族团结。能够旗帜鲜明地反对分裂国家图谋和破坏民族团结的言行。	54321	

本次问卷到此结束，感谢您的帮助与支持！